수중고고학에 의한 동아시아 무역관계 연구

-신안해저유물을 중심으로-

김 병 근 저

국학자료원

수중고고학에 의한 동아시아 무역관계 연구

책을 내면서

수중고고학이 우리나라에 도입되면서 수중에 잠겨있던 유적·유물을 통한 문화발전의 과정을 이해하는 중요한 역할을 하게 되었다. 유럽에서 본격적으로 시작된 수중고고학은 1970년대 중반에 이르러 우리나라에 도입된다. 이러한 수중고고학의 발전의 토대를 제공한 것은 서해안의 작은 섬 신안군 증도 앞 바다였다. 고기잡이하던 어부에 의하여 우연히 발견된 도자기가 중국 송·원대의 것으로 밝혀지고 문화재도굴이라는 사회적인 문제가 제기되어, 세계 수중고고학사에 찾아보기 힘든 관군합동 수중발굴 조사를 실시하게 되었다.

하지만 2만여 점의 유물과 선체에 대한 연구는 초기의 관심에 비하여, 이후 연구 성과는 매우 부족한 실정이다. 이는 문헌사학과 고고학의 차이에 기인할 수도 있지만, 당시 한·중·일의 사회·경제연구에 중요한 역할을 할 수 있는 신안선과 유물에 대한 개별적인 나열과 약간의 해석이 시도되었을 뿐 종합적인 고찰은 이루어지지 않았다.

필자는 1994년 6월에 국립해양유물전시관의 개관 준비를 위해 국립문화
재연구소 보존과학연구실에서 자리를 이동하였다. 국립문화재연구소에서
보존처리가 완료된 신안해저 인양 동전을 보면서 막연하게 중국 동전이라는
생각만 갖고 있었다. 개관을 준비하면서 신안선실을 담당하게 되었는데,
신안선이 발견될 당시 초등학생이었던 관계로 신안선과 유물에 대해 전혀
인식하지 못한 상태였다. 그리고 신안선의 발굴이 종료된 1984년에는 대학
에서 사학과를 다니면서도 신안선에 대한 존재는 무지 그 자체였다. 전시실
개관을 담당하게 되어, 신안선 보고서(4권)를 처음부터 몇 번에 걸쳐 통독하
였지만 도대체 머리에 들어오지 않았다. 하지만 전시실을 개관하고, 수중발
굴 조사에 참여하면서 막연하던 수중유물에 대한 해석이 조금씩 손에 잡히
는 것 같았다. 이후 자료를 통하여, 신안선을 비롯한 고선박·고대해상항
로·동전·목패·자단목 등 인양유물을 어떻게 보아야 할 것인가 하는 문
제점이 제기되었다.

따라서 관련 자료를 정리하는 수준에서 나마 신안선과 인양유물을 해석
하고, 수중고고학에 대한 기초적인 소개를 하고자 하였다. 여기에 실린 내용
은 필자의 박사학위 논문을 일부 수정 보완하였고, Ⅱ장은 수중고고학과
해양유물 보존에 대한 사항을 새로 추가하였다. 아무쪼록 여기에 소개된
내용이 문헌자료에서 밝혀내지 못한 중세 동아시아의 시대상을 이해하는
작은 밑거름이 되었으면 합니다.

그리고 처음 고고학의 길로 필자를 인도하고 20여 년 동안 한결같은 마음
으로 가르침을 주신 건국대학교 최무장 교수님과 대학원 시절에 많은 가르
침을 주신 사학과 이범직 교수님, 김기흥 교수님, 한상도 교수님에게 감사드

립니다. 그리고 이 글의 체계를 잡아주신 임효재 교수님, 이창억 교수님, 강대일 교수님의 지도가 커다란 힘이 되었습니다. 그 밖에도 신안선과 수중 고고학이라는 학문에 입문하게 하여주신 국립문화재연구소 김용한 보존과 학연구실장님, 국립해양유물전시관 윤방언 관장님, 문환석 실장님, 자료정 리에 도움을 주신 양순석 후배님을 비롯한 여러 선배님들과 동학들의 아낌 없는 조언과 도움에 감사를 드립니다. 그리고 어려운 가운데에서도 묵묵히 저를 위해 고생하신 부모님, 장모님, 내자 장영희, 사랑하는 두 아들 형곤·민곤 등 가족들에게 이 지면을 빌어 진심으로 고맙다는 말을 전합니다.

2004. 8

국립해양유물전시관에서 바다를 바라보며

저자

목 차

표 목 차

그 림 목 차

I. 서론

1. 연구목적

1970년대 중반 신안해저유물이 발견되면서,[1] 수중고고학 연구가 시작되었다. 이후 완도 해저유물 발굴,[2] 죽도 해저유물 발굴,[3] 진도 벽파 통나무배 발굴,[4] 목포 달리도선 발굴,[5] 무안 도리포 해저유물 발굴,[6] 고흥 시산도 해저조사,[7] 영광 원전부근 해저조사,[8] 군산 비안도 해저유물 발굴,[9] 군산

---

1) 문화재관리국, 1983, 『신안해저유물』 자료편 I.
   문화재관리국, 1984, 『신안해저유물』 자료편 II.
   문화재관리국, 1985, 『신안해저유물』 자료편 III.
   문화재관리국, 1988, 『신안해저유물』 종합편.
2) 문화재관리국, 1984, 『완도해저유물』.
3) 보고서는 별도로 간행하지 않음.
4) 목포해양유물보존처리소, 1993, 『진도 벽파리 통나무배 발굴조사보고서』.
5) 국립해양유물전시관, 1999, 『목포 달리도배』.
6) 국립해양유물전시관, 1995, 『무안 도리포 해저유물』.
   국립해양유물전시관, 2003, 『무안 도리포 해저유적』.
7) 국립해양유물전시관, 2000, 『고흥 시산도 긴급탐사 보고서』.
8) 호남문화재연구원, 2000, 『영광 원전 해안 탐사보고서』.
9) 2002년 4월 소라잡이를 하던 잠수사에 의해 발견 신고된, 군산시 옥도면 비안도

십이동파도 해저유물 발굴[10] 등이 진행되어, 수중고고학을 통한 해외무역 관계와 무역품 수송에 대한 커다란 진전이 이룩되었다.

이러한 새로운 학문 발달에 중요한 역할을 하였고, 1970~1980년대에 많은 관심을 불러 일으켰던 신안선(新安船)[11] 발굴이 세상의 이목을 끈 지도 상당한 시간이 지났다. 문헌에 의한 역사적 고찰이 아닌 고고학의 한 분야로서 수중고고학이라는 새로운 학문이 소개되는 계기가 되었고, 수중발굴이라는 특수성으로 인하여 각광 받았던 국내외적인 관심에 비하여, 이후의 연구 성과는 대단히 미약한 실정이다.[12]

신안해저유물의 보존과 선체의 구조에 대한 연구는 그 동안 어느 정도

해저 고려시대 도자기는 이후 합동조사단(문화재청, 국립해양유물전시관, 해군 해난 구조대)에 의해 1차 조사가 실시되었고, 2·3·4·5차는 국립해양유물전시관에 의해 발굴조사가 실시되었다. 인양 유물은 12세기 중기에서 13세기 초기로 추정되는 고려 청자가 주류를 이룬다.
국립해양유물전시관, 2004, 『군산 비안도 해저유적』.

10) 어부에 의해 고려시대 도자기가 신고되어 해저발굴조사를 실시하여, 다량의 고려청자와 선체를 발견하였다. 또한 도자기의 적재방법과 포장에 사용된 짚과 갈대도 밝혀냈다. 문화재청 2004년 6월 10일, 군산 십이동파도 관련 보도자료 참조.

11) 신안선은 1976~1984년까지 9년 10차(최종확인조사 포함 11차)에 걸쳐, 전라남도 신안군 증도면 방축리 근해 바다에서 수중발굴을 통하여 선박과 유물을 인양하였는데, 신안선이라는 선명은 인양지역의 지명을 따서 붙였다. 이 후에 발견된 선박들도 인양지역의 지명을 주로 사용하였는데, 완도선·달리도선·진도 벽파 통나무배 등이 있다.

12) 신안해저유물에 대한 연구는 보고서와 몇 편의 논문이 발표되었다.
국립중앙박물관, 1977, 『신안해저문화재국제학술대회발표집』.
김재근, 1981, 「신안침몰선의 선체구조에 대하여」, 『학술원논문집』 제 20집, 인문사회과학편.
김재근·황종흘, 1980, 『신안해저문화재발굴조사연구-침몰선에 대한 학술조사 연구-』, 문화재관리국.
한상복, 1980, 『신안해저문화재발굴조사연구-해양환경조사 연구-』, 문화재관리국.
김용한 외, 1986, 「신안해저인양 고대목선의 모형복원」, 『보존과학연구』 제 7집, 문화재연구소.
김용한, 1993, 「신안해저 인양 침몰선의 구조연구」, 영남대학교 석사학위논문.

진전되었다. 그러나 200ton급의 무역선이 동남아시아와 한국·중국·일본 등을 연결하는 해상교역로로 새로운 문물과 물자교역을 통한 정치·경제·사회·문화 발전에 어떠한 영향을 미쳤는지에 대한 연구는 아직 미비한 실정이다. 또한 당시 세계를 지배하면서 강력한 무역권을 형성하고 있던 원나라가 일본과 국교관계가 성립되지 않은 상태에서, 어떻게 원의 선박이 일본인과 선단을 이루어 해상무역을 어떻게 하였는지도 연구의 진전이 이룩되지 않은 실정이다.

본 고에서는 수중고고학과 인양유물 보존처리 방법을 고찰하고, 신안선과 천주만 송대해선(泉州灣 宋代海船)의 유물 성격 분석을 통한 주변지역과의 무역관계와 사회·경제를 살피고자 한다.

2. 연구범위 및 방법

본고에서는 먼저 수중고고학과 인양유물 보존처리 방법을 소개하고, 연구 범위 및 방법은 대체로 다음과 같다.

첫째, 본 고에서는 13세기 초~14세기 초의 신안해저유물 분석을 토대로 한·중·일 교류관계를 중심으로 살펴보았다. 이 시기는 중국의 송원교체기, 고려는 몽고의 침입에 대하여 항쟁하였지만 결국 원의 지배를 받던 시기이고, 일본은 가마쿠라시대[鎌倉時代]로 역사적인 격변기였다.

항로의 고찰에 있어서 시대 설정은 선사시대와 역사시대에 걸쳐서 동아시아의 한·중·일 항로를 간략하게 살펴보고자 한다.

둘째, 고대 항로는 시대의 정치·경제적 변화에 따라 다양한 항로로 발전하였다. 특히 북로(北路 ; 노철산수도로, 황해횡단항로)와 남로(南路 ; 동중국해사단항로)는 정치적인 원인에 의해서 개설되었지만, 이후 경제적인 무역관계에 의하여 발전하였고, 동남아시아는 물론 유럽·인도를 거치는 세계적인 무역항로로 발전하였다. 여기에서는 주로 동아시아의 항로를 중점적으로 기술하고자 한다.

또한 신안선이 인양된 해양환경을 살펴서 선체가 침몰하게 된 원인을 규명하고, 연대와 국적에 대해서 유물을 통하여 알아본다. 또한 출항지와 목적지를 추정하고자 한다.

셋째, 신안선과 중국 천주만 송대해선을 비교 검토하고, 그 유물에 대한 분석을 통해 당시 무역품에 대한 고찰을 시도하고자 한다.

유물은 주로 재질분석에 의한 분류를 기준으로 하지만, 목패·동전·자단목(紫檀木)은 분류체계를 세분화하여 자세히 다루고자 한다.

넷째, 동양의 중세 선박 발전과정을 살핌에 있어서는, 주로 신안선과 관련된 중국 선박에 대해 개괄적으로 고찰하고, 송원시기의 범선을 이용한 각 지역에 대한 무역관계의 발달 과정을 기술하고자 한다. 또한 고려와 송원·일본의 13~14세기 해외무역 관계를 통해 신안선 침몰시기의 무역상황을 살펴보고자 한다.

다섯째, 신안선의 유물분석과 당시 문헌을 비교분석하고, 시대상을 복원하여 동아시아 무역활동을 고찰하고자 한다.

3. 선행연구 검토

신안선의 선체에 대하여, 김재근 외[13]가 선체의 전반적인 부분을 다루어 신안선 연구의 토대를 마련하였다. 발굴 당시부터 선체 연구에 참가하여 선체가 해저면에서 15°가량 우현(右舷)으로 경사지게 매몰되었으며, 갑판을 비롯한 상부구조는 해충과 기타 요인에 의해 유실되었고, 선체는 단면이 첨저형(尖底型), 외판(外板)은 단판인 홈붙이 크링커식 구조, 선박의 국적은 중국선임을 밝혔다.

선체의 척도에 대해서는, 전장(全長) 약 30m, 최대폭(最大幅) 약 9.4m, 형심(型深) 약 3.7m를 제시하였다. 또한 이후 연구를 통하여 신안선이 완벽한 첨저형이며, 전부·후부로 구성된 용골(龍骨)에 선수재가 구조되어 첨예한 선수형상을 띠었고, 갑판연측구조(甲板緣側構造)는 전통갑판형식(全通甲板形式)의 구조임을 제시하였다.

김용한[14]은, 신안선의 1/5 축소모형을 복원하여, 선수구조가 평판형(平板型)이고, 홈붙이 클링커식 이음의 외판 접합방식이 선수 부근에서 평접상태(平接狀態)로 전환된다는 점, 갑판(甲板)과 현장부(舷墻部)가 V자 형상으로 결구되는 갑판연측구조임을 밝혔다. 신안선의 척도를 전장 34.80m, 최대

---

13) 김재근·황종흘, 1980,『신안해저문화재학술조사연구-침몰선체에 대한 학술조사 연구-』, 문화재관리국.
김재근, 1981,「신안침몰선의 선체구조에 대하여」,『학술원논문집』, 인문사회과학편 제 20집, pp. 337~387.
김재근, 1984,「선체」,『신안해저유물』자료편Ⅱ, 문화재관리국, pp. 121~162.
김재근, 1988,「선체」,『신안해저유물』종합편, 문화재관리국, pp. 279~303.
14) 김용한 외, 1986,「신안해저인양 고대목선의 모형복원」,『보존과학연구』제 7집, 문화재연구소, pp. 104~135.
김용한, 1993, 앞의 글.

폭 11m, 형심 3.75m를 제시하였다. 격창구조(隔艙構造; 칸막이)가 7격벽(隔壁) 8창(艙)임을 밝혔고, 수밀(水密; 물이 스며들지 않게 함)은 중국에서 전통적으로 사용하였던 동유회(桐油灰)를 사용하였으며, 두(頭)·본(本)·미(尾)의 3장(檣) 범선으로 죽범(竹帆)을 사용하였을 것으로 유추하였다.

이창억[15]은, 신안선의 척도를 전장 32m, 최대폭 10.3~11m, 형심 4m를 제시하였다. 이후 신안선의 선형 특징과 돛에 관한 연구를 통하여, 신안선의 선형과 돛의 사용 및 항해속도에 대한 고찰을 시도하였다.

유물과 항로 등은, 정양모[16]가 신안해저에서 인양된 도자기의 양식을 청자·청백자·백자·흑유자·기타류·갈유도석기·토기·고려자기·일본자기 등으로 분류하여, 산지는 물론 특성까지 자세하게 밝히고 있다. 본고에서는 도자기 분야에 대해서는 간략하게 언급하고, 당시의 무역품으로서 가장 많은 양이 취급되었고 중요한 무역상품이었다는 사실만 다루고자 한다.

이호관[17]은, 금속유물을 분류하여 형태와 특징 등을 간략하게 소개하고 있다. 금속유물 중에서 가장 중요한 자료를 제공하는 것으로 청동추에 새겨

15) C. E. Lee, 1991, 「A study on the struct and fluid characteristics of a rabbeted chlinker type(the sunken salvaged off Shinan」, 『Proceedings of International Sailing Ship History Conference』, Marine History Reserarchers' Association of CSNAME, pp. 154~168.
이창억, 1996, 「신안 고대선의 선형 특성 및 돛에 관한 연구」, 부산대학교 박사학위 논문.
16) 정양모, 1983, 「도자기」, 『신안해저유물』 자료편 I, 문화재관리국, pp. 217~237.
정양모, 1984, 「도자기」, 『신안해저유물』 자료편 II, 문화재관리국, pp. 13~37.
정양모, 1985, 「도자기」, 『신안해저유물』 자료편 III, 문화재관리국, pp. 7~56.
정양모, 1988, 「도자기」, 『신안해저유물』 종합편, 문화재관리국, pp. 367~396.
17) 이호관, 1983, 「금속제품」, 『신안해저유물』 자료편 I, 문화재관리국, pp. 238~260.
이호관, 1984, 「금속제품」, 『신안해저유물』 자료편 II, 문화재관리국, pp. 38~72.
이호관, 1985, 「금속제품」, 『신안해저유물』 자료편 III, 문화재관리국, pp. 35~56.
이호관, 1988, 「금속류(동전포함)」, 『신안해저유물』 종합편, 문화재관리국, pp. 147~243.

진 '경원로(慶元路)'명은 신안선의 출항지를 알려주는 근거가 되었다.

이난영[18]은 석제품에 대하여 간략하게 종류 및 형태를 다루었다.

김기웅[19]은, 석제와 목제·골제품·옥제품을 형태와 크기를 분류하여 특징을 서술하였다.

이창복[20]은, 식물류의 산지와 특성을 분류하였다. 하지만 당시에 중요한 무역품이었던 약재에 대한 종합적인 성격 고찰이 이루어지지 않았다.

윤무병[21]은, 목패(木牌)를 인명·사찰 등으로 분류하고, 목패에 묵서된 '지치삼년(至治三年)'을 근거로 신안선의 침몰연대를 밝히는 결정적인 자료를 제공하였다. 그리고 신안선 선체의 발굴과정과 상황을 종합 정리하고, 신안선의 항로를 중국에서 일본으로 가던 무역선으로 보았다. 동전에 대해서도 시대별 분류를 통해 당시 화폐에 대해 소개를 하였다.

김원용[22]은, 일본관계 유물인 도자기·동경·장기·칠기완·칼·나막

18) 이난영, 1983, 「석제품」, 『신안해저유물』 자료편Ⅰ, 문화재관리국, pp. 261~263.
   이난영, 1984, 「석제품」, 『신안해저유물』 자료편Ⅱ, 문화재관리국, pp. 82~84.
19) 김기웅, 1983, 「목제품」, 『신안해저유물』 자료편Ⅰ, 문화재관리국, pp. 264~268.
   김기웅, 1984, 「목제품, 골제품」, 『신안해저유물』 자료편Ⅱ, 문화재관리국, pp. 85~88.
   김기웅, 1985, 「목제품」, 『신안해저유물』 자료편Ⅲ, 문화재관리국, pp. 59~61.
   김기웅, 1985, 「석제품」, 『신안해저유물』 자료편Ⅲ, 문화재관리국, pp. 57~58.
20) 이창복, 1983, 「식물재료」, 『신안해저유물』 자료편Ⅰ, 문화재관리국, pp. 269~273.
   이창복, 1984, 「식물재료」, 『신안해저유물』 자료편Ⅱ, 문화재관리국, pp. 113~120.
   이창복, 1988, 「식물류(자단목 포함)」, 『신안해저유물』 종합편, 문화재관리국, pp. 261~265.
21) 윤무병, 1984, 「동전」, 『신안해저유물』 자료편Ⅱ, 문화재관리국, pp. 73~81.
   윤무병, 1984, 「목패」, 『신안해저유물』 자료편Ⅱ, 문화재관리국, pp. 89~97.
   윤무병, 1985, 「목패」, 『신안해저유물』 자료편Ⅲ, 문화재관리국, pp. 62~66.
   윤무병, 1988, 「목패」, 『신안해저유물』 종합편, 문화재관리국, pp. 253~260.
   윤무병, 1988, 「선체 및 유물의 발견상태와 조사과정」, 『신안해저유물』 종합편, 문화재관리국, pp. 86~136.
   윤무병, 1988, 「종합적 결론」, 『신안해저유물』 종합편, 문화재관리국, pp. 539~546.
22) 김원용, 1984, 「일본유물」, 『신안해저유물』 자료편Ⅱ, 문화재관리국, pp. 93~112.

신[下駄] 등을 정리하였다.

유물의 보존처리와 수종조사는, 박상진[23]이 신안선의 목재에 대한 수종 분석을 하여 용골과 외판·격벽 등 주요 부분의 목재가 마미송(馬尾松)으로 제작되었고, 현장지주(舷墙支柱)는 녹나무로 만들어졌다는 사실을 밝혔다. 기타 선체 구조재 및 목제유물의 수종 분석을 통하여 중국 남부지방에서 자라는 수종임을 밝혔다.

이창근 외[24]는, 신안선 선체·동전·금속유물·목제유물을 보존처리하고 유물의 특성을 간략하게 서술하였다. 그리고 동전의 성분분석을 통하여 구리(Cu)·납(Pb)·주석(Sn)의 성분이 시대별로 차이가 있음을 밝혀서 동전의 발달과정을 소개하였다.

김병호[25]는, 목제유물의 보존처리 방법과 실제 처리한 유물을 소개하였다.

강대일 외[26]는, 인양된 동전의 성분을 분석하였다.

해양환경은, 한상복[27]이 신안선 인양 해역의 특징과 해저지층 및 조류

김원룡, 1988, 「일본관계 유물」, 『신안해저유물』 종합편, 문화재관리국, pp. 304~318.

23) 박상진, 1984, 「수종조사」, 『신안해저유물』 자료편Ⅱ, 문화재관리국, pp. 145~162.
박상진, 1988, 「신안침몰선의 수종조사」, 『신안해저유물』 종합편, 문화재관리국, pp. 269~268.

24) 이창근·이오희, 1984, 「보존처리」, 『신안해저유물』 자료편Ⅱ, 문화재관리국, pp. 163~178.
이창근 외, 1988, 「보존처리(금속유물·동전·목제유물·신안선)」, 『신안해저유물』 종합편, 문화재관리국, pp, 319~366.

25) 김병호, 1985, 「보존처리」, 『신안해저유물』 자료편Ⅲ, 문화재관리국, pp. 67~76.

26) 강대일 외, 1989, 「신안침몰선 인양 중국 동전의 화학조성」, 『보존과학연구 10집』, 문화재연구소, pp. 1~43.
강대일 외, 1991, 「고대 중국 동전의 금속 조직 연구-신안 해저 동전을 중심으로」, 『보존과학연구 12집』, 문화재연구소, pp. 3~16.
姜大一, 1992, 「韓半島出土金屬資料の分析硏究」, 東京藝術大學大學院 美術硏究科, pp. 7~44.

27) 한상복, 1988, 「인양현장의 해양환경」, 『신안해저유물』 종합편, 문화재관리국, pp. 71~85.

등을 다루었다.

 이상과 같이, 선학들의 연구는 선체와 도자기에 집중되었고, 유물은 전반적인 소개에 그쳤다고 할 수 있다. 본 고에서는 이상의 연구에서 이루어지지 않았던 유물의 과학적 분석을 통하여, 당시의 사회·경제 및 무역관계 규명에 중점을 두었다.

II. 수중고고학과 인양유물의 보존 · 복원

1. 수중고고학의 내용과 연원

1) 수중고고학의 개념과 역사

수중고고학(水中考古學)이란 바다 · 강 · 호수 등 수중에 침몰되었거나, 기타 요인에 의하여 가라앉은 고대 유적이나 유물을 연구대상으로 하는 고고학의 한 분야이다. 즉 기존의 고고학이 육상의 인류가 태동한 이래 인간 생활과 문화의 역사적 발전을 파악하기 위하여 유적과 유물을 실증적으로 연구하였다면, 수중고고학은 조사범위를 수중으로까지 확대시킨 것이라 할 수 있다.

수중고고학은 제 2차 세계대전 이후부터 본격화되었다. 수중의 유적과 유물은 지각변동 등 자연현상에 의해 물 속에 잠겨버린 고대도시 · 항구시설 등과 항해 중에 재난으로 침몰한 선박과 유물이 주종을 이룬다.[1] 따라서

---

[1] 김용한, 2001, 「우리나라 수중고고학과 고선박 보존」, 『바다에 빠진 배 · 유물처리』, 국립해양유물전시관, pp. 45~46.

수중고고학은 고고학의 개념을 수중으로 확대한 것으로써, 그 방법을 변화시키는 것은 아니다. 고고학의 학문적 기반과 축적된 방법으로 수중의 자료와 그것에 대한 인식수단을 부여하는 역할을 담당한다고 할 수 있다. 수중고고학의 고유 임무는 지금까지 고고학에서 미지의 세계로 남아있던, 수중까지 연구영역을 확대시키는 독자성에 있다고 하겠다.[2]

수중고고학을 한 마디로 정의한다면, 수중이라는 환경 속에서 과거 인류가 남긴 유적·유물을 과학적으로 연구하는 고고학의 한 분야라고 할 수 있다. 수중은 바다 또는 해양뿐만 아니라 하천·소택지·호수·연못 등을 포함한다.[3] 그리고 수중고고학 연구의 수행에 있어서는 일반적인 고고학 지식뿐만 아니라 잠수의학·해양학·해양공학·측량학·보존과학·사진학 등 다양한 분야의 연구 방법이 필요하다.[4]

이와 같이 수중고고학은 수중에 수몰된 유적·유물을 대상으로 하여, 고고학의 영역을 물밑까지 확대한 것으로, 수몰되어 있는 모든 유적·유물을 대상으로 한다는 점에서 지상의 고고학과 다르지 않다. 다만 물을 극복해야 하기 때문에 지상과는 다른 과학기술을 필요로 하는 영역이다.

유럽의 경우, 19세기 중엽 스위스 취리히의 F.켈러에 의한 파피콘호 남쪽 기슭, 로벤하우젠 호상 주거지의 확인이 수중고고학 발전의 실마리가 되었다. 이후 스위스 보덴(콘스탄스)호에서 수만 개의 말뚝이 발견되어 고대의 수변생활을 구체적으로 복원할 수 있게 되었고, 누샤텔호의 하층 유적이 코르테요 문화(B.C 2250)의 기준이 되었다. 또 그리스 남부의 안디키티라, 이탈리아 북부의 알벵가, 터키 서부의 야시아다 등의 침몰선 조사 등을 통해

---

2) 小江慶雄, 1983, 『水中考古學入門』, 日本放送出版協會, pp. 13~14.
3) 최몽룡, 1995, 「세계 수중고고학의 현황과 고고학적 측면」, 『1995 수중고고학 국제 심포지엄』, 해군사관학교, p. 14.
4) 황동환·김성필 편저, 1994, 『수중 유물 발굴의 기초』, 해군사관학교, p. 2.

지상에서는 얻지 못할 귀중한 정보를 얻었다. 1960년의 터키 남부 겔리도니아 후기 청동기시대의 침몰선, 1958년부터 7년간에 걸친 야시아다의 비잔틴제국시대에 침몰된 선박에 대한 조사가 과학의 발전을 원용하여 육상과 같은 고고학적 방법을 조직적으로 실천하는데 성공하였다.

우리나라는 1967년 경북 경주시 양북면 봉길리 앞 바다에 잠겨 있던 대왕암에서 신라 제 30대 문무왕이 수장된 무덤이 발견되었다. 1975~1976년에는 경주 안압지 발굴에서 통나무배를 인양하였으며, 1976년에 인양하기 시작한 전남 신안군 증도면 방축리 앞 바다의 해저유물 발굴로 본격적인 수중고고학이 시작되었다.

좁은 의미의 수중고고학은 고대 선박과 부체(浮體)에 관한 연구가 중심과제이다. 유럽 특히 스칸디나비아 국가를 중심으로 선박고고학이라는 특수분야가 고고학의 한 분야로 자리 잡았다. 덴마크 해양고고학연구소의 Ole Crumline-Pederson 소장은 선박고고학(Ship Archaeology)의 관심사를 다음과 같은 네 가지 사항으로 구분하였다.

첫째, 선재(船材)·도구·기타 능력 등에 관한 기술수준을 밝히고, 둘째, 수상 운송수단의 활동능력과 활동범위 등 수송능력의 수준을 가늠하고, 셋째, 군사적·경제적·사회적인 연관성을 규명하며, 넷째, 전쟁·교역·어로·일반수송 등 해상활동에 관하여 관심을 갖는다.

즉, 배가 어떻게 만들어졌으며, 어떤 장비와 도구가 사용되었고, 조종방법, 그리고 화물의 적재와 하선은 어떻게 이루어졌는지, 어떤 목적으로 사용되었는가 하는 문제에 관심을 갖는다. 또한 선박과 관련된 항구·등대시설·해상부표 등과 선착장·화물취급시설·창고·조선장소·뱃집·선가(船架)·둑, 또한 선착장으로 연결되는 도로망 등 항구의 기간시설에도 관심을 갖는다. 선박고고학은 조선과 해군에 관련된 모든 사항에 대해 관심을 가진다고 할 수 있다.[5] 따라서 협의의 수중고고학은 주로 침몰선박과 관련한 연구가 주요 대상이었다.

우리나라도 신안선과 완도선을 중심으로 한 침몰 선박의 조사를 통해 수중고고학의 기틀을 마련하였으며, 이후 신고유물을 중심으로 한 제한적인 수중조사가 진행되었다.

위와 같이 수중고고학의 발달은 2차 대전 이후에 활성화되었지만, 바다·강·호수 등 물밑에 대한 사람의 호기심과 도전은 이미 오래 전부터 끊임없이 이어져 왔다. 아리스토텔레스는 B.C 4세기경에 이미 잠수기구에 대한 글을 썼으며, 마케도니아의 알렉산더대왕은 유리로 만든 잠수장치를 직접 시험했다는 이야기도 전해진다.[6]

이렇게 수중에 대한 관심은 계속되었지만, 최초의 본격적인 수중발굴은 1775년 영국 골동품 수집가들이 로마 근교 티베르강에서 유물을 발굴한 것으로 기록되어 있다. 그러나 당시 그리스 잠수사를 동원하고 잠수종[7]을 사용하여 3년 간 실시한 발굴 작업에서는 강바닥의 개흙을 제거할 수 있는 장비가 없어 큰 성과를 거두지 못하였다. 이후 이탈리아·그리스 등에서 잠수부를 동원한 유물 인양이 있었지만, 고고학적 지식 및 관심 부족으로 많은 유물이 파괴되었다.

---

5) 김용한, 1987, 「고선박의 보존과 복원」, 『보존과학연구』 제 8집, 국립문화재연구소, pp. 134~135.
6) 국립해양유물전시관, 1998, 『물·바다·사람·배·꿈·삶·그 자국』, p. 13.
7) 잠수종(Diving Bell)은 공기통에 의한 잠수기술이 보편화되기 전에 가장 많이 이용된 잠수방법이다. 아래가 개방된 종 모양의 통으로, 잠수부가 연결되어 있어 배의 움직임을 따라 이동한다. 작업하려는 장소 바로 위에 이 기구가 있으면 기구 속에서 작업하지만, 장소가 떨어져 있으면 잠수동안 잠수종을 떠나 작업을 마치고 돌아와야 한다. 처음 잠수종이 만들어진 시기는 1531년이며, 이후 몇 세기 동안 불완전하지만 효과적으로 이용되었던 잠수기구이다.

근세의 수중발굴은 19세기 난파선 구조 작업을 하던 중 고대유물을 접하면서 시작되었다. 초기의 이러한 현상은 고고학자들의 흥미를 유발시켰으나, 당시의 고고학자들은 물 밖에서 잠수사에게 작업을 지시하는 정도의 소극적인 입장이었다. 한 예로 1900년 그리스의 크레타 섬 부근에서 민간잠수사가 수중에서 청동을 발견하자, 그리스 정부가 고고학자와 해군함정을 동원하여 약 9개월 간 조사를 실시하였으나, 잠수사들의 유물 및 지식의 한계로 정확한 발굴이 이루어지지는 못하였다. 이어서 1907년 튜니지아에서의 로마상선 발견, 1928년 그리스에서의 로마 난파선 발견 등이 있었으나, 체계적인 발굴은 이루어지지 못하였다.

1943년 프랑스의 Jacques-Yves와 Emile Gagnan에 의해 개발된 스쿠바(SCUBA : Self-Contained Underwater Breathing Apparatus, 수중자가호흡기)는 1950년대 들어서면서 구미 각국에서 각광을 받아 이용인구가 급증하게 되었다.[8] 스쿠바를 이용한 스포츠 다이빙의 보급은 수중고고학에도 커다란 발전을 가져왔다. 고고학자가 직접 잠수하는 연구의 진전을 가져왔을 뿐 아니라, 그리스·로마시대의 양쪽 손잡이가 달린 술·기름 단지나 항아리(Amphora)가 골동품 시장에서 높은 가격을 받게 되자 상업적인 동기 또는 수집가적인 형태가 나타났다. 1960년대 중반 개인적인 활동을 통하여 지중해 연안에서 많은 유적지가 발견된 사례가 보고되자, 지중해 동부와 서부의 프랑스·그리스·터기 등이 법적인 절차를 통하여 수중유물을 보호하기 위한 조치를 취하기 시작하였다.

1960년대 이후 수중고고학은 많은 발전을 거듭하였는데, 가장 대표적인 수중발굴은 스웨덴 스톡홀름항에서 1628년 8월 10일 침몰한 전함 바사

---

8) 김상겸·이병두, 2002, 『스포츠 스쿠버 다이빙』 I (초급편), 도서출판 씨코, p. 2.

(Wasa)호를 1964년 4월 24일 발굴 인양한 것이다. 바사호 인양은 수중고고학의 이정표가 되고 있으며, 조난 구조가 아닌 고고학적 연구를 위해 침몰선이 완벽한 형태로 인양된 최초의 수중발굴이라는 의미가 있다.

하지만 미국에서는 발굴대상 유적이나 유물이 비교적 근대의 것이었고, 구조나 법령 등의 측면에서 발굴유물에 대한 의문이 제기되었다. 또한 정부·학계·연구소 등의 무관심으로 잠수사 활동이 지역적이었으며, 1960년대 후반까지 미국에서 수중발굴이란 부와 노력에 대한 대가를 가져다주는 사업에 불과하였다. 이는 세계적으로 퍼져나가 나쁜 영향을 미치기도 하였다.

이러한 상황을 배경으로, 학문으로서 수중고고학은 발달하기 시작하였다. 죠지 베이스는 터키에서 최초로 수중유물 발굴에 고고학의 원리를 적용하였다. 그리고 프랑스·이스라엘·이탈리아에서도 고대 난파선에 대한 고고학적 연구가 시작되었다. 스칸디나비아 여러 나라에서는 바이킹족의 배를 건조하던 육상조선소 발굴이 계기가 되어, 덴마크 로스킬데(Rosekilde) 피요르드(Fjord)에 침몰된 여러 척의 바이킹선에 대한 발굴이 이루어졌다. 스웨덴에서는 바사호 보존에 대한 연구가 보존과학의 주된 연구 분야가 되었고, 수중고고학도 지속적으로 발전하였다. 네델란드에서는 이즈셀메르(Ijsselmeer) 간척지 개발 사업 도중 수백 척의 난파선이 발견되었다.[9] 위와 같이 수중고고학은 고고학의 개념을 육상에서 수중으로 확대시킨 유적·유물에 대한 조사를 가리킨다. 초기의 무관심과 상업적인 성격을 벗어나, 현재는 수중유물과 유적을 통하여 인류문명의 발전과정을 이해하는 학문으로서 자리 매김하였다. 우리나라도 수중고고학에 대한 인식이 새로워 지면서 수중개발에 앞서

---

9) 황동환·김성필 편저, 1994, 앞의 글, pp. 3~5.

수중에 대한 사전조사가 시행되기 시작하였으며, 수중발굴 조사도 활발하게 이루어지기 시작하고 있다.

2) 수중고고학의 조사방법

수중고고학에 있어 수중발굴 조사는 육상발굴과 거의 같은 방법을 사용한다. 하지만 수중이라는 특수한 환경으로 인하여 몇 가지 다른 방법을 채용하고 있다. 즉 수중발굴도 육상발굴과 마찬가지로 다양한 기록 및 도면 작성을 요구하고 있으나, 탐색·사진촬영·조사과정 등이 육상발굴과 달리 제한된 시간 내에 신속하게 이루어져야 하는 특성을 갖고 있다. 즉 조사자가 잠수병(Caission Disease, Bends)에 걸리지 않게 수중 체류시간이 제한되어 있으므로, 육상발굴의 계획이나 기록 및 도면작성 방법을 병행하여 제반임무를 수행하여야 하는데, 특히 수중 사진촬영이나 수중비디오 등의 특수 장비를 이용하여야 좋은 성과를 얻을 수 있다.[10]

이러한 수중발굴 조사에 대한 진행은 일반적으로 다음과 같은 과정으로 이루어진다.[11]

첫째, 수중발굴에 대한 종합적인 계획을 수립하여야 한다. 수중발굴은 자연과학·고고학·기타 응용과학을 이용하여 발굴이 이루어진다. 따라서

---

10) 조성도, 1980, 「해외수중탐사에 관한 조사연구」, 『신안해저문화재발굴조사보고서』, 문화재관리국, p. 7.
11) 수중발굴 조사에 대한 조사방법은 유적·유물의 상황에 따라 다양한 방법으로 이루어질 수 있다. 예를 들면, 유물이 신고 된 지점은 현장을 확인하여 유물을 인양하거나, 발굴조사 계획을 수립하여 조사하면 된다. 하지만 망망대해에서 유적·유물을 찾는다는 것을 대단히 어려운 것이 현실이다. 따라서 문헌에 기록 된 침몰의 기록이나, 구전에 전해 내려오는 이야기 등을 종합하여, 치밀한 조사계획을 수립한 후 기기탐사에 의한 이상물체의 확인과 수중탐색에 의한 체계적인 조사 방법 등이 있다. 이 글에서 서술한 수중고고학의 조사 방법은 국립해양유물전시관과 해군사관학교 충무공해전유물발굴단에서 실시한 방법을 간략하게 정리하고, 기타자료를 보충하였다.

조사단을 구성하고, 관계기관과 유기적인 협조체제가 구축되어야 하며, 작업계획과 필요장비를 갖추어야 한다. 그리고 수중발굴 조사는 육상발굴에 비하여 예산이 많이 소요되므로, 이에 대한 적절한 계획 수립이 필수적이다.

둘째, 발굴에 대한 전반적인 준비작업이다. 준비는 자료조사와 해양학적인 기초조사로 구분된다. 자료조사는 문헌·현장탐문 등을 통하여 가능한 많은 자료를 수집하고, 해양학적 기초조사는 해양지질과 물리적 특성을 파악하여야 하는데, 해저지형·저질·퇴적층·수온·염분·조류·해류 등이다. 또한 발굴에 필요한 제반 장비를 갖추고 관계기관과 긴밀한 협조체계를 구성하는 것도 필요하며, 현지 주민과 원만한 관계를 유지하기 위하여 사전 현장조사를 실시하여 종합적으로 준비작업을 해야 한다.

셋째, 보이지 않는 바다 속의 상황을 파악하는 것은 쉽지 않다. 따라서 탐사장비를 이용하면 많은 정보를 얻을 수 있다. 장비탐사는 먼저 위치측정기를 이용하여 정확한 조사지점을 설정한 후, 측면주사음파탐지기·지층탐사기 등을 이용하여 탐사를 실시하면서, 기록지에 기록된 데이터를 분석하여 이상물체를 포착한다. 조사는 이상물체가 발견된 지점에 부표를 떨어뜨린 다음 잠수사가 입수하여 확인하게 된다. 그리고 해양 환경에 대한 조사를 위해 조류·탁도·수온 등을 기기로 측정하여 자료로 활용한다. 수중 탐사에 가장 많이 사용되는 장비를 요약하면 아래 <표 1>과 같다.

넷째, 탐사결과와 기타 신고 등에 의한 수중탐색이다. 수중탐색은 장비를 이용한 탐사결과 유물·유적일 가능성이 있는 이상물체나 지역을 직접 육안으로 확인하는 정밀탐색으로 매몰 또는 깊이가 깊은 경우는 시추 등의 방법을 통한 최종적인 확인이나 기본적인 발굴을 의미한다. 탐색과정에서 유적·유물이 발견되면, 위치를 정확히 표시하고 부표 등으로 표시한 후,

<표 1> 수중발굴 조사 탐사장비

구 분	장 비 명	용 도
음파 탐사	측면주사음파탐지기 (Side Scan Sonar)	• 해저 지표면 조사. • 시간차에 의해 해저 면 모양을 프린트함.
	해저지층탐사기 (Sub Bottom Profiler)	• 해저 지층 조사용.
	자력계 (Magnetometer)	• 지구자장이 주위의 철물에 의해 영향을 받는 원리를 이용하여 수중물체를 찾아냄.
수중 촬영	수중카메라 (Underwater Camera)	• 고탁도용 촬영장비.
	수중디지털캠코더	• 수중디지털영상용.
	T V	• 폐쇄회로 TV를 수중 예인하여 해저탐사를 용이하게 함. • 작업현장에 설치 작업 진행과정 관찰. • 기록 또는 프린트.
위치 측정	차분위성위치측정기 (D.G.P.S)	• 위치 측정 장비.
해수 측정	조류계 (Current Meter)	• 유속, 탁도, 수온 등.
이동	선박, 고무보트	• 장비탑재, 잠수사 이동 등.
작업 장비	스쿠바 (SCUBA)	• 개인용 장비 일체.
	저압공기압축기 (LP Compressor)	• 표면에서 잠수사에게 공기공급.
	시추기(Boring Set)	• 해저면 아래 이상체 확인.
	개흙 굴착기 (Air Lift Set)	• 모래나 개흙의 효과적인 제거를 위해 수직으로 설치하되 파이 프를 통해 육상으로 부터 공급된 공기가 파이프 하단으로부터 상승하면서 모래를 함께 흡입해 올리는 원리.
	고압 물분사기 (Water Jet)	• 단단한 해저를 굴착하거나 대량의 모래를 치워야할 경우 소방 호스를 이용하면 효과적이며, 조류가 있으면 더욱 능률적임. 분출되는 물에 의한 반작용을 줄이기 위해 Recoilless Nozzle을 사용.
	수중통신기 (U/W Communication)	• 잠수사 및 작업 감독자의 수중 통신.

구 분	장 비 명	용 도
	사진 촬영대	• 유물의 위치를 기록 보존하기 위하여 인양 단계별로 계속 사진을 촬영하기 위한 장치.
	운반설비 (Carrier)	• Lifting Balloon과 바스켓으로 구성되어 잠수사의 Lung 이나 육상에서 공급되는 공기를 이용하여 중량물을 쉽게 인양.
관찰 확인 장비	금속탐지기	• 지뢰탐지기를 개조한 것으로, 발굴작업 전에 모래나 개흙에 있는 금속의 위치를 확인.
	Tow Vane	• 모선에 의해 예인되는 일인승 수중탐사장비로, Vane의 상단은 360°로 투명한 프랙시그라스로 되어 있어 시계의 제한이 없으며, 탑승자는 옆 날개를 조정하여 Vane을 상승·강하시킬 수 있게 설계.
	소형잠수함 (The Asherah)	• 소형 잠수함으로 주로 수중 사진촬영에 활용됨. 3대의 카메라와 TV 가 있어 연속적인 스틸촬영이 가능하고, 그중 특수카메라는 물체의 경사로 높이를 촬영할 수 있어 물체의 입체사진을 만들어냄.
안전 장비	전화부스 (Telephone Booth)	• 투명한 반원형 프렉시그라스로 제작되어 주위를 관찰할 수 있고, 내부는 공기로 충전되어 가슴이상은 공기 위로 노출시킬 수 있어, 마스크를 벗고 육상과 통화할 수 있게 설계되어 있음. 이를 작업장 가까이 설치함으로써, 작업도중 잠수사 간의 작업방법 토의 또는 피로시 휴식처로 활용할 수 있음.
	감압챔버 (SDC)	• 중요한 작업을 하기 위해서는 잠수시간이 길어지게 되고, 이는 더욱 긴 감압시간을 요구함. 이를 위해 설계된 것이 감압챔버(Submersible Decompressior)임. 이는 육상에서 공급되는 공기를 이용한 6피트의 원형 강철구조물로서, 작업을 마친 잠수사는 이 안에서 휴식을 취하면서 상승·감압을 하게 됨. SDC의 인양 조정은 케이블을 통하여 육상에서 실시함.

본격적인 발굴에 들어가야 한다.

정밀탐색은 원형탐색·횡대탐색·탐색선 이동탐색 등이 있으며, 확인이나 식별 방법은 제토·시추·수중비디오 카메라 촬영 등이 있다.

다섯째, 수중발굴이다. 수중발굴은 시야가 확보되거나 작업여건이 허락되면 육상발굴과 같은 방법으로 그리드를 설치하는데, 일반적으로 우리나라에서는 철제구획틀(2m×2m)과 로프를 이용하여 그리드를 설치하고 각 구역에 대한 번호를 부여하여 유적의 위치를 표시한다. 그리고 그리드에 야광이나 색깔을 1m 간격으로 칠하여 거리를 구분하기도 한다.

해저의 유적을 덮고 있는 퇴적층을 제거하는 방법을 보면, 퍼내거나 떠내는 방법, 흘려서 보내는 방법, 기기를 이용하여 빨아내는 방법 등이 있다. 가장 많이 사용하는 것은 흘려보내는 방법이다.

여섯째, 사진촬영과 실측 및 기록이다. 수중에서의 사진 촬영은 하우징을 장착하여 실시한다. 하지만 우리나라 서해안은 시계가 극히 불량하여 수중촬영이 쉽지 않아 조금시기에 한정하여 일부 수중촬영이 가능하다. 신안·완도 해저발굴 조사에서 수중촬영을 시도하였지만 좋은 결과를 얻지는 못하였다. 군산 비안도, 군산 십이동파도 수중발굴 조사에서는 격자 모양의 그리드를 설치한 다음, 수중시계가 좋은 조금시기에 그리드 내부에 대한 수중사진 촬영과 수중비디오 촬영을 실시하였다. 촬영을 통하여 유물 매몰상태와 분포 등을 확인하여, 우리나라의 수중발굴에 좋은 방법론을 제시하였다.[12]

실측도는 평면도·단면도 등을 육상발굴과 별 차이 없이 작성하는데, 그리드를 설치하거나 기타 현장에서 적절한 방법을 선택하여 실시한다. 또한 정확한 지형을 판단하기 위한 측량도 실시되어야 한다.

현재 우리나라에서는 수중촬영 후 발굴한 다음, 선상에서 기록하는 제한적인 상황인데, 정확한 실측과 측량은 여건상 원활하게 진행되지 못하고 있는 실정이다. 이는 예산·시간·전문가 부족·장비 등이 복합적으로 미흡한 실정을 반영한다고 하겠다. 이후 수중발굴 조사에 대한 종합적인 발전방향이 요구된다.

일곱째, 유물 인양이다. 유물의 인양은 한 묶음씩 인양하는 것이 바람직하다. 그리고 인양유물의 위치와 유물 명을 기입한 라벨의 작성이 필수적이다.

---

12) 문화재청 2003년 6월, 11월 군산 비안도, 군산 십이동파도 관련 보도자료 참조.

유물 인양은 크기에 따라 달리 하는데, 도자기 등은 유물바구니로 인양하고 선박 등은 원형인양·해체인양 등의 방법이 있다.

여덟째, 종합 분석평가이다. 인양유물의 해석을 실시하여, 유물이 선박이라면 고고학·역사학·조선공학·목재학·전자기학 등으로 이론적인 가설의 설정 등을 통한 해석이 이루어져야 한다. 또한 모형제작 등을 통한 실험적인 비교도 필요하며, 기타 유물들에 대한 종합적인 해석을 시도하여 시대상을 복원하여야 한다. 그리고 유물에 새겨진 문양이나 기타 자료를 종합하여 시대를 파악하고, 당시의 사회·경제 등을 파악하는 자료로 삼아야 한다.

아홉째, 보존과 복원이다. 인양유물을 과학적인 방법을 통하여 분석하고, 보존처리를 실시한 후 복원 가능한 부분은 복원하여야 한다. 보존처리는 유물의 재질에 따라 처리방법을 달리하여야 한다. 복원은 모형을 제작하여 정확한 형태를 파악하고, 비교 가능한 유물과 문헌자료를 참고하여 최소한의 원형복원에 힘써야 한다.

마지막으로, 이와 같은 단계를 통하여 수집된 자료를 통합하여 보고회나 발표회를 실시하고, 최종적으로 유물을 전시해야 한다.

이상의 발굴과정은 일반적인 현상을 정리한 것이며, 시대가 변화되면서 수중발굴의 기술 향상으로 무인잠수정과 로보트를 이용한 발굴 등 첨단기기의 이용이 현실화되고 있다. 위와 같은 단계를 침몰된 선박에 적용하여, 조사방법을 정리하면 아래와 같다.

(1) 침몰선 조사방법

고고학적인 조사에 의해 발굴된 선박이나 우연히 발견된 고선박(古船舶)일지라도 대개 물리적·생물학적 요인에 의해 완전한 형태를 잃고 부분적으로 잔존되어 있으며, 심하게 썩어 훼손된 상태로 발견된다. 대부분 갑판 이상의 상부구조는 유실되고 목재는 변형되어 있다. 침몰선의 발굴은 수중에서 직접 인양을 시도하는 수중발굴과 침몰선 주변의 물을 제거하고 육상 발굴과 동일한 방법으로 발굴하는 두 가지 방법이 있다. 또 인양방법으로 원형인양과 해체인양으로 구분된다.

우리나라의 수중발굴 조사에서는 두 방법 모두 사용되는데, 원형인양은 진도 통나무배와 달리도선이 우레탄폼으로 선체를 보강한 다음 실시하였다. 하지만 보존처리를 위해서 운반한 후 해체하였다. 신안선·완도선은 모두 선체를 해체하여 선체편을 한 편씩 인양하였다. 특히 신안선은 선체편이 크고 견고하게 구조되어 있어, 수중에서 톱으로 선체편을 자른 다음, 분리해서 인양하였다. 그 중에서 선저의 용골은 두께뿐만 아니라 길어서 작업에 대단히 어려움이 많았다.

인양된 모든 선재가 쉽게 연관 지워지지는 않기 때문에, 못구멍의 형태·가공면 등의 확인은 재 복원을 위한 중요한 지침이 된다. 인양된 목재를 신중히 검토함으로써, 사용된 선재의 수종을 확인할 수 있게 되고, 어떻게 조선에 적합하도록 나무를 이용했는가 하는 기술적인 문제도 파악하게 된다. 목재를 정밀히 관찰하게 되면, 나무의 형태가 길고 곧고 건전한 외판재의 경우는 장목(長木, 긴 나무)의 옹이가 적은 나무 아래에서 채취된 것이고, 반면에 곡재는 낮은 부위의 가지로부터 채취된 것임을 알게 된다. 목재의 연륜수와 너비의 측정은 목재의 벌목시기를 일러주어 선박의 연대측정에 정보가 되며, 선재의 단면을 분석하여 당시의 제재방법에 관한 자료도 얻을 수 있다.

목재의 물기가 있는 표면에 나타난 흔적에서는 당시 조선공들의 가공기술과 사용된 공구를 파악해 낼 수도 있고, 어떤 흔적에서는 돛의 장착과 관련된 정보와 추진방법에 대해서도 추리해 볼 수 있는 자료를 얻을 수 있고, 항해 중에 어떤 부위에 많은 힘이 부과되었는지를 가려낼 수 있다. 이러한 세부적인 조사는 유실된 부분에 대한 추정뿐 만 아니라 조선학적인 관련사항·목재가공기술·배의 이용도 등에 관해서도 추리를 가능케 한다.

발굴고선의 실측방법은 축소 실측·실물대 실측, 사진 측량술의 방법이 사용된다. 축소 실측이란 불연속적인 도면기술로서 대상물에 특정의 측정점을 몇 개 설정하고, 이를 축률로 환산하여 지면에 옮긴 후 육안에 의해 점과 점을 연결하는 실측방법이며, 1 : 10·1 : 5의 축소율이 주로 사용된다. 이는 발굴유물에 관한 보편적 실측법이지만 숙련된 인원이 필요하며, 많은 시간을 요구한다. 개별적인 선체편들이 조립을 위한 구조물의 일부라는 점을 감안한다면 더욱 정확성이 요구된다.

실물대 실측(Scale = 1 : 1)은 덴마크의 Skuldelev Viking선에 적용된 방법으로, 실측대상물 위에 유리판을 놓고 그 위에 투명한 제도용지를 얹은 후 대상물을 그대로 옮겨 그리는 방법이다. 여기에서 얻어진 실물크기의 상세 도면은 수직 이동이 가능하도록 제작된 사진촬영에서 음화(Negative)로 촬영하고, 이를 투명 필름에 인화하여 1 : 10의 정확한 축률을 얻는 방법이다. 장점은 신속하고 정확한 실측과 도면 관리의 편리, 사진을 이용한 축소도면의 제작이 가능하다는 점을 들 수 있다. 그러나 초대형재에 적용하는 점에서는 제한적이다.

사진 측량술이란 대상물을 촬영한 사진을 이용하여 3차원(x, y, z)의 위치를 결정하는 방법으로, 1매의 사진을 이용해서 각 물체의 위치를 측량하는 사선법(射線法)과 연속으로 중복 촬영된 2매 이상의 사진을 이용하여 위치

(2차원) 및 높이(3차원)를 측정하는 입체사진 측량법이 있다. 사진 측량은 도로·터널·케이블 등의 구조물 측량과 교통문제, 문화재의 측량 등에 다양하게 이용되지만, 장비의 고가와 복잡한 기술과정·고도의 전문화된 시설과 전문 인력이 요구되는 등 제한적인 요소가 많다. 그러나 선박의 복원에 필요한 조립도면을 얻기보다는 조립된 구조물의 측정과 도면화에 유용한 방법이기 때문에 발굴 전의 기록이나 복원 후의 기록에는 효과적이다.

발굴선박과 관련되는 기본도면은 고고학적인 발굴도면과 조선공학적인 조선선도로 나눌 수 있다. 발굴도면은 침몰선의 매몰 및 발굴 전 상태를 기록하기 위한 것으로, 화물과 주변 환경을 연관짓고 침몰선의 잔존상태를 그대로 도면화한다. 주로 평면도 및 단면도가 작성되며 구조물·못구멍·변형부 등의 구조적 특징을 자세히 묘사하지만, 선박의 복원을 위해서는 부족하다. 조선선도는 선체를 일정한 규정에 의해 구획하고 선으로써 선형을 나타낸다. 중앙단면도와 선체종단면도, 일선배치도가 작성되며, 용골·외판 등 기본구조가 표현되어 배수량·치수·안정도 등 선박의 특성을 규명하는데 필요하다. 이 도면에는 조선·복원을 위한 최소한의 세부사항만 표현된다.

(2) 인양 침몰선의 특성 조사

인양유물에 대해서, 가장 먼저 다루어야 할 사항은 발굴된 선박의 완전한 원형을 설정하는 것이다. 이는 배의 규모·화물적재 능력·속력 등의 성능에 관한 추리가 가능해 진다. 원형확인을 위한 조사방법으로는 지면에 작도하여 원형을 복원해 보는 2차원적인 방법과 발굴된 각 부품을 일정한 축소율로 제작하여 모형을 복원해 보는 방법이 있다.

우리나라에서 인양된 선박의 모형제작 재료는 신안선·완도선·진도 통나무배·달리도선 모두 목재를 이용하였다. 모형을 제작할 때에는 못 구멍이나 접속되었던 흔적 그리고 침몰 후에 발생된 뒤틀림이라든지 수축된 형상도 그대로 재현한다. 제작된 모형들은 못 구멍·접촉 흔적·가공 면을 대조하여 분명한 부위로부터 조립하여 불명확한 부분으로 진행한다. 다음 단계는 추가적인 모형의 제작이나 도면작업을 통해 유실된 부분의 원형을 조사하게 된다. 모형 복원은 작은 모형의 경우와 원형 크기의 목재의 유연도와는 차이가 있음을 알아야 한다. 도면이나 축소모형에서는 가능한 작업이 실제의 조선에는 불가능할 수도 있다는 점이다.

추정복원을 위해서는 선체중앙단면의 대칭성·항해 적응성·안정성 등 간단한 조선공학적인 기준이 불명확한 구조를 해결해 주는 실마리가 된다. 가상적인 외판재나 보강재가 도면이나 모형에 추가됨에 따라, 건현(乾舷)·흘수(吃水)·안정성 등에 변화를 가져오며, 항해 적응성, 화물적재량을 일러 주기도 하고, 또한 역으로 어떤 영향을 주는지를 파악할 수 있게 된다. 다른 측면으로는 비슷한 시대의 배가 발굴되면, 현대에 남아있는 전통적인 선박의 연구를 통해서 이론적인 복원을 위한 자료를 얻을 수 있다.

현존하는 전통선박은 어떻게 수밀(水密, 물이 배에 들어오지 않게 하는 방법)을 기하고, 선수와 선미의 마감을 어떻게 하고 있는가 하는 등의 전통기술은 좋은 실마리가 된다. 또한 오래된 선박모형이나 도자기·그림 등에 제시되어 있는 선박의 그림은 그 원천이 유사한 것으로써, 가설적인 복원에 참고가 될 수 있다. 이 자료들은 흔히 잘 남아있지 않는 돛대와 돛의 장착방법의 연구에 도움이 된다. 그러나 이러한 자료들을 채택하기 위해서는 발굴된 부품과 옛 기술의 여건이 모순되지 않는지 신중히 검토해야 한다.

대체로 불완전한 형상으로 발굴된 고선박의 이론적인 복원은 여러 형태의 결과를 얻게 되는 것이 상례이다. 선저부 만이 인양되었을 경우, 다양한 상측부 형상이 가정될 수 있다. 영국의 Greenwich 해양박물관에 전시되어 있는 Ferriby boat의 모형이 좋은 예이다. 이러한 가설적인 모형 복원은 보존처리를 마친 원재가 복원될 때 다른 새로운 증거를 얻게 되거나 또는 미래에 유사한 선박이 발굴됨으로써 더욱 원형에 가까이 접근할 수 있을 것이다. 가설적인 복원은 조선에 소요되는 시간, 요구되는 승무원 수, 화물의 운송능력, 선박의 성능 등을 추정하는데 필요하며, 가능하다면 컴퓨터에 의한 모의실험, 수조실험도 요구된다. 아울러 안정성에 큰 영향을 미치는 화물의 조밀도, 선원의 체격, 소와 같은 움직이는 화물에 관한 구체적인 조사노 필요하다. 그러나 이러한 성능에 관한 정확한 규정은 실로 어려운 문제이다.[13]

   이러한 과정을 거친 후 선체에 대한 보존처리를 실시하고, 복원·전시·전시환경에 대한 종합적인 방안을 강구한다. 보존처리와 복원에 대해서는 절을 달리하여 서술하였다.

3) 세계 각국의 수중고고학 발굴 약사[14]

(1) 터키 청동기 난파선 발굴조사

   1960년 터키의 케이프 겔리던아(Cape Gelidonya)에서 난파선이 발굴되었다. 발굴은 수심 27m 정도에서 잠수병이 걸리지 않도록, 68분 이내의 해저 체류 시간을 지켰다. 발굴방법은 덮여 있는 해조류를 모두 제거한 후, 유물

---

13) 김용한, 1987, 앞의 글, pp. 134~141.
14) 이에 대해서는 다음의 글을 참고하였다.
   조성도, 1980, 앞의 글, pp. 24~56.
   최몽룡, 1995, 앞의 글, 해군사관학교, pp. 18~20.
   황동환·김성필 편저, 1994, 앞의 글, pp. 110~124.

의 위치와 상태 등을 자세히 관찰하고, 수중촬영 등 완전한 기록이 끝난 뒤에 인양하였다. 인력으로 힘든 것은 기계를 사용하였고, 구획틀(Grid)의 설치가 힘들어 테이프에 1m씩 눈금을 새겨 표시하여 삼각법에 의해서 위치를 정하여 도면을 작성하였다. 에어리프트(Air Lift)와 금속탐지기(Metal Detector)로 유물을 찾거나 인양하였다.

많은 유물이 인양되었으며, 선체는 많이 남아있지 않았지만, 선적화물의 분포로 보아 12m정도이고, 화물과 개인 소지품으로 보아 무역품으로 추정되었다. 방사성탄소연대측정(C^{14}) 결과 B.C 1200년 경 침몰한 것으로 추정되며, 청동기시대의 해상교역과 금속기술 등을 밝히는 귀중한 자료가 되었으며, 지중해지역 수중고고학의 장을 열었다.

(2) 터키 야시아다(Yassi Ada) 난파선 발굴조사

터키지역에서 인양된 선박은 암초 주위에 존재하는 난파선으로, 수심 37~43m지점에 모래로 덮여 있었다. 발굴은 1961~1964년 사이 진행되었는데, 발굴지역에 대한 경사를 고려하여 철제 구획틀(Iron Grid)을 9개의 계단식으로 설치 고정하였다. 수평판·와이어그리드·미터 테이프를 이용한 삼각측량법·프레임·카메라 타워 등을 사용하여 정확한 기록을 남겼다.

조사결과 에게(Aegean)식으로 알려진 약 900개의 둥근 포도주 단지 (Amphora)·항아리·금속취사용기·주화·금속 닻 등이 인양되었다. 연대는 7세기 전반으로 추정되었다.

선체는 편으로 약 10%정도 인양되었는데, 선저에서 갑판까지 선체구조를 복원할 수 있었고, 선체는 길이 21~24m, 너비 5.5m로 추정되었다.

이 난파선은 지중해에서 완전하게 이루어진 수중발굴이었으며, 수중고고학의 방법론을 발전시켰다.

(3) 덴마아크 로스킬드 바이킹(Roskilde Viking)선 발굴조사

1957년 덴마아크 국립박물관이 발굴한 바이킹선은 좁은 운하지역에서 선박의 운항에 지장을 주는 장애물이었다. 주민들 사이에서는 이 곳이 'Queen Margrethe's Ships'로 전해오고 있었다. 이 강만(江灣)의 수심은 0.5~2m 정도로 수중발굴에 있어 과학적인 방법을 적용하기에 적당한 지역이었다. 조사결과 5척의 선박 잔해가 매몰되어 있음이 밝혀졌고, 후기 바이킹선의 구조를 연구하는데 중요한 자료가 되었다.

발굴방법은 발굴대상 지역의 물을 퍼내는 방식을 채택하였는데, 강만의 바닥 조건과 수심이 낮아 가능하였다. 실제로 1962년 5월~6월 사이에 발굴대상 지역 주위에 코화댐(Cofferdam)을 만들고, 물을 퍼낸 후 발굴을 실시하였다. 선체는 해체 인양하여 보존처리 후 복원 전시하였다.

조사결과 선박들은 1000년경에 조선되어 11세기 전반 침몰한 것으로 추정되었으며, 길이는 12~18m이다. 모두 돛단배로 바이킹시대의 조선술과 북유럽의 해상교역 및 해전사를 연구하는데 중요한 단서를 제공하였다.

(4) 스웨덴 바사(Wasa)호 발굴조사

바사호는 1628년 스웨덴의 스톡홀름(Stockholm)항에서 진수하여 항해를 시작하여 50여 명의 승객과 선원을 태운 채, 정확한 원인을 알 수 없지만, 수심 30m의 항내에서 침몰하였다. 1664년 스웨덴 육군 장교와 독일인 전문가에 의해 1~2톤에 달하는 약 50문(門)의 포신(砲身)이 발견되었다. 당시 잠수종(Diving Bell)을 이용한 잠수기술과 수중조건을 고려할 때, 믿기 어려운 측면도 있지만, 이후 바사호에 대한 논의는 이루어지지 않았다.

1956년부터 스웨덴 석유기술자(Anders Franzen)가 관심을 갖기 시작하여,

침몰지점을 확인한 뒤 해군 다이버들이 선체상태를 조사한 결과, 전체 인양 가능성을 확인하였다. 이후 인양방법의 종합적인 대책을 수립하여 1958년 발굴에 착수하였다. 수심 30m에 있는 바사호를 항구 한복판의 케스텔홀맨 (Kastellholmen)섬 옆 수심 17m의 해저까지 이동시키는 방법을 택하였다.

유럽에서 선박에 대한 고문서가 많지 않은 것도 바사호 인양을 촉진시켰다. 또한 18세기 이전의 선박구조·형태·장비 등에 대한 종합적인 자료의 확보, 발굴지역 해양환경과 보존상태가 양호한 점도 발굴의 필요성을 증대시켰다. 바사호의 침몰위치가 항내였으므로 작업조건이 양호하고, 스톡홀롬 항은 바다해충(Shipworm)이 서식하지 않아 선체가 개흙 속에 잘 보존될 수 있었다.

발굴은 먼저, 선체 밑의 개흙 속으로 인양을 위한 줄을 걸기 위해 물분사기(Water Jet)로 6개의 터널을 뚫었다. 이후 해난구조 폰툰(Salvage Pontoon)과 보조선박들을 바사호 위에 위치시켰다. 위에 가이드와이어를 이용하여 직경 15cm, 길이 16m의 강철케이블을 걸어 폰툰에 연결하였다. 이후 폰툰을 이용하여 바사호를 끌어 올려 수심 17m 지점으로 옮겼다. 그리고 다양한 분석과 결과를 토대로 부상시킨 후 도크로 옮겼다.

보존처리는 선체가 마르면서 수축·변형되어 원형이 변하는 것을 막기 위해, 분무장치(Sprinkler)를 설치하여 항상 젖은 상태를 유지토록 하였으며, 습도와 온도 조절을 위해 콘크리트·알루미늄·유리로 콘크리트 폰툰 홀 (Concrete Pontoon Hall)을 만들어, 원형 훼손을 방지하였다. 선체에 대한 보존은 P.E.G(Polyethylene Glycol)를 분무 처리하였다.

(5) 영국 메리로스(Mary rose)호 발굴조사

메리로스호는 1545년 침몰하여 솔렌트(Solent)의 해저 개흙 속에 매몰된 전함이었다. 침몰 직후 돛이 보였으며, 구조작업을 위한 시도가 많았지만, 몇 개의 포만 인양하였다. 이후에도 몇 차례의 시도가 있었으나, 화폐 등 소수의 유물을 인양하였을 뿐이다.

1965년 영국의 알렉산더 마크(Alexander Makee)가 고고학·역사학·화학·선박기술자 등 각 분야의 전문가를 구성하여 본격적인 발굴 작업을 시작하였다. 1982년에 워터제트를 이용하여 선체 밑에 터널을 뚫은 다음 인양하였다.

메리로스호는 중세 선박에서 대형 선박으로 발전되는 전환기의 선박으로, 선박사에 중요한 의미를 갖고 있다. 이후 종합적인 조사를 통하여, 받침대를 이용하여 인양한 후, 바사호와 같이 P.E.G를 이용하여 분무식 보존 처리하였다.

위와 같이 1950년대 이후 세계 각국에서 수중고고학이 발전을 거듭하게 된다. 발굴조사 방법도 다양화되어 육상 발굴 못지않은 성과를 거두었다. 이외에도 스페인 무적함 기로나(Girona)호, 시프러스(Cyprus)해안을 조사하던 중 발견된 키레니아(Kyrenia)근해의 그릭(Greek)상선, 포트로얄(Port Royal) 근해의 수중유적지 등이 수중고고학을 한 단계 발전시키는 중요한 견인차 역할을 하였다.

(6) 이집트 알렉산드리아 아부 키르 바다 속 고대도시 발굴조사[15]

2000년 6월 3일 4.5m 높이의 검은 대리석으로 만든 이시스 여신상을 바다 밑에서 끌어올린 프랑스의 수중고고학자 프랑크 고디오 (Franck Goddio)는 발굴한 거대한 해저 유적의 모습은 "실제 나이는 1200살이나 되겠지만, 내 눈에는 17살밖에 안된 앳된 소녀로만 보입니다"라고 묘사하였다.

이시스 여신상은 비록 머리와 팔 일부가 떨어져 나가긴 했으나, 고대 이집트인들이 풍요의 여신으로 떠받들었음을 상기시키기라도 하듯 몸매의 선은 부드러웠고, 볼륨은 풍부했다.

현장에 있던 가발라 알리 이집트 문화재청 장관은 "우리는 그동안 무덤과 신전 등을 수없이 발굴해 봤지만, 이번처럼 도시 전체를 온전히 발굴한 것은 처음"이라며, 해저 고고학사에서 가장 흥미로운 발견이라고 자평하였다.

이집트 제 2의 도시인 알렉산드리아 인근의 작은 어촌 아부 키르(Abu Qir) 해안에서 6km 정도 떨어진 수중에서, 1998년부터 2년여 동안 이집트 정부의 도움을 받아 프랑스 수중발굴 조사팀이 해저 6~8m 지점에서 저택과 정원·항만시설 그리고 거대한 조각상 등을 그대로 간직하고 있는 고대 도시 헤라클레이온(Herakleion)과 메노우티프(Menouthif)를 찾아냄으로써, 전설과 기록상에서만 존재했던 이들 도시의 실재를 증명해냈다.

헤라클레이온은 이집트의 기록에는 나오지 않고, 그리스인들의 여행기에만 남아있을 뿐이다. 그래서 그 존재를 의심하는 사람들이 많았다. 기원전 450년쯤 이집트를 몸소 여행하고 유명한 역사를 쓴 그리스의 역사가 헤로도

---

15) 권삼윤, 2000. 6. 22, 「현실로 나타난 전설 바다 속 고대도시」, 『주간조선』 1608호, 조선일보사.

토스는 헤라클레이온을 "시민들의 생활은 매우 풍족하고 도시는 화려했으며, 도시 곳곳에는 이시스 · 헤라클레스 · 세라피스[16] 등을 모시는 신전이 있었다"고 기록한 바 있다. 헤라클레이온은 기원전 7세기에서 6세기 사이 파라오 지배 말기, 아주 혼미했던 시대에 건설되어 기원전 4세기 말 알렉산드리아가 등장할 때까지 고대 그리스와 지중해의 여러 도시들과 무역을 통해 번영을 누린 반면, 이집트와는 별다른 교류가 없었기 때문이다. 인양유물 중 비잔틴시대의 동전과 석관 등은 헤라클레이온이 적어도 9세기 말까지는 존재했음을 뒷받침한다. 전문가들은 갑작스런 지진으로 파괴된 후 수몰된 것이 아닌가 추정하고 있다.

이 정도의 역사와 규모를 가진 도시이기 때문에 해저도시 유적을 완전히 발굴하는 데에는 50년은 족히 걸릴 것으로 추산하였으며, 이집트정부는 발굴유물 가운데 일부만 박물관으로 옮기고, 대부분 해저에 그대로 보존키로 하였다.

이집트의 수중고고학 보고는 나일강의 입구이자 지중해로 나가는 관문인 알렉산드리아이며, 그 주인공은 헤라클레이온의 실재를 증명한 고고학자 프랑크 고디오였다. 시작은 아주 우연히 이루어졌다. 1960년대 중반 한 아마추어 다이버가 순백색의 아름다운 카이트바이 성채 앞 바다 속에서 오랫동안 잠자고 있던 이시스 신상을 건져냈던 것이다. 그것은 '세계 7대 불가사의'의 하나인 파로스 등대의 꼭대기에 장식으로 설치되었던 것이었다.

호메로스가 오디세이에서 "나일강 하구 쪽으로 큰 파도가 늘 일고 있는 바다에 섬이 하나 있소, 파로스라고 불리는 섬으로 배를 대기 알맞은 포구가 있지요"라고 했던 이곳에 항구를 열면서, 도시를 건설하였던 알렉산더대왕

---

16) 프톨레마이오스 왕조시대 으뜸신으로 숭앙됐던 신으로, 오시리스와 아피스, 제우스, 디오니소스의 합성품이다.

이 항로를 표시하고 위험을 알린다는 뜻에서 무려 135m나 되는 등대를 세운 것이었다. 14세기에 대지진으로 그 형체가 완전히 사라져 모두 잊고 있었던 것이다. 그 흔적이 드러나자 이집트 정부는 흥분했고, 유네스코와 대영박물관·프랑스국립과학연구소 등에서는 서둘러 해저탐사반을 파견하였다. 다량의 유물을 발굴하는 성과를 거두었으나, 1968년 이스라엘과의 전쟁이 터지는 바람에 작업은 중지되고 말았다.

고디오가 이집트 프로젝트에 뛰어든 것은 시나이반도의 반환문제가 해결되고 다시 발굴 작업이 시작된 1990년대부터였다. 그는 1992년 자석탐지법을 이용하여 해저 유적지도를 작성하였고, 그것이 토대가 되어 불완전하나마 파로스 등대는 물론 안티로도스섬 궁전·로키아스 곶·이시스 대신전·안토니우스의 피난지였던 티모나움 등 수많은 전설 속의 유적들이 바다 속 어디에 있는지 밝혀졌다. 그렇게 수중고고학의 세계는 서서히 열렸는데, 그는 "그리스·로마의 역사가들이 서술한 모든 것이 바다 밑에 있다. 우리는 그것들을 발견하여 고대도시의 모습을 완벽하게 재현해 낼 것이다"고 자신있게 말했다.

그 후 아부 키르 앞 바다에서 나폴레옹 원정군의 주력함이었던 '오리엔트호'의 선체를 발굴했다. 1798년 8월 1일 대포만 120문이나 되는 거함 오리엔트는 아부 키르 해안에서 넬슨제독이 이끄는 영국 함대에 패하여 가라앉고 말았는데, 바로 그 배를 찾아낸 것이다. 선체에는 금화와 은화·동전 등이 있었고, 항해 장비와 총·칼 등의 무기류와 개인소지품 등이 발견되었다.

한 가지 재미있는 것은, 이곳에서 동쪽으로 60km 쯤 떨어진 라시드란 곳에서 1799년 7월 영국군에 쫓기고 있던 프랑스 원정대가 고대 이집트의 상형문자 '히에로글리프'를 해독하는 데 결정적인 단서를 제공한 유명한 '로제타스톤'을 발견했다는 사실이다.

(7) 일본 가이요마루[開陽丸] 발굴조사

일본의 수중고고학은 선사시대 도자기 등이 그물에 걸려 올라오거나, 기타 해안공사 등을 실시하면서 발견된 유물을 중심으로 발전하였다. 일본 수중고고학의 발전을 나타내는 대표적인 유물은 아니지만, 네델란드에서 조선한 전함 가이요마루를 들 수 있다. 가이요마루는 북해도(北海道) 강차 항구(江差港口) 내에서 침몰한 강호막부(江戸幕府)시대의 해군전함으로 명치원년(明治元年, 1868) 11월 15일 항구에 도착한 후 침몰되었다. 길이 72.8m, 너비 13.4m로 배수량은 2,590톤이었다.[17)]

침몰 이후 명치 7년(1875), 대정(大正) 4년(1915), 소화(昭和) 17년(1942)에 인양을 시도하였지만 실패하고, 포를 비롯한 금속을 일부 인양하였다. 이후 가이요마루 인양은 일본에서 국고보조로 이루어진 최초의 발굴로서, 1960~70년대에 걸친 발굴조사를 통하여 무기류와 일상 생활용품을 인양하였다.[18)]

이외에도 일본 각지에서 수중조사가 이루어지고 있는데, 1980년 이래 발굴되고 있는 나가사키(長崎)가 대표적인 지역이다. 수중문화재의 과학적 보존을 목적으로, 국비에 의한 발굴이 진행되고 있다. 작업은 장비탐사를 한 후 잠수사가 확인작업을 하고 사진 촬영을 하였다. 지층 흙 제거는 에어 리프트와 워터 제트를 사용한 다음, 항아리 등의 유물을 인양하였다.[19)]

---

17) 小江慶雄, 1983, 앞의 글, pp. 162~163.
18) 北海道江差高等學校, 1980, 『海底考古學と開陽丸-海底文化財保存にとりくむ高校生 の記錄』, pp. 2~4.
19) 石原 涉, 1995, 「Underwater Archaeology in Japan」, 『1995 수중고고학 국제 심포지엄』,

(8) 중국 천주만 송대해선(泉州灣 宋代海船) 발굴조사

천주만 송대해선이 1974년 중국 복건성(福建省) 천주시(泉州市) 후저항(后渚港)에서 인양되었다. 선박의 연대는 퇴적상황·배의 모양·제작특징·칸막이[隔艙]에서 출토된 유물과 침몰환경 등을 종합한 결과 남송으로 밝혀졌다.

선박 발굴시 지층은 3층으로 이루어져 있었는데, 선박은 맨 아래 층위에서 송대 관련 유물들과 함께 층위를 구성하였다. 선박의 선형은 첨저형(尖底形)이고, 선체의 몸체는 편활(扁闊, 평편하고 넓음)하다. 평면은 타원형에 가깝고 선미는 방형이다. 외판은 2·3중으로 결구하였고, 선체 내부는 12격벽 13창이고, 1창과 6창에 돛대받침이 있었다. 길이와 폭은 적고, 배밑[船底]은 뾰족하며, 선미는 방형으로 격창과 돛대가 많다. 다중판(多重板)으로 결구되어 있는데, 이는 송대해선의 특징이다. 그리고 향료약재·도자기·동전·목패·목첨(木簽)과 인쇄품 잔편 등을 분석한 결과, 천주만 송대해선은 송대에 건조된 것이 명확해졌다. 발굴된 선체의 크기는 전장 24.20m, 폭 5.15m였다.[20]

(9) 중국 요녕성 수중삼도강 원대침선 발굴조사

1991년 중국 요녕성(遼寧省) 수중현(綏中縣) 삼도강(三道崗)해역에서 어로작업 중 자기와 선체편을 건져 올렸다. 조사결과, 원대 침몰선 1척을 발견하였다. 1992~1997년 까지 중국 국가문물국이 주도적인 역할을 담당하고, 중국역사박물관 수중고고학연구실을 중심으로 수중삼도강 원대침선

해군사관학교, pp. 49~66.
20) 福建省泉州海外交通史博物館編, 1987, 『泉州灣宋代海船發掘與研究』, 海洋出版社, pp. 53~54.

조사단을 구성하였다. 천주만 송대해선이 해변에서 이루어진 데 반해, 수중 작업을 통한 가장 큰 규모의 발굴이었다.

발굴방법은 여러 분야의 전문가가 참가하여 종합적으로 이루어졌다. 발굴결과 원대의 자기가 대량 인양되었고, 철기와 몇 개의 선체편도 인양되었다.[21]

수중삼도강 원대침선의 수중발굴 조사는 중국 수중고고학 발달의 기초를 이루었다고 하겠다. 이외에도 봉래고선(蓬萊古船) 등 많은 선박의 발굴이 이루어졌다.

2. 우리나라 수중고고학의 발달 상황

1) 수중고고학의 현황

우리나라는 삼면이 바다로 둘러 쌓인 반도의 특성을 갖고 있다. 또한 조수 간만의 차이가 심한 서해안과 남해안의 경우, 큰 강과 작은 하천이 내륙에서 흘러들어 바다와 연결된다. 그리고 선사시대 이래 해상을 통한 군사·정치·경제적인 요인에 의하여 끊임없이 바다를 통한 교류가 계속되었다. 이러한 교류과정에서는 기상재해나 기타 요인에 의한 조난은 회피할 수 없는 것이었다.

선사시대 이래, 우리나라의 해양문화는 활발하게 발달하였으며, 특히 고려시대 이후 세곡을 실어 나르는 조운선이 조선시대까지 이어졌다. 물론 동아시아를 중심으로 하는 국제무역도 시대별로 약간의 차이는 있었지만,

---

21) 張威 主編, 2001, 『綏中三道崗元代沈船』, 科學出版社, pp. 1~11.

선사시대 이래 맥이 끊어지지 않고 지속되었다.

우리나라에서 수중고고학이 처음으로 그 면모를 드러낸 것은 1973년부터 시작된 문화재관리국(현 문화재청)의 충무공 해전유물 조사였다. 1976년부터 1984년에 걸친 신안해저유물조사를 시발로 본격적인 조사가 진행되어, 이후 완도 해저발굴(1983~1984), 목포 달리도선 발굴(1995), 무안 도리포 해저발굴(1995~1996), 군산 비안도 해저발굴(2002~2003), 군산 십이동파도 해저발굴(2003~2004) 등의 수중조사가 실시되었다.

2) 수중발굴 조사지역 개관

선사시대 이래 한반도를 중심으로 이루어진 해양교류의 근거를 제공하는 우리나라 수중발굴의 조사 현황은 다음과 같다.

(1) 거제 칠천도 전적지 발굴조사

1973년 문화재관리국이 주관하여, 충무공 해전유물을 탐사하기 위해 이충무공해전유물발굴조사단이 발족되었다.

실질적인 조사는 해군이 담당하여, 거제군 칠천도 해안·진해시 진해만·경남 남해안 일대를 조사하였다. 조사기간은 1973년 7월 3일부터 신안해저유물조사가 시작되기 전까지였다. 조사 성과는 미비하였지만, 음향측심기·자력계·측면주사음파탐지기·해저지층탐사기·금속탐지기·수중카메라·항법장치가 동원된 당시로서는 최첨단 장비를 이용한 수중조사가 실시되었다.[22]

---

22) 심봉근, 1995, 「한국수중고고학의 현황과 전망」, 『1995 수중고고학 국제심포지엄』, 해군사관학교, pp. 31~32.

(2) 신안 해저유물 발굴조사

1975년 5월 전라남도 신안군 증도면 방축리 앞 바다에서 고기잡이하던 어부의 그물에 청자매병 등 6점의 유물이 건져 올려진 것을 계기로 신안 해저발굴이 시작되었다. 이후 몇 차례의 현지조사를 통하여 발굴의 필요성이 확인되었다.

발굴 현장은 신안군의 증도와 임자도에서 각각 4㎞떨어진 곳으로 북위 35°1' 15", 동경 126°5' 6"이다. 현장의 수심은 평균 20m정도이며 조석(潮汐, 밀물과 썰물)에 따라 약 4m의 수심 변화가 있다. 유속은 평균 2.5노트로 사리 때는 3.5노트, 조금 때는 1.5노트이며, 물의 흐름이 없는 시간은 15분으로 이때를 기점으로 밀물과 썰물이 바뀐다. 해수이동은 밀물 때 북동쪽으로 흐르고, 썰물 때는 남서쪽으로 흐르는 왕복성 조류의 특성을 갖고 있으며, 시간마다 흐르는 방향이 바뀌는데 조석간만의 차이는 대략 4~5m 정도이다. 수중환경은 수중시계가 표층에서 광선 침투도가 평균 20% 이하로 수중시계는 거의 '0'이며, 투명도도 1m 이하로 매우 혼탁하였다. 수온은 25℃ 정도였다.

신안 해저발굴은 우리나라 수중고고학의 장을 열었으며, 1976년부터 1984년 까지 9년 동안 10차례에 걸친 대대적인 수중발굴이었다. 동원된 잠수사가 연 9,896명, 연 잠수시간 3,474시간으로, 시야가 좋지 않고 조류가 빠른 열악한 조건 아래에서 해군 해난구조대 역사상 최장기간의 지원이었다.

조사과정은 먼저 탐색 및 기초조사를 실시하여, 유물의 일부는 해저 면에 노출되고, 나머지는 개흙 속에 분산 매몰되어 있음을 확인하였다. 기초조사 중 발견된 유물은 인양하고, 대량으로 발견된 지점은 부표(Mark Buoy)를 설치하였다.

발굴은 기초조사 때 설치한 부표를 중심으로 조사범위를 9,600㎡ (120m×80m)로 확정하여 바깥쪽에서 중심부로 인양작업을 실시하였다. 수중 작업은 잠수사를 2인 1개조로 편성한 뒤 부표 줄을 타고 내려가, 해저면에 도착하여 손의 감각으로 유물분포를 조사하고 인양하였다. 유물인양은 철제구획틀(Grid)을 설치하고, 부표를 사용하여 구역간의 상태를 점검하고 유물의 출토 위치를 기록하면서 인양하였다. 유물 집중매장처는 구획을 확정하여 집중적으로 탐색하고 호미·갈고리·철창을 이용하여 조사한 다음, 선체 확인작업을 실시하였다.

선체의 인양은 먼저 선체의 규모와 유물분포·해저 토양지질 등을 조사하고, 철제구획틀(1칸 : 2m×2m)을 설치하였다. 조사는 유실 우려가 있는 선체편은 인양하고, 수중카메라로 시야가 10~20cm 정도 확보되는 조금시기에 수중촬영을 시도하였으나 상태가 좋지 않았다. 장비는 물분사기(Water Jet)와 개흙굴착기(Air Lift)를 사용하였다. 선체는 해체 인양 방식을 채택하였다.[23]

또한 수중 사정이 좋지 않아 포터 타워의 밑 부분인 격자를 이용하여 인양유물의 위치를 기록하였다. 이러한 조사는 수중환경이 좋지 않은 상태에서 국내외에 우리나라 수중고고학을 알리는 계기를 제공하였고, 수중발굴작업 과정에서의 정밀 탐색 방법과 해양탐사는 우리나라 수중고고학을 한 단계 발전시켰다.

발굴은 밀물과 썰물이 바뀌는 시간에 주로 이루어졌다. 이 지역은 여러 섬 사이에 놓인 해류 출입구에 해당하여 물살이 빠르고 물 속이 어두운

---

23) 황동환·김성필 편저, 1994, 앞의 글, pp. 85~89.

특징이 있다. 따라서 시계가 많이 흐려 발굴에 많은 어려움이 있었다.

조사 결과 선체는 길이 28.4m, 너비 6.6m로 밝혀졌으며, 갑판 이상은 해충에 의해 완전히 부식되어 형태가 남아있지 않았다. 인양된 선체편은 720여 편으로 당시의 선체 원형을 복원할 수 있는 충분한 자료가 되었다. 발굴된 유물은 총 23,502점에 이르는데, 이 유물들은 7개의 격벽으로 나누어진 격창과 선체주변에서 인양되었다. 이와 같이 2만여 점의 출토 유물은 당시 해상운송의 규모를 말해 주는 것은 물론, 경제적인 교류의 증거를 제시해 준다. 이 외에도 동전 28톤, 자단목(紫檀木) 1,017본(本) 등이 함께 인양되었다.

(3) 완도 해저유물 발굴조사

전라남도 완도군 약산면 어두리 앞 바다에서 키조개를 잡던 어부들이 고려시대의 것으로 보이는 몇 점의 그릇을 건져 올림으로써 완도 해저유물이 세상에 알려지게 되었다. 이에 완도 해저유물 발굴조사단이 구성되고, 1983년 12월과 1984년 3~5월에 걸쳐 발굴이 이루어졌다. 완도 앞 바다에서 11세기 경의 고려시대 배 한 척과 도자기 등 3만여 점의 유물이 출토되었다.

유물이 매장된 곳과 어두지섬 사이에는 암초가 형성되어 밀물 때는 물속에 잠기지만 썰물 때는 위 부분만 약간 드러나기 때문에 항해하기에 매우 위험한 곳으로 알려졌다. 물의 흐름은 2~3노트로, 혼탁한 물 때문에 수중조사에 많은 어려움을 겪었다. 개흙 속에 묻힌 그릇은 비교적 보존상태가 좋았지만, 배는 심하게 훼손되어 있었다. 선체의 인양은 해체 방식으로 하였다. 10톤으로 추정되는 완도선은 평저선으로 도자기를 비롯해 30,701점의 유물이 실려 있었다. 청자 30,645점, 잡유 26점, 토제 2점, 철제 18점, 목제 9점,

석제 1점 등이었다. 청자는 녹청자류로, 지방관청과 사찰 등에 납품하였을
것으로 보인다.

인양된 선박은 고려시대의 배로써, 우리나라 선박 중 해양에서 발굴된
최초의 구조선으로 한선(韓船)의 역사와 발달과정을 밝히는 역할을 하였다.
또한 도자기의 제작지가 전라남도 해남군 진산리에 위치한 녹청자 가마지로
밝혀져 11세기경의 도자기 제작과 수요·공급 등을 연구하는데도 귀중한
자료이다.[24]

(4) 태안반도 앞바다 발굴조사[25]

충남 보령시 죽도 앞 바다의 서남쪽 약 1.5km 떨어진 바다 밑은 고려
원종시기의 것으로 추정되는 고려청자가 묻혀 있는 곳이다. 이 일대에 대한
조사는 죽도에 한정하지 않고 태안반도 해역인 신진도리·마도·납대지
도·장고 등지에 대해서도 조사를 실시하였다.

1981~1987년까지 문화재관리국(현 문화재청)과 해군 해난구조대가 수
중고고학 발굴조사 작업을 통해 상감청자 40점을 비롯해 조선시대 백자·
토기 등 100여 점의 유물을 인양하였다. 인양된 유물 중 대접 및 접시 중에
간지명인 '기사(己巳)'라는 명문이 새겨져 있어, 청자의 연대를 밝히는 중요
한 자료가 되었다. '기사년'은 1269년과 1329년으로 보는 두 견해가 있다.

전남 강진군 대구면이나 전북 부안군 보안면의 가마터에서 제작되어 배
로 운반하던 도중 이 부근에서 난파된 것으로 보인다.

---

24) 국립해양유물전시관, 1998,『물·바다·사람·배·꿈·삶·그 자국』, pp. 21~22.
25) 국립해양유물전시관, 1998, 앞의 글, p. 17.

(5) 진도 벽파리 통나무배 발굴조사

1991~1992년까지 전남 진도군 고군면 벽파리의 수로 간석지에서 발견된 통나무배는 진도에서 발견되어 발굴되었지만, 조사결과 우리나라 통나무배가 아닌 중국에서 조선되었음이 밝혀졌다.

조사방법은 물막이 벽과 배수로를 만들고, 노출된 선체가 건조되지 않도록 제습포를 덮었다. 선체의 인양은 원형인양과 해제인양을 병행하여 본체는 우레탄을 충전한 다음, 철제구조물에 넣어 크레인을 이용하여 들어올렸다.

선체는 녹나무로 건조하였는데, 중국 남부지방에서 건조되어진 것으로 보인다. 선체의 제작 시기는 대체로 13~14세기로 추정되며, 선체와 함께 인양된 동전 8점 중에 정화통보(政和通寶, 송 휘종, 1111~1117)와 주변에서 수습된 도자기 편들은 11~14세기의 것으로 보인다. 선재 및 동유회(桐油灰)의 석회를 시료로 분석한 방사성탄소연대측정 결과 보정연대가 1260~1380년으로 나왔다.[26]

(6) 목포 달리도선 발굴조사

전라남도 목포시 충무동 달리도 해변에서 1995년 6~7월에 발굴한 달리도선은, 1989년 6월경 섬 북쪽에 위치한 속칭 '지픈골' 앞 해변에서 낚지잡이를 하던 어부가 개흙에 노출된 매몰 선체 및 유물 일부를 발견함으로써 알려지게 되었다. 이후 1994년 2월 매몰선 주변에서 접시와 청동숟가락을 포함한 다량의 도자기편이 수습되었다.

이에 국립해양유물전시관이 조사단을 구성하여, 1995년 6월 8일부터 7월 29일까지 발굴조사를 실시하였다. 이 침몰선은 바닷물이 들어오는 만조 시

---

26) 목포해양유물보존처리소, 1993, 『진도 벽파리 통나무배』, pp. 37~38.

에는 잠기고, 간조 시에 물이 빠지면서 선체의 일부가 드러날 정도로 개흙에 얕게 묻혀 있었다. 발굴결과 선체 내부에 유물은 없었으나, 선체와 함께 부식된 밧줄이 출토되었다.

인양 선체에 대한 연대 추정은 공반 유물이 없어 정확한 추정이 어려워 방사성탄소연대 측정 등 과학적 분석에 의존할 수밖에 없었다. 방사성탄소 연대측정 결과에 의하면, 달리도선의 연대 범위는 BP 730±57로 보정연대는 1210~1400년간(확률 95%)인 것으로 밝혀졌다. 따라서 고려시대 후기인 13~14세기경의 선박으로 보인다.[27] 이 선박은 완도선 보다 2~3세기 후에 제작된 것으로, 선체의 모양이나 형태는 커다란 차이점이 없지만, 훨씬 정교해지고 기술적으로 세련되었음을 알 수 있었다. 한선의 발달과정을 밝히는 중요한 자료로 평가된다.

(7) 무안 도리포 발굴조사

1995년 10월 전남 무안군 해제면 송석리 도리포 앞 바다에서 청자대접 등 120여 점의 유물이 인양되면서 무안 도리포 해저유물 발굴이 시작되었다.

이후 문화재관리국(현 문화재청)은 신고내용에 대한 조사를 실시한 후에 이를 토대로 현장에 대한 수중발굴 예비조사의 필요성을 확인하고, 충무공 해전유물발굴단의 도움을 받아 1995년 10월 12일 조사에 착수하였다. 조사 결과 고려후기의 상감청자가 인양되고 주변해역에 대한 광범위한 확대조사가 불가피하여, 1996년 5월 · 10월에 두 차례에 걸친 추가조사를 실시하였다.

발굴 현장은 전라남도 무안군 해제면 송석리 도리포 북쪽 약 3㎞ 지점의 해역(닭섬 북쪽 약 1㎞)으로 함평 · 영광군에 접하고 있으며, 신안군의 어의

---

27) 국립해양유물전시관, 1999, 『목포 달리도배』, pp. 57~58.

도 및 전장포 지역이 서쪽에 위치하고 있다. 위치는 북위 126°18' 63", 동경 35°09' 36"를 중심으로 주변해역에 대한 광범위한 조사를 실시하였다. 현장의 수심은 평균 8~10m이며 조석에 의한 수심의 변화는 약 4m이다. 유속은 평균 2~3노트로 사리와 조금 때에 약간의 차이를 보이고 물의 흐름이 없는 시간은 20분으로 이때 흐름이 바뀐다. 이 지역은 해류출입의 입구에 해당되어 물살이 빠르고, 시야가 거의 없었다. 따라서 시계가 대단히 흐려 발굴하는데 많은 어려움이 있었으며, 해저는 개흙과 모래가 섞인 지형이다.

1차 조사가 1995년 10월 12일부터 1995년 10월 27일까지 16일간에 걸쳐 문화재관리국 도리포해저발굴조사단에 의해 수행되었으며, 해군 충무공해전 발굴조사단의 적극적인 협조아래 이루어졌다.

조사방법은 수중시계가 좋지 않고, 물의 흐름이 빨라 그리드나 수중촬영 등이 불가능하였다. 따라서 위성위치측정기로 지역을 확인한 후 부표를 설치하여 정밀원형탐색을 광범위하게 실시하였다.

조사 결과 청자대접 364점, 접시 45점, 완 40점, 발 1점, 잔 1점, 잔대 1점 등 총 449점의 유물을 인양하는 성과를 거두었다. 유물의 상태는 대체로 양호한 편이지만 부분적인 파손이 이루어진 것이 상당량에 해당되며, 바다 밑에서 이물질이 표면에 부착되었는데, 개흙과 패각류(貝殼類)들이 주류를 이루고 있다.

인양된 유물은 고려시대 후기에 해당하는 13~14세기의 제품이 주종을 이루고 있어, 고려후기의 도자기 발달을 살필 수 있는 귀중한 자료를 제공한다고 하겠다. 하지만 도리포 해역에서는 침몰선이 발견되지 않아서, 어떠한 이유로 이 지역에 도자기가 매장 되었는지에 대한 종합적인 결과는 밝혀지지 않았다.

2차 조사는 1996년 5월 15일부터 6월 13일까지 약 한 달간에 걸쳐 실시되었는데, 이는 1차 조사지역에 대한 추가조사와 선체 매몰 여부에 대한 확인조사를 위주로 작업을 실시하였다. 선체는 발견되지 않았으며, 1차 때와 마찬가지로 청자대접 등 147점을 인양하였다.

3차 조사는 1996년 10월 25일부터 11월 13일까지 20일 정도의 기간을 잡아 인근해역에 대한 광역조사와 마무리작업을 실시하여, '청자팔각접시' 등 43점의 유물을 인양하였다.

하지만 선체를 확인하지 못하여 당시의 선박구조 등에 대한 중요한 단서를 찾지는 못하였다. 하지만 도리포 해저발굴은 고려시대의 공예미술과 도자사의 흐름을 다른 지역과 비교하여 살필 수 있는 중요한 단서를 제공하였다.[28]

조사결과 도리포에서 인양된 도자기는 전라남도 강진군 대구면 사당리에서 제작된 것으로 밝혀졌다. 문양과 기형뿐만 아니라 태토비짐받침 등도 사당리에서 사용된 재료를 사용하였다.

(8) 군산 비안도 발굴조사

전라북도 군산시 옥도면 비안도에 대한 수중발굴 조사가 시작된 계기는 2002년 4월 소라잡기 하던 어부의 신고로, 비안도 동방 1km 해역에 다량의 고려청자가 매몰되어 있다는 사실이 확인되면서였다. 문화재청에서는 국립해양유물전시관에 현지조사 및 긴급탐사를 실시토록 하였다. 현지조사 결과를 토대로 2002년 4월 17일부터 4월 23일까지 국립해양유물전시관 수중발굴 조사단이 긴급 해저탐사를 실시하였다.

조사결과 신고지역 부근에 다량의 도자기가 매장되어 있고, 유물이 매장

---

28) 국립해양유물전시관, 2003, 『무안 도리포 해저유적』, pp. 9~10.

된 해역은 새만금 간척사업으로 인한 보상이 완료되어 불법어로 작업이 자행될 우려가 높아 긴급히 발굴에 착수하였다.

발굴은 해양여건과 기타 상황을 종합하여, 1차 조사는 문화재청·국립해양유물전시관·해군(해난구조대)의 도움을 받아 진행되었으며, 2·3·4·5차는 국립해양유물전시관이 주축이 되어 민간잠수부들과 함께 진행하였다.[29]

조사방법은 신안 해저발굴에 이어 수중고고학의 조사방법을 적용하여 다양하게 이루어졌다.

먼저 신고지점에 대한 정확한 위치 파악을 위해 위성위치측정기로 위치를 확인하고, 측면주사음파탐지기·지층탐사기·조류계 등의 장비탐사를 하였다. 장비탐사 결과를 토대로 이상물체에 대한 확인 작업을 하였다. 확인 작업은 이상물체 지점에 부표를 설치한 다음, 잠수사가 확인하였다. 확인 과정 중 유실 우려가 있는 유물은 수습하였으며, 유물매장처는 위치를 표시하였다.

유물매장처를 중심으로 2m×6m의 그리드를 제작하여 수중에 설치한 후, 수중카메라와 수중비디오 촬영을 실시한 다음 유물을 인양하였다. 그리드의 길이를 구분하기 위하여 1m 간격으로 색칠을 하여 구분하였다. 그리드가 설치된 지역 이외의 조사는 위성위치측정기로 일정한 구역을 설정하여 부표를 설치한 다음, 정밀 원형탐사를 하였다.

고려시대 청자상감국화문합과 청자상감국화문잔을 비롯한 수 천 점의 청자가 다량 인양되어 도자기 발전과정을 밝히는 중요한 자료를 제공하였다.

---

29) 국립해양유물전시관, 2004, 『군산 비안도 해저유적』, pp. 20~24.

(9) 기타 발굴조사

1989년 1월 전남 여천시 백도 근해에서 어부에 의해 총통이 발견되어 해군 충무공 해전유물발굴단이 별승자총통(別勝字銃筒)과 철제도추(鐵製刀錐) 등을 인양하였다.[30] 이후에도 해군사관학교 해군 충무공 해전유물발굴단은 충무공 전적지를 중심으로 지속적인 조사를 실시하고 있다.

이외에 제주도 북제주군 신창리, 전남 영광군 원전부근과 까막섬, 전남 고흥군 시산도, 군산 십이동파도 지역 등에 대한 조사를 실시하였다.

위와 같이 신안해저유물의 발굴을 시작으로 우리나라에 본격적으로 도입된 수중고고학은 수중이라는 특수성 때문에 활성화되지는 못하였다. 주로 해군사관학교 충무공해전유물발굴단이 연차사업으로 충무공 유적지를 중심으로 탐사 위주의 조사를 실시하였다.

2000년대에 들어서, 국립해양유물전시관이 기존의 해군에 의존하던 조사를 독자적으로 수행할 수 있게 되어, 수중고고학이 진일보할 수 있는 토대를 구축하였다.

지금까지 관계기관에 신고 된 해양유물 신고지점은 200여 곳이나 된다. 신고지점에 대한 자료를 중심으로 연차적인 조사가 이루어지면 수중고고학의 중흥기가 올 것으로 기대된다.

3. 침몰선과 유물의 보존처리

우리나라에서 침몰선 선체와 유물에 대한 보존·복원은 신안선과 완도선을 시작으로 발전하였다. 이전에 안압지에서 발견한 통나무배에 대한 보존

---

30) 심봉근, 1995, 앞의 글, p. 35.

이 이루어졌지만, 이는 연못지에서 발견된 통나무배였다. 바다에서 인양한 선체와 유물의 보존은 신안선이 처음으로, 여기에서는 신안선의 보존과 복원을 중심으로 서술하였다.

신안선은 중국 원대의 무역선으로 조선사·교역사·공예사·미술사 등의 연구에 있어서 중요한 자료이다. 그리고 목제유물은 선박의 제조지역을 비롯한 당시의 무역 범위를 알 수 있는 귀중한 자료이다. 그러나 약 700년 동안 해저의 열악한 환경에 매몰되어 있어 선체의 구성재료인 목재는 해수·해충·미생물 등의 복합적인 분해요인에 의해 부후(腐朽, 썩음)되었고, 개흙에 박혀 있는 부분이 환경에 적응하여 어느 정도 안정적으로 남아 있었다.

금속·목제·식물류·유리·골제품·석제유물 등을 비롯한 다른 인양유물도 거의 유사하지만, 도자기는 거의 완전한 상태로 보존되어 있었다.

선체는 목재가 과포화수분을 함유하고, 주요 성분인 셀룰로오스 등의 천연고분자가 거의 붕괴된 상태이다. 따라서 선체를 보존처리 하기 위해 선체편에 대한 이학적 조사 결과, P.E.G(Polyethylene Glycol) 함침처리법(含浸處理法)31)이 가장 적합하였다. 이 방법으로 1981년부터 1999년까지 보존처리를 완료하였고, 2002년까지 선체 복원을 완료하였다. 즉 20여 년에 걸친 보존처리와 복원을 통하여 정확한 선체의 구조 및 유물의 특성을 파악할 수 있게 된 셈이다.

신안선의 제작에 사용된 수종과 실려 있는 통나무 및 유물상자 등의 수종분석 결과와 인양유물에 대한 보존처리를 살펴보면 아래와 같다.32)

---

31) 함침처리법은 유물을 플라스틱용기나 스테인레스 통에 용액을 넣고, 유물을 침적시켜 처리하는 것을 말한다.
32) 신안선과 인양유물의 보존처리 관련 자료는 2001년 국립해양유물전시관에서 침몰선 관련 특별전을 개최하였다. 본고에서는 당시에 발간된 도록과 신안해저유물 보고서 (자료편Ⅱ와 종합편)를 참고하여 정리하였다.

1) 신안선과 목제유물의 수종과 분포지역

신안선의 수종은 침엽수인 마미송(馬尾松)과 넓은잎삼나무, 활엽수는 녹나무류·조록나무류·가시나무류·모밀잣밤나무류·자단류 등이다. 부재의 종류는 선체의 경우 대부분 마미송을 사용하였고 부분적으로 넓은잎삼나무·녹나무류 및 조록나무류를 이용하였다. 실려 있는 목제유물은 종류가 많아 모두 다루지는 못하였으나, 유물상자 및 목패는 넓은잎삼나무·소나무, 원통목은 구실잣밤나무·자단류 등이다.

이들 수종의 대부분은 중국남부에 분포하며, 자단은 중국남부에도 일부 분포하고 있으나, 신안선에 실려 있는 것은 인도가 원산인 Dalbergia latifolia 의 가능성이 높다. 특히 마미송과 넓은잎삼나무는 중국남부의 특산 수종으로서, 당시의 원시적인 운반수단을 감안하면 신안선의 건조는 중국남부인 복건지역이 틀림없다. 이에 대한 근거로 선형은 첨저단면의 구조를 보이고 있어, 평저형인 사선(沙船)과는 다르고, 출항지가 경원(慶元)인 점이 거의 확실하여 중국 남부지방인 복건성에서 제작되었을 개연성이 높다.[33]

사용된 목재의 수령을 보면 선체는 수령 60~100년, 용골은 150~170년, 유물상자는 100~150년의 반듯한 대경재이다. 선체 및 용골재인 마미송의 경우 수심(髓心, 나무 중심)에서 30~40년까지의 평균 연륜 폭이 0.7cm정도이고, 그 이후의 평균 연륜 폭도 0.4~0.5cm에 달하여 대단히 양호한 생장조

김병근·김익주·양순석, 2001, 『바다에 빠진 배·유물처리 -침몰 배와 유물 보존처리 성과전-』, 국립해양유물전시관, pp. 10~32.

이창근·이오희, 1984, 「보존처리」, 『신안해저유물』 자료편Ⅱ, 문화재관리국, pp. 163~178.

이창근 외, 1988, 「보존처리(금속유물·동전·목제유물·신안선)」, 『신안해저유물』 종합편, 문화재관리국, pp. 319~366.

33) 김용한, 1993, 「신안해저인양 침몰선의 연구」, 영남대학교 석사학위논문, p. 29.

<표 2> 신안선 선체 구성목재와 목제유물 수종과 분포지역

수 종 명	사 용 부 재	분 포 지 역
마미송 Pinus mansonia	용골,선체판재(외판·갑판· 격벽판·용골익판)	중국남부
넓은잎삼나무 Cunninghamia lanceolata	방현재, 유물상자, 액체탱 크일부	중국남부
녹나무류 Cinnamomum sp.	현장지주(舷墻支柱)	난대 및 아열대(중국남부, 한국 남해안, 일본남부)
조록나무류 Distylium sp.	액체탱크 가름대	난대 및 아열대(중국남부, 한국 남해안, 일본남부)
가시나무류 Cyclobalanopsis sp.	용골부목	난대(중국남부, 한국남부, 일본남부)
잣밤나무류 Castanopis sp.	원통목(쏘세지목)	난대 및 아열대(중국남부, 한국 남해안, 일본남부)
자단류 Dalbergia sp.	통나무	인도

건, 즉 배수가 좋고 비옥한 강 연안의 산록 혹은 평지에 가까운 구릉지에서 벌채한 것으로 생각되고, 또 초대경재가 일정 지역의 임지에만 편재하여 분포할 가능성은 희박하므로, 한 곳이 아닌 여러 곳에서 벌채 수집한 것으로 추정된다.

신안선에서 인양된 선체 구성목재와 실려 있는 주요 목제유물의 수종 구분과 분포지역을 추정한 결과는 <표 2>[34] 와 같다.

2) 목제유물의 재질

목제유물의 부후 정도를 보면 선체·상자·방현재(防舷材) 등 침엽수재로 제작된 목제유물은 심하게 부후되었다. 목질은 바닷물 속에 흔히 생육하

---

34) 김병근·김익주·양순석, 2001, 앞의 글, p. 20.

는 천공해양충(Marine Borers)인 배좀벌레조개(Teredo), 갑각류에 속하는 바다나무좀류(Limnoria)에 의하여 극심한 피해를 입게 된다.

신안선의 경우 개흙 속에 파묻히지 않은 목제유물의 대부분은 천공해충류에 의하여 식해(食害)[35]를 받아 소멸된 것으로 추정되고, 조류가 급한 탓으로 개흙 속에 묻힌 부분이 보존되어 있었다. 개흙 속에 묻힌 유물은 천공해양충에 의한 피해는 거의 받지 않으나, 해양균류에 의한 침해를 받게 된다. 해양균류에 대한 학술조사가 이루어지지 않아 명확하지는 않으나, 현미경 관찰결과 해양균류는 분해속도가 대단히 느린 연부후균(Soft Rot)에 속하는 균류로 생각된다. 연부후균은 목재의 세포벽을 구성하는 셀룰로오스·헤미셀룰로오스·리그닌의 3성분 중에서 목재의 골격이라 할 수 있는 셀룰로오스 및 헤미셀룰로오스 만을 선택적으로 분해하는 특성이 있으므로, 목재의 세포벽은 리그닌만 남고 셀룰로오스 성분은 차츰 소멸하게 된다.

셀룰로오스 성분은 주로 세포의 2차벽의 중층에 대량으로 분포하므로, 연부후균의 분해는 2차벽의 마이크로피브릴(Microfibril)을 따라 세포축에 대하여 약간의 각도를 가지고 작은 공동을 형성하면서 분해가 진행되어 말기에 가서 세포벽의 내외측에 까지 분해가 확산되고, 세포벽의 완전 소멸을 가져오게 되는 것으로 알려져 있다. 연부후균의 분해정도에 따라 다르겠으나, 분해가 상당히 진행된 목재는 골격물질이라 할 수 있는 셀룰로오스가 급격히 감소하여 고유의 강도를 거의 잃고 충전물질인 리그닌만 남아 형태를 어느 정도 유지하게 된다. 연질재(軟質材)는 연부후균에 의한 셀룰로오스 분해가 진행되어 세포벽을 미세한 공동과 리그닌이 주체가 된 극심한 부후재였다. 이와 같은 세포벽의 공동현상으로 이 수종의 생재함수율은

---

35) 해로운 벌레가 식물의 잎이나 줄기 등을 먹어버리는 것.

400~600%나 됨으로써, 건조시 극심한 수축현상이 나타난다.

분해 정도는 표면에서 중심으로 들어감에 따라 차츰 낮아지고 있으나, 개흙 속에 어느 정도 깊이에 묻혀 있는지가 관건이다. 인양된 용골의 경우 표면에서 6~7cm정도에 극심한 연부후균의 피해를 볼 수 있고, 그 이상 들어가면 피해 정도는 급격히 낮아진다.

한편 연부후균의 피해는 수종에 따라서 부후정도에 큰 차이가 있다. 침엽수인 마미송 및 넓은잎삼나무에서 피해가 크고 자단류는 거의 피해를 받지 않는다. 그러나 활엽수인 다른 수종은 침엽수보다도 부후정도가 낮으나 연부후균의 침해를 상당히 받고, 모밀짓빔나무류(원통목)의 경우 표면에서 약 1cm 정도 깊이까지만 연부후균의 침해가 되었고, 그 이상의 깊이에서는 거의 생재에 가까웠다.

선체에 사용된 마미송의 판재는 수(髓)가 가운데 포함된 방사단면 판재 [柾目材] 뿐만 아니라 접선단면 판재[板目材]도 흔히 볼 수 있다. 이는 상당히 발달된 목재가공기구, 즉 대형 톱을 사용하였으리라고 유추할 수 있게 한다.

3) 수침목제의 보존처리

(1) 목제유물의 보존·복원 과정

목제유물의 보존처리는 상황에 따라 방법을 달리하지만, 일반적으로 다음과 같은 과정으로 이루어진다.

첫째, 유물상태를 조사한다. 이는 수종조사·분해도 분석 등을 하고, 정밀실측·사진촬영 등을 하여 기록카드를 작성한다.

둘째, 세척 및 탈염을 실시하여, 부식물 등 이물질을 제거한 후 목재·가해

미생물의 생성억제 처리를 한다.

셋째, 선체 모형제작을 통하여 선체의 구조조사 및 복원 방법을 연구한다.

넷째, 치수안정화 및 경화처리를 합성수지 등 고분자물질 주입과 동결건조, 유기용매 치환건조 등으로 한다.

다섯째, 건조 및 표면처리를 하고 온도·습도를 조절하고, 표면의 변색을 제거한다.

여섯째, 유물복원은 가복원 후 완전복원을 실시한다.

일곱째, 보존환경 관리는 정기적인 상태 점검을 통한 전시환경의 관리점검을 수시로 실시한다.

 (2) 수침목제유물의 보존처리 및 방법

수침목제는 저습지 또는 수중에서 발견된 수침목제유물을 말한다. 습하고 불안정한 환경 조건에서 장기간 매장되어 있던 물에 잠긴 목제유물은 대부분 수분의 과포화와 재질이 취약하다는 특성을 갖고 있다.

수침목제유물은 일반적으로 물에 침적시켜 놓으면 일시적인 보관이 가능하지만, 수침 상태에서 벗어나 전시실이나 수장고의 대기환경에서 유물의 형태가 변형되지 않고 유지되기 위해서는 과학적인 보존처리가 필요하다. 이러한 수침목제유물의 보존처리에 활용할 수 있는 기초적인 자료를 중심으로, 발굴현장에서 유물을 취급하는데 주의하여야 할 점과 몇 가지 보존처리 과정을 기술하면 아래와 같다.

첫째, 수침목제의 이학적(理學的) 성질이다. 목재학에서는 목재가 물 속에 오랫동안 침적되어, 세포내강(細胞內腔)이 거의 물로 충만되고 세포막이 물보다 무거워져 목재가 물 속에 가라앉게 되는 상태를 포화재(Saturated) 또는 수침목제(Waterlogged Wood)라 정의한다. 수침목제는 목재의 주요성분인 셀룰로오스(Cellulose) 등이 이미 유실되고 붕괴된 목재의 조직을 물이 지탱해 주고 있는 상태이므로, 비록 외관은 견고해 보이지만 일단 외기에 노출되어 목재에 함유되어 있는 수분이 증발하면, 수축과 균열이 발생하여 원형을 알아보기 어려울 정도까지 파손 변형된다.

목재의 구성성분은 셀룰로오스·헤미셀룰로오스·리그닌·회분 등이 지만, 수침목제의 경우에는 일반목재에 비하여 셀룰로오스 성분이 현저하게 감소되고 알칼리 유출량과 회분 등이 증가하며, 리그닌과 같은 성분은 함량이 거의 변하지 않는다. 특히 동일한 매장조건 하에서 발굴된 수침목제의 경우 침엽수가 활엽수보다 셀룰로오스의 감소비율이 낮고 보존상태도 양호하며, 같은 수종이라도 부후가 많이 된 것일수록 목재의 함수율이 높아지고 셀룰로오스의 함량은 감소한다.

둘째, 수침목제유물 출토 후 조치방법은 다음과 같다. 출토된 수침목제유물은 발굴조사 기간 중 밖에 노출되면 건조가 빠르게 진행되어 수축·변형된다. 따라서 발굴 즉시 습윤(濕潤) 상태가 유지되도록 비닐이나 기타 보호할 수 있는 재료 등으로 밀봉하여 두거나, 흡습성이 있는 저분자양의 P.E.G (Polyethylene Glycol, P.E.G-600, 1500 등)를 목재표면에 직접 도포 또는 천에 묻혀 감싸야 한다. 발굴현장에서 출토 수습된 유물을 보존처리가 시행되기 전까지 일정기간 보관하기 위해서는 목재유물을 수중에 침적시켜 놓는 것이 가장 좋은 방법이나, 장기간 일 경우에는 방부처리(防腐處理)가 필요하다. 수침목제의 방부처리에는 붕산(Boric acid)과 붕사(Borax)가 많이 사용된다.

보통 붕산과 붕사를 7 : 3으로 하여 10%의 수용액을 만드나, 실제로는 20배 정도(약 0.5%)로 약하게 희석하여 사용한다. 페놀(Phenol)류와 포르말린(Formalin)도 수침목제의 방부처리에 쓰이고 있지만, 후각을 자극하고 쉽게 기화되기 때문에 방부효과를 지속시키기 어렵다.

셋째, 보존처리는 다음과 같이 이루어진다. 자연건조로 인한 수침목제유물의 변형과 파손은 목재가 함유한 과포화상태의 수분이 증발하는 과정에서 나타난다. 목재표면의 수분이 증발하여 표면과 내부의 함수량이 불균형하게 되어 내부의 수분은 확산하게 된다. 이때 물의 표면장력이 작용하여 조직이 약화된 목재가 수축 변형하는 것이다.

따라서 수침목제유물에 관한 보존처리의 문제는 두 가지로 요약할 수 있다. 하나는 건조의 문제이다. 약화된 유물이 함유하고 있는 수분을 제거하여 주변 환경(수장고 또는 전시실)과 평형상태에 이르도록 하여야 하는데, 이 때 중요한 것은 유물의 치수적 변형이 없도록 처리되어야 한다. 다음은 경화(硬化)의 문제이다. 약화된 유물의 기계적 강도를 유물자체의 중량을 지탱할 수 있는 수준까지 높여 주는 경화처리가 필요하다. 수침목제유물의 보존처리법은 위와 같은 조건을 충족시킬 수 있는 처리방법으로 이루어져야 한다.

수침목제유물의 보존처리법은 처리 형태에 따라 크게 세 가지로 분류된다. 첫째, 고형화 물질에 의한 수분의 치환법으로, 명반법과 P.E.G(Poly Ethylene Glycol)함침법 등이 이에 속하며, 둘째, 유기용제류에 의한 수분의 치환법으로 알콜·에텔수지법(Alcohol - Ether ＜＋resin), 아세톤 수지법 (Acetone ＜＋resin) 등이 있다. 셋째, 목재가 함유하고 있는 유기용제 또는 수분을 냉동 응고한 후 승화시켜 제거하는 방법으로, 진공동결건조법 (Vacuum Freeze - Drying)과 자연냉동건조법(Natural, Outdoor Drying)이 있다.

이러한 목제유물의 보존처리에 대한 방법을 분류하여 정리하면 아래와 같다.

가. P.E.G 함침법

P.E.G는 환상에칠렌옥사이드의 중합물(CH_2CH_2O-)n로, 중합도에 따라 액상(n=5~15)과 고형상(n=23~200)으로 외관을 달리한다. P.E.G는 그 평균분자량이 200~400까지 저분자양의 것은 실온에서 점조, 투명한 액체상태를 나타내며, 570~1,600까지는 연고상이고, 1,600~2,000까지는 연상고체이며, 3,000이상의 것은 백색결정의 고체이다. 수침목제유물의 보존처리에는 융점 55℃, 평균분자량 3,700인 P.E.G-4,000이 가장 많이 쓰인다.

P.E.G 함침법의 원리는 안정화 화합물인 P.E.G를 목재내부의 함유수분과 치환시켜 치수 안정화시키는 방법으로, 건조한 환경에서 수분이 증발한 후에도 P.E.G는 목재조직 내부에 잔류하여 물이 담당하고 있던 팽창의 기능을 대신하고, 취약한 수침목제의 재질을 강화시키는 역할을 하게 된다.

P.E.G를 이용한 유물의 보존처리는 P.E.G-4,000 10% 수용액에 목제유물을 침적시키기 시작하여, 단계적으로 농도를 상승시켜 치수안정화에 필요한 적정양의 P.E.G가 목재내부에 침투되도록 한다. 단 목재가 심하게 부식되어 60%이상 고농도의 P.E.G처리가 필요한 경우에는, P.E.G의 완전한 용해와 침투가 쉽게 하기 위하여 침적조(沈積槽, 항온수조)의 온도를 55℃~60℃로 유지시켜 주어야 한다. 함침처리 기간은 유물의 크기에 따라 다르나, 부피에 비하여 표면적이 적은 목제유물은 P.E.G 함침처리에 더 많은 시간이 소요된다.

P.E.G로 처리한 목제유물은 건조 후에 목재가 탄화된 것처럼 보이는 흑화현상이 나타나게 되는데, 이와 같은 현상을 제거하기 위하여서는 트리클로

로에칠렌 (Trichloro Ethylene)과 메칠렌디크로라이드(Methylene Dichloride)를 10 : 1로 혼합한 용액으로 목재표면을 닦거나, 동 용액에 10여 초 동안 침적하였다가 자연건조를 하면 목재 본래의 색조를 되찾을 수 있다. P.E.G 함침법은 주로 대형 수침목제유물의 보존처리에 많이 이용되며, 보온 가능한 장치(항온수조 등)만 있으면 비교적 쉽게 실시할 수 있다.

나. 진공동결건조법(眞空凍結乾燥法)

진공동결건조법은 목재가 함유하고 있는 수분을 예비 동결한 후 고진공(高眞空) 하에서 승화시키는 방법으로, 목재내부에 있어서 물의 확산을 방지하여 목재의 수축과 변형을 막을 수 있다. 실제 처리에서는 수침 목제유물이 함유하고 있는 수분을 융점 25℃의 유기용제인 t-부탄올(t-butauol, C₄H₉O)로 치환한 후 동결건조하게 되는데, t-부탄올은 승화점열이 작아 물을 함유한 상태로 건조하는 것보다 건조시간이 대폭 단축되고 균열과 변형이 거의 발생하지 않는다.

처리과정은 보통 t-부탄올 20%수용액에 목제유물을 침적시킨 후 단계적으로 (20%, 40%, 60%…100%) t-부탄올의 농도를 100%까지 높여 준다. 이때 t-부탄올의 고화(固化)를 방지하고 침투를 촉진시키기 위하여 용액의 온도를 45℃로 유지시켜야 한다. 그 다음 단계에서는 t-부탄올 100% 용액에 P.E.G-4,000을 혼합 용해시키고, 용액 중 P.E.G의 농도를 10%에서 60%까지 단계적으로 상승시켜 가면서 목제유물을 침적한다. 이 과정에서도 t-부탄올과 P.E.G-4,000의 혼합용액이 응고되지 않도록 용액의 온도를 48℃로 유지시켜 준다.

이와 같은 처리가 끝나면 곧 목제유물을 알루미늄호일로 밀폐 포장하여 -40℃이하에서 예비 동결한다. 목제유물이 완전히 동결되면 진공동결건조기 내로 옮겨 놓고 시료실 압력을 1/7000기압까지 감압한다. 그 후 시료실 선반의 온도를 -30℃에서 부터 시작하여 -5℃까지 서서히 상승시켜 주면 t-부탄올은 승화되고, 분자량이 큰 P.E.G-4,000은 목재조직에 잔류하여 목재를 강화하게 된다. 건조종료의 시점은 이론상 시료실 선반의 온도와 유물의 온도가 일치하기 직전이며, 성냥갑 크기의 목제유물의 경우 완전히 건조되는데 약 10시간 정도가 소요된다.

이 보존처리 방법은 목재의 부후 정도나 수종에 따라 적당량의 P.E.G를 함침하여 처리한 후 목재의 물성(物性; 물질의 성질)을 자유롭게 설정할 수 있으며, 탈색·표백 등의 처리를 하지 않아도 건조 후 목재는 신재와 같은 신선한 색을 되찾을 수 있으므로, 목패 등 묵서나 채식(彩飾)이 있는 목제유물 보존처리에 효과적이다.

　다. 알콜·에텔(Alcohol Ether)수지법

알콜·에텔 수지법은 유기용제를 이용하여 합성수지나 천연수지를 목재에 침투시켜 강화하는 방법이다. 이 방법은 표면장력(에텔 17dyn/㎝, 물 72dyn/㎝)이 물보다 월등히 적은 에텔36)을 이용하여, 건조과정에서 내부확산에 의한 수축·변형을 최소한으로 줄일 수 있다. 실제 처리과정에서는 에텔이 물에 거의 용해되지 않기 때문에 물이나 에텔에 모두 가용되는 에탄올로 목제유물에 함유된 수분을 먼저 치환시킨 후, 에탄올을 다시 에텔로 치환한다.

그 다음 에텔에 단말수지(Dammer Resin)·밀랍(Bees Wax)·로진(Rosin) 등을 용해시킨 에텔-수지 혼합 용액에 목제유물을 침적시킨다. 함침처리가 종료된 목제유물은 자연건조하거나 진공건조(압력 100~300㎜Hg)한 후,

---

36) 에틸알콜에 진한 황산을 더하여 증류해 만든 무색액체로 독특한 향기가 있으며 휘발하기 쉽고 잘 타는데 녹임물이나 마취제로 쓴다.

트리클로로에칠렌(Trichloro Ethylene) 등으로 유물표면에 과다하게 남아있는 수지를 부분적으로 세정 제거하여 보존처리를 완료한다.

알콜·에텔수지법은 보존상태가 좋은 목제유물이나 편물 대바구니·식물섬유질·가공품 등 비교적 얇은 형태의 유물보존에는 더없이 유효한 보존법이다. 하지만 처리 후 목재의 보강을 위해 수지의 농도를 50%이상으로 상승시키기 어려워, 약화된 목제유물의 보존처리에는 적합하지 않다. 또한 에텔은 비점이 35℃이므로 취급에 주의해야 하며, 에텔 대신 비점 140℃인 크실렌(Xhlene)을 사용한 경우 저온유지를 할 수 있는 폐쇄계통의 안전장치가 반드시 필요하다.

라. 고급 알콜처리법

고급 알콜의 성질은 다음과 같다.

C_{16} 알콜은 세틸알콜(Cetyl Alcohol ; $CH_3(CH_2)_{14}CH_2OH$)로, 융점이 49~50℃인 백색 결정상의 물질이며, 알콜과 에텔에는 가용되지만 물에는 녹지 않으며, 의약품·화장품의 제조에도 사용된다. C_{16}의 용해도는 메탄올 100g에 대하여 20℃ 가온상태에서 10g, 40℃에서는 590g이다.

C_{18} 알콜은 스테아릴 알콜(Stearyl Alcohol ; $CH_3(CH_2)_{16}CH_2OH$)로, 백색 유상(油狀) 후레이크 혹은 입상(粒狀)이며, 알콜·에텔에 용해되나 물에는 용해되지 않는다. 비중은 0.8124(59/4℃), 융점은 59℃, 비점은 210.5℃이며 계면활성제 및 화장품의 원료로 사용된다.

처리과정은 처리대상 목제유물을 상온에서 일정기간 메탄올(메탄올의 농도 20%, 40%, 60%…90%, 100%로 단계적 상승)에 침적시켜 탈수한다. 목제유물을 메탄올을 용매로 하는 C_{16} or C_{18} 10%용액에 침적하는 것을 시작으로 C_{16} or C_{18}의 농도를 단계적(20%, 40%, 60%…100%)으로 상승시켜 가면서 목제유물을 함침처리 하는데, 50℃ 가온 상태를 유지한다.

함침이 완료되면, 목제유물을 수지용액에서 꺼내어 자연 건조하고, 유물 표면에 남아 있는 수지고형물은 메탄올에 적신 솔이나 면봉으로 닦아낸다.

고급 알콜처리법의 특징은 최근에 실용화된 방법으로, P.E.G 함침법과 비교하여 처리기간을 대폭 단축시킬 수 있는 장점을 가지고 있다. 이는 알콜 탈수가 목제유물의 일시보관 중에 이루어져 별도의 용제치환이 필요하지 않고, 함침에 사용되는 합성수지(고급알콜)가 비교적 저분자 재료이기 때문 이다.

4) 신안선과 목제 · 기타 유물의 보존처리

신안해저에서 인양된 목제는 종류가 다양하므로, 유물의 재질 및 부식 상태에 따라 보존처리 방법을 달리하였다. 처리방법의 서술은 앞 절에서 설명하였다.

보존처리 기간을 보면, 금속유물은 1981~1987년까지 유물의 특성에 맞 는 보존처리를 단계별로 실시한 후 접합 · 복원시켰고, 동전은 1980~1986 년까지 28ton을 하였다. 목제는 1981~1984년까지 보존처리를 하였으며, 선체편은 1980~1999년까지 실시하였다.

(1) 신안선 선체 및 목제유물 보존처리

신안선의 인양으로 우리나라 선체 보존처리의 기틀을 다지게 되었다. 신 안선을 보존처리하기 위해 전남 목포시에 선체보존을 위한 탈염조와 P.E.G 함침조를 설치하여, 동양에서는 가장 선진적인 선박처리가 이루어지게 되었 다.

처리과정은 처리전조사(기록카드 · 목재의 이학적 성질분석 · 수종검사 등) → 세척 및 탈염처리(염화물 제거를 위해 민물 침적조, 미생물억제를 위한 방미제 투여 등) → 선체 축소 모형제작(1/5 축소모형) → P.E.G 경화처리(단계별 농도상승) → 건조 및 표면처리 → 선체 축소 모형 복원→ 선체복원(선체지지 프레임 제작 등)→ 처리 후 조사 기록·보관하는 방법으로 하였다.

선체편·자단목·목제합·나막신·장식편·원통죽 등은 P.E.G 함침법으로 처리를 하고, 목제칼자루·목제용기·삿갓·약초·동전을 묶었던 마사(麻絲) 등은 알콜·에텔(Alcohol Ether)수지법, 칠기편·목제보살상·목제빗·목패 등은 진공동결건조법을 사용하였다. 이외에 토제인물상·먹편·숯편·골각품은 아크릴계 수지 및 우레탄계 수지로 표면을 경화 처리하였다.[37]

(2) 신안선 금속유물 보존처리

가. 금속유물 상태 및 해수에 의한 부식 원인

신안해저에서 인양된 금속유물은 바다 속에서 장기간 매몰되어 있어, 수산생성물인 패각류(貝殼類) 등이 부착되고, 염소이온(Cl^-) 등으로 인하여 부식이 심한 상태였다. 일부 유물은 원래의 형태를 알 수 없을 정도였다. 일부 유물은 완전한 형태로 인양되었는데, 이는 개흙에 묻혀 있어서 산소의 공급이 차단되어 부식의 진행을 늦추어 주었기 때문으로 보인다.

따라서 금속유물의 보존처리는 부식인자가 되는 염화물의 제거와 약화된 유물을 강화시키는 것에 초점을 맞추었다.

처리방법은 해저에서 인양된 금속유물은 많은 염화물의 생성으로 인한

---

37) 김병호, 1988, 「보존처리·목제유물」, 『신안해저유물』 종합편, 문화재관리국, pp. 342~350.

부식 가속화 현상을 막기 위하여 탈염처리를 집중적으로 실시하는 한편, X-Ray로 부식화합물과 수산생성물로 덮여있어 확인할 수 없는 문양과 형태 등을 촬영하여 유물처리에 참고하였다.

바닷물은 염화물 및 염류를 다량으로 함유하고 있어 자연환경 중에서 부식진행이 가장 빠르게 진행된다. 바닷물의 염류 함량은 원양과 내해의 차이는 있겠지만, 염화나트륨(NaCl) 78%, 염화마그네슘($MgCl_2$)11%, 황산마그네슘($MgSO_4$) 11%, 황산칼슘($CaSO_4$)4%, 황산칼륨(K_2SO_4)3% 등이다. 음이온 별로 구분하면, Cl^- 55%, SO_4^{2-} 8%, HCO_3^- 0.4%, Br^- 0.2% 등이며, 양이온 Na^+ 31%, Mg^{2+} 4%, Ca^{2+} 1%, K^+ 1% 등이다. 특히 Cl^-의 농도가 높다는 것은 금속의 부식에 가장 큰 원인이 된다. 특히 이런 조건 아래에서는 전도성이 높기 때문에 이종 금속 간의 접촉부식(Calvanic Corrosion)이 일어나기 쉬워, 귀금속은 비금속에 비해 쉽게 부식이 진행된다.

이외에 해수가 흐르는 유속에 따라 금속에 상당한 영향을 미친다. 바닷물의 흐름이 서서히 움직일 때 보다 빠른 속도로 움직일 경우, 표면에 고정되어 있는 물의 층이 유속에 의해 얇게 되므로 산소의 확산이 커져 부식의 진행속도가 빨리 진행된다. 또한 해저에는 패류·해양미생물 등이 서식하고 있어서, 유물에 부착되면 CO^2가 발생하여 부식 원인이 된다.

이러한 조건 하에서 인양된 해양 금속유물은 육상에서 발굴된 유물에 비하여 취약한 환경에 노출되어 있다. 신속한 보존처리가 이루어지지 않으면 유물의 부식이 촉진되어 형태를 잃게 된다.

　　나. 금속유물 보존처리 과정
바다 속에서 700년 가까이 묻혀 있었던 금속유물의 보존처리는 다음 사항을 중점적으로 실시하였다. 보존처리에서 가장 중요한 것은 염화물의 탈염과 경화처리인데 파손된 부위에 대한 임의적인 복원을 피하고, 유물에 손상을 가할 수 있는 산화물은 무리하게 제거하지 않았다.

일반적으로 처리과정은 보존처리 전 조사(기록카드 · X-Ray촬영 · 성분분석 등) → 녹제거(물리적 · 화학적) → 탈염(Sodium Sesquicarbonate, 냉온수 처리법 등) → 방청처리(Benzotriazole 3% 등) → 건조(전기열풍식 건조기 등) → 경화처리(Incralac, N.A.D-10 등) → 접합 · 복원(Araldite 등) → 마무리 → 보관(기록카드, 온 · 습도 조절 등) 등의 단계별 처리를 하였다. 하지만 일부는 유물 상태에 따라 특성에 맞게 처리를 하였다.

금속유물 중에서 동전의 양이 가장 많아 보존처리 기간이 많이 소요되었으며, 시대별로 샘플을 채취하여 성분분석을 통하여 중국 동전의 특성을 밝혔다.

5) 수중 인양 도자기 보존처리

신안해저에서 인양된 유물 중 도자기가 다량 인양되어 당시의 주요 무역품으로 거래되었음을 확인할 수 있었다. 도자기는 급격한 환경변화와 충격을 가하지 않으면 유물을 관리하는데 별다른 어려움은 없다. 하지만 유약층의 산화나 충격에 의하여 유물의 변형을 초래하거나 깨지게 되면 보존처리와 복원이 필요하다.

도자기의 보존처리는 다음과 같은 과정으로 이루어진다.

첫째, 도자기의 손상 원인이다. 도자기 내부는 기공(氣孔)이 많은 다공성이기 때문에 모세관 현상에 의해 물이 흡수되는 과정에서 염류가 녹아 들어가 물이 증발하면 도자기 내부에 남게 된다. 즉 매장되어 있는 동안이나 발굴 후 기공 내 존재하던 용액들이 건조되면 결정화된다. 이를 상대습도가 차이가 심한 곳에 전시하거나 보관하게 되면, 고습상태에서 용해성 염류는 몸체 안으로 용해되어 들어가며, 저습일 때는 표면으로 이동하여 결정체를 형성하게 된다. 따라서 건조피해를 입지 않도록 유의하여야 한다. 이러한 과정이 반복되면 표면 균열에 영향을 주거나, 도자기를 파괴시키는 결과를 가져오게 된다. 다른 손상 원인은 외부충격에 의한 물리적 파손이다.

둘째, 도자기의 상태를 점검하기 위한 예비조사를 하여야 한다. 예비조사는 육안 및 현미경 관찰을 통해 제작기법·문양 등을 조사하고, 유약의 박락(剝落)[38]과 같은 재질의 손상과 이물질의 부착 등의 상태를 파악한다. 내부균열 등은 X-ray나 암실에서 적외선램프로 비춰보면, 확인이 가능하다. 그리고 각종 분석 장치를 이용하여 태토·유약성분·산지추정 등을 한다. 이러한 조사 자료는 기록카드나 컴퓨터에 자세하게 정리하여야 한다.

셋째, 탈염처리 및 이물질 제거를 실시한 다음 세척한다. 바다에서 인양된 도자기는 내부에 많은 염분과 개흙·패각류 등 이물질이 부착되어 있는 경우가 대부분이다. 하지만 개흙 속에 매장되어 있는 도자기는 원형의 형태를 잘 갖추고 있는 것이 대부분으로, 탈염처리를 실시하면 원형보존에 큰 어려움이 없다. 따라서 신안해저에서 인양된 도자기는 상당량이 개흙에 매몰되어 있어서 보존이 용이하였다.

해저에서 인양된 도자기는 염분제거가 가장 먼저 이루어져야 한다. 인양된 도자기는 흐르는 수돗물이나 지하수로 2~4주 정도 담가 탈염을 한다. 처리기간을 단축시키기 위해서는 물의 온도를 40~50℃ 정도로 유지시키면 탈염 효과가 빠르다. 탈염 과정 중 일부 이물질과 패각류는 대나무 칼을 이용해 제거한다. 탈염은 염소이온 농도가 15±5ppm 정도가 될 때 까지 실시한다. 이후에 이물질을 제거하고, 단단하게 부착된 패각류는 0.6~0.8N

---

38) 표면이 오래되어 긁히고 깎여서 떨어지는 현상.

정도의 염산용액에 침적시킨 후 대나무 칼이나 치과용 소도구로 제거하고, 암모니아 용액 0.4N과 탈이온수로 중화처리를 실시한다.

이와 같이 처리를 완료한 후, 표면에 남아있는 착색(해양식물류 등)은 과산화수소 5~10%를 적신 가제로 덮어서 12~24시간 동안 두거나, 옥살산(Oxalic Acid)을 적신 가제로 덮어 매시간 점검한 후 충분히 세척하여 중화처리한다. 마지막으로 중성세제와 초음파세척기를 이용하여 표면의 물이끼 등을 제거하고, 세척한 후 건조시킨다.

넷째, 손상된 편들의 접합과 복원이다. 편으로 깨진 도자기는 에폭시계 접착제인 아랄다이트(Araldite), 아크릴계 순간접착제(Cyanoacylate), 셀룰로스계 세멘다인(Cemedine-C)이 주로 사용된다. 복원은 석고나 에폭시 수지로 한다.

다섯째, 색 맞춤과 유약 처리를 실시한다. 색 맞춤은 아크릴물감, 유화물감, 수채화물감, 각종 안료를 이용한다.

여섯째, 보관 관리를 잘하여야 한다. 도자기는 외부의 물리적 요인에 의한 파괴에 주의하는 것이 가장 바람직하며, 보관과 전시의 환경은 온도 19±2℃, 상대습도 42~45%로 조절해 주는 것이 좋다.[39]

위에서 살펴본 도자기의 처리 과정은 일반적인 방법을 기술한 것이며, 도자기 복원에 대한 일정한 기준은 없다. 이 부분의 정확한 개념 정립이 필요하다고 하겠다.

---

39) 양필승·강병훈, 1998,「도자기의 보존과 복원-청화백자철화삼산문이부호의 보존처리-」,『호암미술관 연구논문집』3호, 삼성문화재단, pp. 33~37.
김병근·김익주·양순석, 2001, 앞의 글, p. 32.

4. 신안선의 복원

신안선의 복원은 1980년부터 시작된 보존처리가 어느 정도 완료된 1994년 10월부터 시작하여 9년의 시간이 경과된 2002년 12월 경 선체의 조립이 완료되었다. 보존처리 과정에서 서술한 바와 같이, P.E.G 함침법으로 처리한 선체는 흑화현상이 나타나 본래 선체의 색깔과는 약간 다르다.

복원과정을 보면,

① 용골의 받침대를 제작하여 용골 3개를 연결하였다. 선수 용골은 보존처리가 늦게 이루어진 관계로 목재로 모형을 만들어 연결한 후 교체하였다.

② 7개의 늑판(肋板)과 1개의 선미판을 용골 위에 선창의 흔적을 따라서 7격벽 8창 구조로 조립하였다.

③ 늑판 위에 격벽을 올리고 격벽을 보강하는 격벽늑골과 익판(翼板)을 용골과 나란히 연결하였다. 외판의 연결을 규격에 맞게 만든 스티프너로 고정하고, 철정은 목제를 부식시키는 작용을 하므로 스테인레스 못을 대체 제작하여 격벽·격벽늑골·스티프너를 고정하였다.

④ 외판은 외부에 받침을 설치하지 않으면 지탱할 수가 없으므로, 철제로 만든 봉을 크기 조절이 가능하게 하여 외판의 선형에 따라 지지하였다.

⑤ 선형이 어느 정도 갖추어진 다음에 중간부분의 장좌(檣座, 돛대자리)자리에 장좌를 복원시켰다.

⑥ 이후에 보존처리가 완료된 선수용골과 선수사행늑골을 용골에 연결시킨 후 선수부분의 구조물을 결구하였다.

⑦ 갑판연측부분을 결구하여 인양된 선체의 선형복원을 완료하였다

⑧ 선체 중간의 액체통 부분을 조립하는 것으로 선체의 복원을 완료하였다.

⑨ 이후 선체 프레임을 제작하여 완전한 복원을 하였다.

위와 같이 신안선과 인양유물은 과학적인 보존처리를 통하여 복원되었는
데, 신안해저에서 인양된 목제는 종류가 다양하므로 유물의 재질 및 부식
상태에 따라 보존처리 방법을 각각 달리하였다.

III. 신안선과 고대 동아시아 해상항로

인류가 바다를 건너 이동한 것은 구석기시대부터 시작되었는데, 주로 통나무배나 뗏목을 이용한 이동이 시초를 이루었다. 우리나라도 신석기시대부터 일본지역과의 해양을 통한 문화교류가 있었음이 고고학적인 유물에 의하여 뒷받침되었다. 이는 빗살무늬토기·무문토기·지석묘·패총 등에서 발견되는 화폐 등의 유물을 볼 때 연해주에서 남해안 그리고 서해안을 거쳐 요동반도(遼東半島)에 이르기까지 원시적인 항해가 있었음을 알 수 있다. 또한 일본의 서북지방으로 진출하여 일본문화 발전에 커다란 영향을 미쳤다는 것은 잘 알려진 사실이다.[1] 이러한 사실에 근거한 동아시아의 항로는 선사시대부터 역사시대에 이르는 기나긴 변화과정을 겪으면서 몇 개의 항로로 구분되어 발전되어 왔다.

지금까지 알려진 한반도와 중국·일본을 연결하는 대표적인 항로는 북로

---

1) 손태현, 1982,『한국해운사』, 아성출판사, pp. 1~2.

(北路) · 남로(南路) · 남도로(南道路) 등이 있는데, 처음에는 주로 연안항로를 중심으로 하는 북로를 이용한 항로가 주를 이루고, 정치적인 상황과 선박기술의 발달 등에 의하여 횡단항로인 남로와 남도로의 이용이 활성화되어, 국가 간의 공적교류 및 민간무역의 활성화를 가져오는 계기가 되었다.

따라서 이 장에서는 선사시대부터 신안선의 침몰시기인 14세기 초까지 고대 동아시아 지역에서 주로 이용되었던 항로를 살펴보고, 항로가 무역에 어떠한 역할을 하였는지에 대한 의미를 고찰하고자 한다. 또한 신안선의 항로 추정을 통하여 어떠한 경로로 항해를 하다가, 신안 앞 바다에서 침몰되었는지를 살펴보고, 신안선 인양 해양환경 · 연대 · 출항지 · 국적 등에 대해서도 살펴보고자 한다.

1. 선사시대의 해상항로

선사시대의 항로는 신석기시대의 빗살무늬토기와 무문토기의 이동로를 통해 추정할 수 있다. 빗살무늬토기는 섬과 해안 또는 하류의 저지유적과 패총에서 많이 출토되는데, 중국의 연해주 해안에서 두만강안 · 함경도 해안을 따라 내려와 경상남도 해안에 널리 퍼져 있다. 또한 부산 동삼동과 영선동 등의 유적과 함경북도 지방에서 출토되는 흑요석으로 만든 타제석기가 출토되어, 문화이동의 루트를 보여준다. 그 이외 한강과 대동강 유역에도 많이 분포되어 있으며, 서해안을 따라 많은 섬을 중심으로 다양하게 분포되어 있다. 신석기시대의 유물을 통해보면 바다를 통한 이동이 활발하였음을 알 수 있다.

청동기시대와 초기철기시대에도 이러한 해상 활동은 계속되었다. 또한 한사군의 진출로 인하여 경북 영천군 금호면·월성군 입실리·충남 아산군 둔포면·당진군 당진면 등지에서 한대(漢代)의 유물이 출토되고, 김해패총에서 중국 신(新, 8~23)의 화천(貨泉)동전이 발견되고, 제주도에서도 같은 동전이 출토되어 문화전파양상을 살필 수 있는 자료를 제공한다. 이는 당시의 해로를 통한 교류가 있었음을 밝히는 근거라고 하겠다.

중국의 고기록에 나타난 연안항로를 보면, 위지 동이전 한전에 "기준은 위만에게 몰려 도망갔는데 바다를 건너 한지(韓地)에 가서 한왕이라 자칭하였다"고 하는데, 이는 서해에서 연안항로를 따라 들어갔음을 보여준다.[2] 또한 위략에 의하면, 왕망의 지황연간에 진한의 거수 염사착이 낙랑군의 부성을 전문하여 군에 귀화하러 가는 도중에 한에서 고역중인 한인포로 1,500명이 있음을 발견하여 이를 보고하여, 군은 낙랑군의 포로문제를 해결하고자 대선을 타고 진한(辰韓)에 들어갔다[3]는 기록으로 보아, 서해연안항로의 이용을 알 수 있다.

이 외에 위지 동이전 왜인전에 기미년(己未年, 239) 6월에 왜국의 여왕이 대방군에 사신을 파견하여 조공할 것을 원하였다[4]고 하고, 이 후에도 조공의 기사가 보이는 점으로 보아, 전한(前漢)의 한사군이 설치된 이후 한반도 남부의 삼한의 군현과 교역은 자연스러운 현상으로 보이며, 일본 규슈의 토호나 세력가들도 자주 조공을 하였다고 여겨진다. 당연히 서해연안항로

---

2) 『三國志』, 卷30 魏書30, 韓傳, "侯準旣僭號稱王. 爲燕亡人衛滿所攻奪, 將其左右宮人走入海, 居韓地, 自稱韓王".

3) 『三國志』, 卷30 魏書30, 韓傳, 魏略曰, "至王莽地皇時, 廉斯鑡爲辰韓右渠帥, 聞樂浪土地美, 人民饒樂, (略), 問之, 男子曰, 「我等漢人, 名戶來, 我等輩千五百人伐材木, 爲韓所擊得,(略)」, 郡卽以鑡爲譯, 從芩中乘大船入辰韓, (略)".

4) 『三國志』, 卷30 魏書30, 倭人傳, "景初二年六月, 倭女王遣大夫難升米等詣郡, 求詣 天子朝獻, (略)".

이용한 왕래를 짐작할 수 있다.

위지 한전(韓傳)에 마한 서해 중에 있는 일대도 주민은 체구가 작고 언어도 한과 다른데, 배를 타고 왕래하면서 한과 교류를 하였으며, 낙동강유역의 변진(弁辰)은 철이 산출되어 한(韓)・예(濊)・왜(倭)가 이곳에 모여 철을 무역하였고, 그들은 철을 중국에서 돈 쓰듯이 하였고, 한이 설치한 이군(二郡)에 공급하였다[5]는 것으로 보아, 당시의 활발한 해상활동을 알 수 있다.

이와 같이 선사시대의 항로는 주로 연안 항해나 육로를 이용한 이동이 주를 이루었지만, 직접 횡단하는 횡단항로를 이용한 해상활동의 가능성은 충분하다고 하겠다. 횡단에 대한 근거는 한반도 남부지방에 집중적으로 분포한 지석묘와 부장품들이 남쪽해양을 타고 직접 건너온 증거라고 하겠다. 즉 유럽의 해안을 따라서 분포하는 고인돌은 해양문화의 전파는 물론 항로를 밝히는데도 기여하는 바가 크다고 하겠다.

이 시대는 주로 표류항법으로 이동하였을 것이다.[6] 이들이 이용한 배는 뗏목이나 통나무배였을 것으로 생각된다. B.C 21세기에서 B.C 771년 까지 하(夏)・주(周)시대에 목범선의 원형인 떼배가 개발되었고 치[舵]와 노(櫓)는 진(秦)・한(漢)(B.C 221~A.D 220) 시대에 개발되었다고 추정된다. 그런데 육지가 전혀 보이지 않는 대양에서 나침반 등 항해 도구들이 개발되지 않은 시대에, 어떻게 항해가 가능했을까 하는 의문이 들 수 있다. 이런 관념 때문에 사람들이 배를 타고 항해를 할 수 있었던 범위는 대부분 육안으로 항해표지물을 볼 수 있었던 연안이나 섬 지역에 한정되었을 것이고, 이때의 항해를 시계항해 또는 지문항해(地文航海)라고 한다. 하지만 춘추전국시대

---

5) 『三國志』, 卷30 魏書30 韓傳, "又有州胡在馬韓之西海中大島上, 其人差短小, 言語不與韓同, 皆髡頭如鮮卑, 但衣韋, (略), 乘船往來, 市買韓中", "國出鐵 韓・濊・倭 皆從取之, 諸市買皆用鐵, 如中國用錢, 又二供給二郡".
6) 孫光圻, 1989, 『中國古代航海史』, 海洋出版社, 北京, pp. 5~6.

에 들어서면 해상에서 하늘의 별자리와 절기에 따른 해와 달의 위치를 보고 방위를 알아내는 천문지리학이 개발되었다.[7] 또한 해시계와 비슷한 해나침 반에 의해 방위를 판단하는 기술도 있었다.

동아시아해역은 계절에 따라 부는 계절풍이다. 태풍이나 폭풍으로 연안 항해 선박들이 표류한 역사기록들을 보면, 뗏목시대에도 이미 고대인이 자 의가 아닌 자연의 힘에 의해 표류하게 되는 것이다. 이 같은 자연에 의한 강제표류가 계절에 따라 엇갈려 반복되다 보면 지중해를 닮은 황해 일대의 해양지리는 일반화되었을 것이고, 모험심이 강한 사람들은 표류항법을 이용 해 항해를 넘나들었을 개연성이 크다. 이런 추리를 전제하지 않고는 돛·키·나침반 등 항해 공구와 도구들이 개발되지 않았던 선사시대의 해양이 동에 의한 문화양상을 설명할 수 없다.[8]

이와 같이 선사시대의 항로는 연안항로와 별자리나 해를 이용한 해나침 판에 의해 이루어졌다고 하겠다. 물론 고고학적인 유물들이 이를 증명한다 고 하지만, 배의 실체를 알 수 있는 자료가 많지는 않은 실정이다. 우리나라 의 선사시대 해상활동에 대한 정확한 증거자료는 아니지만, 울주 반구대 암각화에서 통나무배를 이용하여 고래를 잡는 장면은 배를 이용한 해상활동 을 살필 수 있는 근거자료라 하겠다.[9]

2. 역사시대의 해상항로

선사시대 이래 한반도와 중국대륙, 한반도 남부와 일본서부 및 북규슈

7) 孫光圻, 1991, 『中國航海史綱』, 大連海運學院出版社, p. 27.
8) 김정호, 1999, 「장보고 선단의 무역항로와 교역」, 『장보고와 21세기』, 혜안, pp. 107~108.
9) 황수영·문명대, 1984, 『반구대』, 동국대출판부.

지방에 빈번한 해상왕래가 있었다는 것은 중국의 문헌과 고고학에 의한 발굴유물을 통하여 확인되었다.

토기나 묘제에서 이를 확인할 수 있는데, 대표적인 예로 한반도 전역에 널리 분포한 지석묘는 북규슈에서 발견된 지석묘가 한반도 남부지방과 유사한 형태를 갖고 있다. 또한 지석묘는 동서양의 해안을 따라서 분포하는 대표적인 해양문화교류의 증거이다. 이외에 다뉴세문경·동탁 등 기타 고고유물 등이 해상을 통하여 일본으로 전파되었다.

중국대륙과 연결되어 이용되었던 항로는 우리 고대 국가들과 중국 북부의 여러 나라를 왕래한 북로와, 중국남부 지역을 왕래한 남로로 대별된다.

북로는 요동반도와 한반도 연안을 거치는 연안항로와 양국의 국토가 황해로 돌출하여 최단거리를 이루는 산동반도와 황해도 첨단부 간의 바다를 직접 횡단하는 황해횡단항로로 구분된다.

남로는 중국 남북부의 연해안과 한반도의 서남해안을 따라 왕래하는 연안항로와, 중국 본토와 우리나라 남단 간에 가로놓인 동중국해를 가로질러 사단하는 항로로 구분된다. 북로 중에서 요동연안항로는 산동반도 북부와 요동반도 끝단의 최단거리인 노철산수도(老鐵山水道)를 반드시 건너고, 남로 중의 북방경유 항로는 중국 남부 연안을 따라 산동반도까지 와서 두 갈래 북로 중에서 하나를 선택하여 건넜다. 이를 종합하면 중국항로는 3개의 항로로 요약된다. 북로에 해당하는 노철산경유항로와 황해횡단항로이다. 남로는 동중국해사단항로이다.[10]

---

10) 김재근, 2000, 「장보고시대의 무역선과 그 항로」, 『장보고 신연구』, 완도문화원, pp. 164~165.

1) 북로(노철산수도로)

고대항로 중에서 노철산수도로는 거리가 비교적 짧고 섬들이 많아 안전 면에서 가장 유리하여 일찍부터 널리 이용되었던 항로이다. 이렇게 이용된 항로의 해안가나 강가에서는 명도전이나 화천 등의 고대 중국에서 사용하였던 화폐가 발견되었다. 이는 해안이나 강이 상업 유통에서 매우 중요한 역할을 하였음을 보여주는 증거가 된다. 한나라에서 만들기 시작한 철제농기구나 장식품 이외에도 중국사서에 기록된 동이족들의 토산품의 상당량이 해로를 통해 교역하였다.

기록에 의하면, 한무제가 고조선 침공 때부터 이 항로를 이용하였다. 한무 제는 B.C 109년 수륙 양면으로 고조선을 침입하는데, 누선장군 양복(楊僕) 에게 수군 5만 명을 주어 산동반도를 출발하여 발해를 건너 왕검성(王儉城) 을 향하게 하고, 좌장군 순체(荀彘)에게 육로로 군사를 이동하여 요동으로 나와 우거왕(右渠王)을 치도록 하였다. 이때 양복이 이용한 항로가 노철산 수도이다. 이후 한반도와 중국 각 나라의 충돌이 일어나면, 대부분이 이 항로를 이용하였다. 대표적인 예로, 수 문제가 598년 수륙 30만 대군을 동원 하여 고구려를 침공할 때 주나후가 거느린 수군이 산동반도의 동래(현 등주) 에서 출발하여 평양성으로 가던 중 풍파를 만나 피해를 입었다. 612년에 수 양제가 등주에서 대대적으로 배를 만들어, 내호아가 강회의 수군을 거느리고 발해를 거쳐 패수(현 대동강)에 이르러 분전했으나 대패하고, 2차 고구려 원정도 실패하였다.

당나라도 고구려 침공에 수군을 활용하였다. 644년 당 태종은 수륙으로 고구려 정벌군을 일으켜, 장량으로 하여금 전함 5백 척과 군사들을 동원하여 평양을 공격하였으나 별효과를 거두지 못하였다. 이후에도 당은 이 항로

를 이용하여 여러 차례 고구려를 공격하였으나 성공하지 못하였다. 이 항로
에 대한 정확한 위치 및 항해 길은 시대와 경우에 따라서 조금씩 달랐다고
한다. 중국 당대의 가탐(? ~805)의『도리기(道里記)』에는 등주행인고려발
해도(登州海行人高麗渤海道)로서, 산동반도의 등주를 기점으로 하여 동
북방으로 대사도(大謝島)·구음도(龜歆島) 등을 지나 조호도(鳥湖海), 노
철산수도를 건너 요동반도 선단의 마석산(馬石山)에 이르고 대련만구에서
부터 요동반도 연안을 따라 압록강과 대동강 입구를 경유하고 황해도 초도
(椒島)와 풍천(豊川), 그리고 마전도(麻田島, 喬桐島)와 득물도(得物島, 德
積島)를 지나 당은포(唐恩浦, 경기도 남양)에 이르는 항로이다.11) 이러한
노선을 중심으로 노철산경유항로가 주로 이용되었다.

2) 북로(황해횡단항로)

황해횡단항로는 항로 중에서 가장 활발하면서도 보편적으로 이용되었던
항로였다. 중국 대륙에서 황해로 돌출한 산동반도와 한반도가 서해로 돌출한
서해안은 직선거리로 200km정도에 지나지 않은 짧은 거리이다. 이 항로는
중국 위나라 시대부터 이용된 것으로 보인다. 한이 한반도에 낙랑 등의 군현
을 설치하였던 시대는 주로 육로가 이용되었다. 3세기 초에 후한이 멸망하고
나서 위나라가 중원을 장악하였지만 요동에서 공손씨가 육로를 봉쇄하여
낙랑·대방 등과 직접 황해를 건너서 연락을 하여야했다. 이 항로는 삼국시
대에 들어서 아주 확실해졌는데, 고구려·백제·신라 등 삼국은 중국과
활발한 교류를 시작한다. 고구려는 육로를 이용한 대 중국교섭이 용이하였지
만, 백제와 신라는 고구려가 가로막고 있어서 해로를 이용하여야 했다.

---

11)『新唐書』, 卷43, 下 地理志.

이러한 사실은 백제 개로왕 18년(472)에 사자를 위에 보내고 위의 효문제는 여기에 대한 답례로 사신을 백제에 파견할 때 고구려가 방해하자, 산동반도에서 황해를 횡단하여 백제로 직접 들어가려 하였다.[12] 신라는 진평왕 47년(625)에 백제와 함께 당에 사신을 보내면서 고구려가 길을 막아 입조하기 어렵다는 것을 호소하였는데,[13] 이들이 이용한 항로가 황해횡단항로이다. 이후에도 백제가 당에 사신을 파견한 기록이 보이는데, 의자왕 11·12년(651, 652)에 사신의 파견이 보인다.[14] 이후에 당 고종 5년(660)에 신라의 청을 들어 소정방으로 하여금 백제를 공략하게 하였는데, 그 때의 출발지가 산동반도의 성산(成山)을 떠나 바다를 건너 덕적군도의 덕적도로 들어오는 항로였다.[15]

이 항로는 신라가 삼국을 통일한 이후 활성화되었는데, 요동지역은 고구려 유민과 합세한 발해가 일어나 세력을 크게 떨침으로, 육로와 노철산수도를 경유하는 연안항로의 이용이 어려웠기 때문이다. 이후 약 2세기 동안 이 항로를 이용한 왕래가 활발하게 이루어졌다. 이러한 항로를 이용한 교역 및 인구이동으로 산동반도를 비롯한 중국 각지에는 신라인의 거류지인 신라방이 나타나고, 장보고가 9세기에 무역의 활성화를 이룬다. 또한 신라인들이 황해를 자유롭게 왕래하면서 일본의 견당유학생이나 수도승들도 신라선(新羅船)을 많이 이용하였다. 이에 대한 근거가 되는 일본의 입당구법승 원인은 847년 장보고 휘하의 신라선에 편승하여 일본으로 귀국하고 그 항해 기록을 남겼다.

---

12) 『魏書』, 卷100, 百濟傳.
13) 『三國史記』, 卷4, "遣使大唐朝貢. 因訟高句麗塞路, 使不得朝, 且數侵入".
14) 『三國史記』, 卷28, 百濟本紀 第6, "遣使入唐朝貢".
15) 『三國史記』, 卷28, 百濟本紀 第6, "將其國兵, 與之合勢. 蘇定方引軍, 自城山濟海. 至國 西德物島".

당시의 항로를 보면, 9월 2일 정오에 산동반도 첨단의 적산(赤山)를 출발하여 1일 1야를 정동으로 항해하여 3일 아침에 신라 서해안의 산을 동쪽으로 바라보고, 동남쪽으로 연안을 바라보고, 동남쪽으로 하루를 더 항해하여 4일 만에 본래 백제 땅이던 웅주(熊州) 서쪽바다에 이르렀다.16) 이후에 흑산도·제주도·대마도 부근을 경유하여 북규슈 비전국(肥前國) 마쓰우라[松浦]에 도착하였다.

고려시대는 해로를 통한 중국과의 내왕이 활발하면서, 송과의 관계도 매우 우호적이었다. 그러나 만주지방에서 일어난 거란의 침입을 받기 시작하면서, 성종 12년(993)부터 고려와 송의 관계는 두절되었다. 이후 11세기에 이르러 국교가 재개되면서 약 160여 년 동안 양국의 친선관계와 그에 따른 문물의 교류 및 해상내왕이 활발해졌다.

당시의 항로가『송사(宋史)』에 기록으로 나타나 있다. 고려 순화 4년(성종 12년, 993) 정월 백사유를 송나라에 파견하여 방물을 바치게 하고, 송은 그 답례로 2월에 진정 등을 고려에 보냈다. 송의 사신은 등주를 출발하여 산동반도 동단인 성산에 나와 그 곳으로부터 황해를 횡단하여 황해도 옹진에 상륙하고 육로로 해주·연안·백천을 경유하여 개경에 이르렀다.17)

이와 같이 황해횡단항로는 삼국 이래 고려시대 까지 해양항로로서 중요한 역할을 하여, 가장 많이 이용된 항로였다.

---

16) 圓仁,『入唐求法巡禮行記』, 會昌 7年 9月 2日條.
17) 김재근, 2000, 앞의 글, p. 172, 재인용.
　　『宋史』, 卷487, 高麗傳, "靖等自東牟趣八角海口 得思柔所乘海船及高麗水工 卽登
　　州 自芝岡島順風之泛大海 再宿抵甕津口 登陸行百六十里 抵高麗之境 曰解州 又
　　百里至 間州 又四十里至白州 又四十里至其國".

3) 남로(동중국해사단항로)

선사시대와 역사시대에 걸쳐 가장 어려운 항로는 남로로 불리는 동중국
해사단항로였다. 지금까지 연구는 동중국해사단항로는 거리가 가장 멀고
거친 바닷길이어서, 배와 항해술이 어느 정도 개발된 후 점차적으로 개발된
것으로 보았다.

따라서 고려시대 이 후 개척된 항로로 보았으나, 이에 반대하는 연구결과
가 발표되고 있다.[18] 기존의 남로에 대한 이해에 있어서 중국 남부와 한반도
사이를 곧바로 왕래하려고 하면 동중국해를 사단하는 위험부담이 컸고, 정
치·문화·교역 등의 중심지가 산동반도를 중심으로 한 북부에 치우쳐 있
었다. 이러한 이유로 인한 교류의 편중현상이 바뀌게 되는 계기가 된 것은
고려 문종 28년(1074) 무렵부터 고려와 송나라 사이의 해상왕래 중심지가
산동반도의 등주에서 강남의 명주(明州)로 옮기면서 동중국해사단항로를
이용하기 시작하면서였다. 이는 북방의 거란이 강성하여 북로의 항해를 위
협받고, 남중국 연안의 명주·천주·광주 등이 국제무역의 중심지가 되었
기 때문이다. 그리고 또 다른 요인은 송대 산업생산의 지역적 발전과 화폐경
제의 보급으로 인한 화물 유통의 폭발적인 증가와, 조선술 및 항해 기술의
발전을 들 수 있다. 원양항해선의 운항은 당대까지는 주로 외국선박 특히

---

18) 지석묘 등 고고학적 자료·민속·언어·벼의 전래 등에 남방요소가 많고, 중국의
    동한시대에 노와 닻이 개발되고 얼마 뒤에 나침판이 항해에 이용되기 시작하였고,
    중국이나 일본 사람들은 이미 기원전 210년 중국 산동성 낭야에서 일본 와카야마현
    [和歌山縣] 신구시[新宮市] 우에노[上野]까지 서복이 항해를 하였다는 주장이 있다.
    삼국시대에 이미 남중국과 해상교류가 활발하였고, 『삼국사기』에도 816년에 신라사
    람들이 흉년이 들어 절강성 동쪽으로 170명이 건너갔다는 기록과 장보고도 남로를
    이용하여 중국과의 교류를 하였다는 내용 등이다.
    김정호, 1999, 앞의 글, pp. 108~116.

아라비아 선박의 활동영역이었으나, 송대에는 조선의 기술적인 장애를 극복하면서 대형선박을 건조하여 고려·일본 등 동아시아는 물론 동남아시아와 서아시아 해역에 진출하였다.[19]

고려시대에 동중국해, 특히 황해를 오간 항로에 있어서 조선술과 항해술은 보면, 선박들은 바람 특히 계절풍을 최대한 이용하였다. 중국인들은 음력 7~8월에 부는 동북풍을 치풍(癡風), 폭풍을 흑풍(黑風)이라고 불렀다. 962년 첫 번째 사행한 시기부터 993년까지 이루어진 총 28번의 사행을 통해 항해와 계절과의 관계를 살펴보면 그 가운데 20번이 10월에서 2월 사이에 집중되었다. 이는 항해 시 계절풍을 이용하였다는 증거라고 하겠다.

북송의 사신인 서긍은 『선화봉사고려도경(善和奉使高麗圖經)』에서 자신의 여정을 빠짐없이 기록하였는데, 바람을 이용한 항해를 하였음을 기록하였다. 그의 항해를 보면, 오늘날 주산군도의 보타도(寶陀島)인 매잠(梅岑)에서 신풍을 기다렸다. 그 곳에는 신라초가 있었다.[20] 이동경로를 보면 일행은 북송 휘종 선화 4년(1122)년 5월 16일 신주(神舟)를 비롯한 8척의 배를 타고 명주를 출발하여 5월 19일에 정해현(定海縣)에 이르러, 이곳에서 3주야간 공불사신의 의식을 마친 후 출항하였다. 5월 24일 동남풍을 타고 20리를 지나 호두산(虎頭山)에 이르고 다시 수 십리를 나가 교문(蛟文, 三蛟文)과 송백만 노포(松柏灣 蘆浦)에 도착하여 닻을 내려 정박하였다. 5월 25일 부희두(浮稀頭)와 백봉(白峰)·작액문(筰額門)·석사안(石師顔)을 지나

---

19) 신채식, 1996, 「10~13세기 동아시아 해상교역-특히 여·송의 해상교류를 중심으로」, 마한역사문화연구회, pp. 3~4.
20) 徐兢, 『善和奉使高麗圖經』 卷34, 海道, 梅岑條. "至中宵星斗煥然. 風幡搖動. 人皆歡躍云. 風已回正南矣. 二十七日己卯. 舟人以風勢未定. 尙候其孰. 海上以風轉至次日不改者, 謂之孰. 不爾至洋中卒爾風回則茫然不知所向矣. 自此卽出洋. 故審視風雲天時而後進也".

심가문(沈家門)에 당도하여 닻을 내렸다. 5월 26일 정해현(定海縣) 동부의 매잠에 이르러 서북풍이 대단히 강하여 이 곳에 상륙하여 이틀을 묵었다.

5월 28일 적문(赤門)을 나서 해로초(海驢焦)를 지나 봉래산(蓬萊山)을 바라보며 항해를 하였다. 그 후 반양초(半羊焦)를 지나 밤새워 항해를 하였고, 백수양(白水洋)을 지나 위험한 황수양(黃水洋)을 거친 후 5월29일에 흑수양(黑水洋)에 진입하였는데, 이 곳부터는 중국의 연해를 완전히 벗어나 동중국해의 망망대해에 접어든다. 그리고 6월 1일에도 계속 항해를 하고, 6월 2일 아침에 정동으로 병풍 같은 산 하나가 보였는데, 협계산(夾界山)이라 하였다. 협계산은 현재의 전라남도 신안군 가거도로 추정되는 곳이다. 대체로 동중국해를 지나 황해 남부를 건너는 데 일주일 정도가 소요되었다. 6월 3일 오서(五嶼)를 거쳐 배도(排島, 排垛島)·백산(白山)을 지나 배의 항해가 빨라졌고, 백산 동남쪽에 흑산도가 바라보였다. 『송사』에는 절강(浙江)의 정해(주산군도)에서 흑산도까지 건너는데 순풍이면 닷새가 걸린다고 기록되어 있다. 흑산도는 중간 기착지로, 사신이 묵는 관사가 있었다고 한다.

이로부터 대월여(大月嶼)·소월여(小月嶼)를 지나 난산도(闌山島, 天仙島)·백의도(白衣島, 白甲苫)을 지났는데, 섬에 노송나무가 울창하였다. 6월 4일 빈낭초(檳榔焦)를 지나 보살섬을 거쳐 죽도(竹島)에 이르러 정박하였다. 6월 5일에는 죽도에서 멀지 않은 점점도(苫苫島, 蝟島)에서 묵었다. 6월 6일 군산도(群山島, 古群山島)에 정박하였다. 6월 7일에 횡서(橫嶼)에서 묵고, 8일 일찍 떠나 남쪽의 자운점(紫雲苫)을 돌아 부용식산(富用倉山)을 지나갔다. 이는 부용산(芙蓉山)으로 홍주(洪州) 경내에 있다. 자운서(紫雲嶼) 동남쪽 수 백리 지점에 홍주산이 있는데, 다시 알자점(軋子苫)을 지나 곧바로 마도(馬島, 安興)에 이르러 정박하였다. 마도에는 안흥정(安興亭)이라는 객관이 있었다. 6월 9일에는 남풍이 몹시 강하였으나 마도를 출발하여 구두산(九頭山)과 근처에 있는 당인도(唐人島)를 지나 쌍여초(雙女焦)를 거쳐 대청서(大靑嶼)와 화상도(和尙島)・우심서(牛心嶼)・섭공서(聶公嶼)・소청서(小靑嶼)를 지나 자연도(紫燕島, 永宗島)에 정박하였다. 6월 10일 자연도를 출발하여 급수문(急水門)을 지나 합밀(蛤密, 강화갑관)에 당도하여 정박하였다. 6월 11일에 분수령(分水嶺, 강화만) 통과하여 용골 (龍骨)에 정박하고 6월 12일에 예성강(禮成江) 하구인 벽란도에 도착하였 다.[21] 20일이 채 못 걸린 항해로, 빠른 경우에는 일 주일 정도 걸렸다고 한다.

하지만 이들이 고려를 출발하여 북송으로 돌아가는 기간을 보면, 7월 15일에 예성항을 출발하여 정해현에 8월 27일에 도착하였는데, 약 42일이 라는 시간이 소요되었다.[22] 이는 2~3배의 시일을 더 소비한 것이 되는데, 이는 당시의 계절풍을 이용한 항해의 특성을 보여준다. 당시의 항해는 범선 이었기 때문에, 고려로 오는 시기는 남풍을 이용하여 빠른 시일 안에 도착할 수 있었지만, 돌아가는 시점 또한 남풍으로 항해에는 불리하였다. 중국 상선 은 11월 이후의 북풍을 이용하여 회항하는데, 서긍의 출발시점은 여름철로 역풍을 이용한 항해가 되어 군산도 부근에서 역풍을 만나 30여 일을 머무를 수밖에 없었다. 특히 상선들은 명주를 출발한지 7일 만에 도착한 경우도 있었다.[23]

즉 동중국해사단항로는 항로의 위험성은 있지만, 조선술의 발달과 계절 풍을 이용한 항해를 통하여 활발한 항로의 이용이 가능하게 되었다. 따라서

---

21) 徐兢,『善和奉使高麗圖經』, 卷34・35・36・37・38・39, 海道.
22) 徐兢,『善和奉使高麗圖經』, 卷39, 海道.
23) 윤명철, 2000,『바닷길은 문화의 고속도로였다』, 사계절, pp. 338~339.

동아시아 항로로서 동중국해사단항로가 한·중·일 국제무역을 주도하는 역할을 하였다.

4) 일본과의 항로

구석기시대에는 한반도와 일본열도가 바다를 사이에 두고 있었던 것이 아니라, 육지로 연결되어 있었다. 20만 년 전 만해도 동해는 하나의 거대한 호수였다. 두 지역의 동물과 구석기인들은 비교적 자유롭게 오가며 살았다. 1만~1만 2천 년 전에 지구상에 홍적세가 끝나고 충적세가 시작되면서 녹은 빙하로 평균 수면이 200m 정도 높아지면서 두 지역은 바다로 분리되었다.

양국의 교류 흔적은 부산 동삼동 패총과 조도패총에서 발견된 토기들이 일본의 죠몽[繩文]토기와, 규슈[九州]서북부 이마리[伊万里]산 흑요석으로 만든 도구들이 뒷받침해준다. 이 유물의 편년은 약 7천 년 전으로 보인다.[24] 이외 울산의 서생면에서도 이런 유물들이 발견된다.

우리나라와 일본을 직선으로 연결하면 최단거리가 280km 정도이다. 부산과 거제도는 쓰시마[對馬島]와 이키섬[壹岐島]을 사이에 두고, 북부 규슈와 제주도는 망망대해를 가운데 두고 고도열도[五島列島], 북부의 우구섬[宇久島]·오지가섬[小値賀島]과 연결된다. 부산과 쓰시마 사이의 직선거리는 53km이고, 쓰시마에서 규슈까지는 가시거리 안에 있다. 항해를 하는데 있어서 200km도 안 되는 바다는 파도가 높이 친다고 하여도 항해자들에게 불가능할 정도는 아니었을 것이다. 그리고 대한해류의 평균 유속은 1노트 안팎이고, 방향은 언제나 북동쪽을 향하고 있다.

조류는 해류보다 영향을 많이 미치는데, 밀물 때는 남서방향으로, 썰물

---

24) 윤명철, 2000, 앞의 글, pp. 52~53.

때는 북동방향으로 흐른다. 하루에 두 번 방향이 바뀌는데, 밀물 때는 조류가 해류를 반대로 밀어 붙여 흐름이 정지하거나 역류하고, 반대로 썰물 때는 조류가 해류와 같은 북동 방향으로 흘러 해류 유속과 낙조류의 유속이 합해져 3노트 이상으로 북동진 한다. 즉 쓰시마를 출발하여 북동쪽으로 흐르는 대한난류(쿠로시오)와 좌우로 이동하는 조류의 흐름을 적절히 타고, 봄철에 동남풍을 이용하면 자연스럽게 남해 동부나 동해 남부 해안인 울산·포항 등에 닿을 수가 있다.

『삼국유사』권1 기이에 의하면, 신라 제 8대 아달라왕이 즉위한 4년 정유(丁酉, 157)에 동해 바닷가에는 연오랑과 세오녀 부부가 살고 있었다. 어느 날 연오랑이 바닷가에서 해조를 따고 있는데 갑자기 바위 하나가 나타나더니 연오랑을 등에 업고 일본으로 가버렸다.[25] 이 기사에서도 일본과의 교류가 동해를 통하여 이루어졌음을 볼 수 있다.

『삼국사기』신라본기를 보면 왜가 주로 봄철에 신라에 침입하였다는 기사가 나오는데, 이는 자연조건을 이용한 이동의 결과라고 하겠다. 반대로 한반도 남해안에서도 해류와 조류를 이용하여 가을부터 불어오는 북동 계열의 바람을 타면 자연스럽게 쓰시마와 일본열도에 도착할 수 있다.[26]

이외에도 백제시대 전라도 지방의 영산포 하구와 해남·강진 등 남해서부와 서해남부를 출발하여 제주도를 오른쪽으로 보면서 동진하다가, 해류와 바람 등을 이용하여 가다 보면 자연스럽게 도착하는 곳이 규슈 서북쪽이었다. 그 곳에는 고토열도를 비롯해 엄청나게 많은 섬들이 있는데, 거기서 갈라져 북으로 동진하면 규슈 북부에 있는 가라씨[唐津] 등의 육지에 닿고,

---

25) 『三國遺事』, 卷1, 紀異 延烏郎 細烏女. "第八, 阿達羅王卽位四年丁酉, 東海濱有延烏郎·細烏女, 夫婦而居, 一日延烏歸海採藻, 忽有一巖(一云一魚), 負歸日本."
26) 윤명철, 2000, 앞의 글, pp. 57~58.

남쪽으로 해서 동진하면 아라아케해[有明海]라는 호수 같은 커다란 만과 만난다. 이러한 해로를 통하여 일본 본토에 이르렀다.

그리고 고구려에서 일본으로의 항로는 잘 알려져 있지 않지만, 동해중부 사단항로가 있었다. 물론 두만강 하류의 나진·청진항이나 그 아래 원산· 함흥 등 북부에서 출발하여 사선으로 동해를 직항한 다음, 후쿠이[福井]· 니이카타[新潟]·아키다[秋田] 등 본주(本州) 북부에 도착하는 동해북부 사단항로가 있지만, 동해중부사단항로가 안전하고 쉬워서 주로 이용하였을 것이다. 북부에서 출발하였다고 해도 연근해 항해를 하면서 현재의 강릉· 삼척 같은 곳까지 내려왔다가, 동해 먼 바다로 나가 횡단하여 시마네현[島 根縣]이나 후쿠이현 등지에 도착하는 항로가 있었다.

그리고 일본 북쪽의 이시가와현[石川縣]에 하이혈고분(蝦夷穴古墳)이 있는데, 집안의 M705 고분과 유사한 점이 많다. 부장품인 회도기, 자혈석실 (雌穴石室)에서 출토된 철도끼는 집안 마선구 M1445에서 출토된 철도끼와 상당히 유사하다. 이 고분의 주인공은 고구려 영향을 받은 말갈인 무덤이라 는 궁색한 견해가 있다. 하지만 이들은 동쪽에서 일본으로 건너간 고구려인 이고, 묘의 연대는 5~6세기 중엽으로 보는 주장이 있다. 확실하지는 않지만 홋카이도[北海道]나 그 북쪽까지 이어진 연해주항로도 있었을 것이다.

선박은 사신선·전투선·민간교역선을 비롯해 연근해에서 이용되는 작 은 배며 공물운반선, 고기잡이배들이 있었다. 물론 큰 배도 있었을 것으로 추정된다. 돛대가 두 개 있고, 50~100명 안팎의 인원을 태운 큰 배들이다. 이들은 바다에서 육지를 바라보며 자기 위치를 확인하고, 갈 방향을 결정하 는 근해항로를 이용하였다. 그러나 동해를 건너거나 황해를 종단하기 위해 서는 별과 해를 관측하는 기술적으로 고난도에 속하는 항법을 사용해야

하였다.[27]

위와 같이 선사 이래 일본지역과는 빈번한 교류가 해로를 통하여 이루어졌다. 특히 삼국시대에 접어들면, 각 국은 정치적인 상황에 따라 다양한 교류를 통하여 상호 견제 정책을 취하게 된다.

위에서 서술한 항로를 종합하면, 선사시대에서 역사시대에 접어들면, "왜구가 신라에 쳐들어와 광개토대왕이 이를 토벌하였다"는 기사에서 보듯이, 대규모의 해상활동과 교역이 이루어졌음을 알 수 있다. 삼국시대가 되면 이러한 해상을 통한 교역은 더욱 활성화된다.

고려시대에는 중국 송과의 해상교역이 활발하였다. 고려 초에 북쪽에서 거란이 일어나 중국 본토와의 육상교통이 방해를 받게 되었다. 그 결과 송은 중국 중·남부 연안에 위치한 여러 무역항을 중심으로 송상들의 해외무역이 급속도로 발전하여, 그들 중 일부는 고려의 개성에 진출하였다. 주로 중국 남부의 복건성 출신의 주민들이었다는 기록이 『선화봉사고려도경』에 실려있다. 『고려사』와 송나라 문헌의 기록에 의하면, 양국 간의 해상항로는 북로와 남로를 주로 이용하였다.

중국과의 항로에서 제일 먼저 개척된 것이 북로로써 고려시대 이전부터 왕래가 빈번하게 이루어졌다. 수·당의 고구려원정군은 산동반도의 내주(萊州)를 출발하여 대동강 입구를 거쳐 평양을 공격하였다. 이 항로가 북로로, 신라하대의 신라인들이 해상으로 중국대륙으로 진출하였는데, 장보고가 활동한 시기이기도 한 이 시점이 북로를 주로 이용하여 산동지방의 등주를 중심으로 강소성(江蘇省) 이북의 연안에 위치하고 있다. 이는 일본이 당과 교역을 할 때도 물론 이용되었던 항로이다. 일본의 견당사는 규슈의 하카다

---

27) 윤명철, 2000, 앞의 글, pp. 116~118.

항[博多港]을 출발하여 우리나라 서해연안을 항해한 후 북로를 거쳐 중국으로 들어갔다.[28]

남로에 의한 해상교통로는 11세기 후반부터 각광을 받게 된다. 고려에서 거란과의 관계로 인하여 남쪽 절강성에 위치한 명주(明州, 寧波)를 입송로로 요청하여 송이 이를 따랐다. 이후 송이 남쪽으로 옮기면서 남로는 항로의 중심이 되었다. 이때 송에서는 고려사절들의 편리를 도모하기 위해서 양자강 하류의 북안에 위치한 양주(楊州)에 고려관(1084)을 신축하였다. 고려사절들은 명주에 도착한 후 이 곳 양주를 거쳐 다시 운하를 이용해서 수도인 개봉으로 왕래하였다.

고려 인종원년(1123)에 고려를 다녀간 중국사신 서긍은 『선화봉사고려도경』에서 고려와 송간의 항로를 자세하게 기록하였다. 기록에 의하면, 항주만두(杭州灣頭)의 명주를 출발하여 외곽에 위치한 주산열도를 경유한 후 순풍을 타고 동북으로 곧바로 항해하여 흑산도 근해에 다다른 후, 서해안을 북상하여 고려의 외항인 예성강에 도착하였다. 또한 귀로도 같은 길을 택하였는데, 이는 계절에 따라 바람을 이용하여 항해를 하였다고 할 수 있다. 이들이 이용한 바람은 고려로 항해 할 때는 남풍을 이용하고, 중국으로 귀로할 때는 북풍을 이용하였다. 이는 여름철과 겨울철에 바람을 이용하여 항해를 하였다는 사실을 입증한다고 하겠다. 또한 항해 시에 야간이 되면 별을 보고 기준을 잡아 항해를 하였으며, 어두울 때는 나침판을 이용하였다고 한다. 나침판은 중국 한대에 이미 발명되었으며, 중세 송대에 이러한 나침판을 이용하였다는 기록을 확인할 수 있었다. 이는 이전 시대에 항해에 있어 나침판이 널리 사용되었을 알게 해준다.

28) 윤무병, 1977, 「신안 침몰선의 항로와 제문제」, 신안해저유물 국제학술대회 주제발표, 국립중앙박물관, p. 11.

서긍 일행이 서해안을 거치는 동안에 정박한 섬들을 보면 죽도·고점점(위도)·고군산도·마도(안흥)·자연도(영종도)·합굴(강화갑관) 등의 지명이 보인다. 이 지명 가운데 죽도라는 섬이 신안선의 침몰지역에 근접한 섬으로 보인다. 하지만 죽도가 어느 섬인지 확실하지는 않지만 전남 영광군 해상에 있는 안마도로 보는 견해가 있다.[29] 안마도·위도·고군산도는 전라남북도와 서남해안의 외곽선에 위치하여 나열된 섬들로, 항해하는 선박의 노선이 되기에 충분한 조건을 갖추고 있다. 이후 원대에도 남로가 대 중국항로의 중심적인 역할을 한 것으로 추정된다. 신안선의 발견위치도 남로와 관련이 있는 항로이다.

송원시대에 있어서 중·일 항로는 고려와 마찬가지로 명주를 출발지로 왕래하였으며, 동중국해를 건넌 후 규슈 서북단의 고도열도를 거쳐 주로 하카다항에 도착하였다. 이 항로는 이미 일본의 후기견당사선에 의하여 이용되었으나, 대다수는 조난을 경험하였다고 한다. 이와 같이 후기견당사선이 이 항로를 이용할 수밖에 없었던 원인은 신라와의 관계악화와 장보고를 대표로 하는 신라인의 해상권장악을 꼽을 수 있다. 따라서 9세기 이후 약 200년 간 대송무역의 공적관계는 거의 단절되다 시피하고, 사선에 의한 단편적인 무역이 행하여지고 간혹 사선에 의해 국서를 전달하기도 하였다. 12세기 후반부터 일본의 상선도 중국연안에 진출하기 시작하는데, 그들이 이용한 항로는 유구열도로 우회하여 도항하는 남도로를 이용한 경우도 있었으나, 대개는 북규슈의 고도열도와 항주만의 주산열도를 연결하는 항로를 주로 이용하였다.[30]

---

29) 윤무병, 1977, 앞의 글, p. 13.
  徐兢, 『善和奉使高麗圖經』, 卷34·35·36·37·38·39, 海道.
30) 윤무병, 1977, 앞의 글, p. 13.

그리고 당시의 항해속도에 대한 기록을 살필 수 있는 정확한 증거는 되지 못하지만, 이규보의 「예성강누상관조시(禮成江樓上觀潮詩)」에서 "아침에 예성강을 출범하면 정오경에 중국의 남부지방에 도달한다"고 하여, 항해기술이 발달하였음을 시적으로 과장되게 표현하였다.[31] 중국 강남의 명주와 예성강까지의 최단항해일수에 대한 사료는, 중국『송사』고려전에 2일 만에 동중국해를 거쳐 예성강까지 불과 4일 만에 도착하였다는 기록이 있다.[32] 이는 계절풍을 잘 이용하여 항해를 하였을 경우에 국한되는 것으로, 현대의 항해술로 보더라도 상당히 빠른 속도이다. 하지만 일반적으로 항해는 이보다는 훨씬 어렵게 진행되었을 것이 분명하다.

이에 대한 실험적인 결과로 국립해양유물전시관에서 복원하여 항해시험 (2000, 2001, 2002, 2003)을 한 가거도배[33])의 경우를 보면, 바람이 없는 상황에서는 선박의 이동이 매우 느려 항해하는데 어려움이 많았으며, 바람이 부는 경우에만 돛을 이용한 항해가 용이하였다. 또한 방향을 정확하게 잡아서 이동하는 것도 쉽지 않았으며, 노를 저어서 이동한다는 것은 망망대해에서 상당한 어려움이 따른다는 사실을 확인하였다. 따라서 중국과 고려를 연결한 항해도 계절풍에 따라서 많은 변수가 내포되어 있음을 알 수 있었다.

---

31) 손태현, 1982, 앞의 글, p. 86, 재인용.
   "潮來復潮去, 來船去舶首尾 銜相週, 朝發此樓底, 未午入南蠻天".
32) 『宋史』, 卷487, 高麗傳, "自明州定海, 遇便風, 三日入洋, 又五日抵黑山, 入其境, 自黑山過島嶼, 詰曲礁石間舟行甚駛, 七日志禮成江".
33) 가거도 배는 전통적인 한선의 형태를 하였다고 하지만 수심이 깊은 곳에서 항해하기에 용이한 옥치를 하고 있다. 그리고 중국과 가까운 거리에 위치하여 선박의 특징이 중국선박과 유사한 점도 있다. 그리고 현지 주민들이 돛을 이용하여 목포나 기타지역으로 이동할 때 바람을 잘 이용하면 2~3일 만에 도착하지만, 그렇지 않으면 많은 시일을 다른 섬 지역에서 허비하였다고 한다.
   국립해양유물전시관, 1997, 「가거도 배」, 『전통한선과 어로민속』, 금성출판사.

이러한 계절풍에 대한 이용을 보면, 『선화봉사고려도경』 권 39 예성강조에서 이후 항해할 사람들에게 권고하기를, 고려로 출발할 때는 남풍을 이용하고, 귀국할 때는 북풍에 의지하여야한다[34]고 기록한 것으로 보아 계절풍을 이용하여 항해하였음을 알 수 있다. 물론 상식적인 것일 수 있지만, 당시 항해기록에는 여러 가지 어려움에 대한 표현을 많이 볼 수 있다.

현재까지 항해속도에 대한 사료로써 많은 자료를 제공하는 『선화봉사고려도경』에 의하면, 중국 남부의 명주에서 5월 16일에 출발하여 19일에 정해현에 들렀다가 24일에 정해현으로부터 해람하였다. 항해를 계속하여 6월 6일에 고군산도에 이르고 최종목적지인 예성강에는 6월 12일에 도달하였다.[35]

하지만 이 일정에는 정해현에서 공불축신의 의식 등으로 3주야간을 보내고, 고군산도에서 예성강에 이르기까지 약 6주야가 소요되었으나, 고군산도·자운도·마도·자연도 등의 각지에서 의례가 있었으므로, 항해일수는 다소간의 차이가 날 수 있다. 이러한 기록으로 볼 때 10~20여 일을 전후하여 항해가 가능하였던 것으로 판단된다.

이러한 해로의 이용을 볼 때, 한·중·일의 해로는 북로가 초기에 중심적인 역할을 하다가, 여러 가지 정치·사회적인 여건 등에 의하여 남로를 이용한 해로가 후기에 많이 이용되었다고 하겠다.

동아시아의 해역마다 개별적으로 부는 계절풍을 살펴보면, 겨울철의 계절풍은 일반적으로 발해·황해방면에서 9월에 불기 시작하여 10월까지는 동중국해 전역에서 분다. 이 가운데 발해에서는 9월에서 3월까지 요동만에

---

34) 徐兢, 『善和奉使高麗圖經』, 39卷 禮成江條, "今叙此以爲後來者之勸, 比者使入之行, 去日以南風, 歸日以北風".
35) 徐兢, 『善和奉使高麗圖經』, 卷34·35·36·37·38·39, 海道.

서는 북동풍, 발해 중부에서는 서북풍이나 북풍이 주로 불고, 봉래만에서는 서북풍과 동북풍이 분다. 황해에는 9월부터 3월까지 북동·북서풍이 분다. 동중국해에서는 9월에는 계절풍이 심하게 불지 않고, 10월이 되면 북풍·동북풍이 많아지고, 11월부터 3월까지 북풍이 가장 심하게 불고, 동북풍·서북풍이 분다. 대만해협에서는 12월과 1월에 계절풍이 가장 심하게 부는데,북풍과 동북풍이 75% 정도이다.

여름철의 계절풍은 남중국해 방면에서 불기 시작하여, 6월에는 중국 근해를 덮는다. 대만해협에서는 6~7월에 걸쳐서 남풍과 서남풍이 주를 이룬다. 동중국해에서는 6~8월까지 부는데 7월이 가장 강하게 불고 남풍과 서남풍이 분다. 황해남부에서는 남풍이 우세하고, 황해북부와 발해만에서는 남풍과 동남풍이 많고 동시에 6~8월에 걸쳐서 분다.[36)]

위와 같이 당시의 항로는 해류와 계절풍에 의하여 이루어진 것이 대부분임을 알 수 있다. 해류와 계절풍이 일치하면 빠른 시기에 목적지에 도착하여 무역이 가능하였지만, 해류와 계절풍이 다르게 불거나 갑자기 바람의 방향이 바뀌면 항해는 여러 가지 문제에 봉착하게 되어 표류나 조난이 발생하여 어려움을 겪었다.

3. 신안선의 항로

1) 동아시아 13~14세기 상황

13세기는 동아시아에 있어서 격변기의 시대였다. 중국에서는 금·송·

---

36) 金澤 陽, 2002,「前近代東シナ民間貿易航路」,『アジアの海-沈没船が語る中世交流史-』, 國立歷史民俗博物館, pp. 41~43.

몽고의 각축전에 의해 세력판도의 재편이 이루어지고, 고려는 거란과 몽고의 침략을 받아 무인세력이 집권하였으며, 일본은 헤이안시대[平安時代]를 마감하고 가마쿠라막부[鎌倉幕府]가 세워졌다.

이 시기에 중국은 통일국가가 계속되었으므로, 북방의 대륙세력은 육지를 경유하여 한반도에 나름대로의 영향력을 행사하던 시기이다. 고려와 송 사이 교역항로의 출발점은 예성강의 어구에 위치한 예성항으로 즉 벽란도였다. 벽란도에서는 고려·송의 사신이나 상인들 뿐 만 아니라 일본과 아라비아 상인들도 드나들었다. 따라서 예성항은 개경의 관문이자 국제무역항이었다.

당시 거래된 물자는 고려가 송에서 수입한 것은 도자기·약재·차·서적·악기 등이었고, 수출한 것은 금·은·동·인삼·잣·동물가죽 등과 같은 토산물과 종이·향유·금은세공품·나전 등의 수공업 제품들이었다. 12세기말 고려와 남송 간이 해상왕래가 두절되자 무역관련 해상교역은 거의 모습을 감추고, 국내의 현물세의 수납·수송과 관련된 조운의 형태가 주를 이루는 해상활동으로 국한되었다.[37] 이러한 사실은 고려 초기에 북송과 활발한 해상교역을 하던 고려가 금과 몽고에 의하여 송이 남쪽으로 이동하면서 해양활동이 급속히 위축되었음을 의미한다. 이후 몽고가 중국을 통일하지만, 고려와 일본을 연결하는 해상 무역활동이 활발하였다는 기록은 없다.

2) 신안선의 항로

고려시대의 중국 남부와 교류하는 항로는 계절풍을 이용한 남로였다는

---

37) 손태현, 1982, 앞의 글, p. 9.

사실은 주지하는 바와 같다. 고려사의 기록에 보이는 송상들의 내왕을 보면, 대개가 음력 7·8월의 서남계절풍을 이용해서 많이 도래하였고, 돌아 갈 때는 11월 이후에 부는 북서계절풍을 기다려 회항하였다.

이와 같은 인식 하에 중국과 일본과의 항로를 보면, 명주를 기점으로 항해하였으며, 동중국해를 지나 규슈 서북단의 고도열도를 거쳐 대체로 하카다항에 도착하였다. 이 항로는 후기 견당사선에 의하여 이용되었지만, 많은 조난사고를 당하였던 항로이다. 이 항로를 이용하게 된 계기는 당시 신라관계와 관련이 있는 것으로, 신라를 중심으로 하는 해상세력에 의하여 견당사선의 파견이 어렵게 되었던 것이다. 이후 약 200년 동안은 일본의 공적인 대중교섭은 거의 단절상태였다. 하지만 중국 상선들이 때때로 건너와서 교역과 국서 등을 전달하였다. 특히 송 신종년간(1068~1086)에는 20여 회에 걸쳐 송상이 건너온 사실이 일본의 여러 기록에 남아 있다.

12세기 후반부터는 일본의 상선도 중국연안에 진출하기 시작하였는데, 유구열도로 우회하는 남도로를 이용한 경우도 있었으나, 대개 북규슈의 고도열도와 항주만의 주산열도를 연결하는 항로를 이용하였다. 이렇게 남로를 이용한 일본 선박은 가끔 항로를 벗어나 우리나라에 표류하였는데, 가장 많이 표착한 지점이 제주도였고, 북쪽으로 추자도와 고군산도, 충남 사천군의 개야도에 표착된 기록도 있다. 이들의 표착은 중국에서 귀로하는 도중에 많았다고 한다. 표류는 악천 후 뿐만 아니라 조류에 영향을 받아 일어나기도 하였다. 발해만에서 황해를 거쳐 대만해협에 이르는 해역에는 시계바늘과 반대방향[逃轉循環]으로 도는 회류가 있는 것으로 알려져 있다.

이러한 토대 위에서 신안선의 항로를 두 갈래로 유추할 수 있다.

첫째, 경원을 출발하여 고려의 개경을 항해의 목표로 삼아 항해를 하였다고 볼 수 있다. 신안선이 발견되어 인양된 지점은 항로상으로는 역사시대에 많이 이용되었던 한·중 항로의 하나인 남로에 해당된다. 이는 침몰선이 중국 남부 연안인 경원에서 출항하여 고려를 목적지로 항해 하다가 심한 풍랑이나 기타 기상재해 등을 만나 우리나라 서해연안에 침몰하였다고 볼 수 있다.

이에 대한 근거 자료는 인양유물 중에 고려자기 7점과 고려인들이 사용하였거나 제작하였을 것으로 보이는 금속제품이 있다. 도자기 종류는 매병·대접·잔 받침·베개·연적 등이 있는데, 이 중에서 청자사자연적은 그 형태와 얼굴 등의 세부 표현이 매우 독특하다. 이 자기들은 12~13세기에 강진군 사당리요와 부안군 유천리요에서 생산된 것으로 추정된다. 고려자기의 인양으로 신안선의 고려 기착과 교역을 유추할 수 있으나, 제작 시기의 차이점이나 전체 유물 중 적은 수량인 점, 배에 실린 위치 등으로 미루어 볼 때, 당시 중국에서 수집되어 실린 것으로 추정하기도 한다. 동경은 20여 점이 인양되었는데, '자후(子厚)'명경은 고려 동경의 가능성이 있다. 또한 청동숟가락 중에서 손잡이가 완만한 곡선을 이루면서 끝에 Y자형의 장식을 한 유물은 고려시대 유적에서 출토되는 숟가락과 같은 형태로써, 고려 유물로 추정된다. 이렇게 유물에서 보이는 특성을 살펴볼 때 고려가 최종목적지는 아니지만 중간단계로 거쳐 갔을 가능성은 충분하다고 보여 진다.

기존의 연구 성과[38]는 신안선의 항로를 다루면서 고려에 대한 항해 가능성을 희박한 것으로 보고 있다. 하지만 고려도자기 이 외에 동경·숟가락·젓가락 등이 함께 인양된 점은 고려기항설의 가능성은 충분하고, 이러한 유물은 고려인의 승선이 반드시 이루어졌음을 뒷받침한다고 볼 수 있다.

---

38) 윤무병, 1988, 「종합적 결론」, 『신안해저유물』 종합편, 문화재관리국, pp. 543~ 545.

그리고 당시 중국과 일본에서는 숟가락의 사용이 활발하지 않은 문화적 속성이 있었다.

이를 종합할 때, 고려의 기항 가능성에 대한 가능성도 완전히 배제하기는 힘들다고 생각된다. 그리고 당시의 시대상으로 보아 바람을 잘 이용하여 3~4일 혹은 일주일 이전에 일본까지 항해가 가능하다고 하더라고, 날씨의 변화나 부식·항로·기타 문제 등을 고려할 때, 고려에 기항하였을 가능성은 충분하다고 생각된다. 송의 서긍 일행이 고려에 들어오는 시간이 20일 가까이 걸린 점으로 보아 일본으로의 항해는 더 많은 시일을 필요하다.

이러한 주장을 뒷받침히는 다른 근거로 신안선의 발견시점이 우리나라 서해안의 도서 사이를 통과하는 연안항로의 길목이라는 점이다. 고려 이후로 조선시대까지 우리나라 지방 조세미(租稅米)는 조운선에 의하여 운반되었으며, 이용 해로는 오랜 세월동안 거의 변하지 않고 이용되었다. 연안항로는 일본이 견당사를 파견하면서 이용하였던 항로로, 일본과 항로로도 널리 사용되었다. 신안선 침몰지역은 이러한 연안항로의 길목에서 약간 벗어난 지점에 위치한다. 즉 일본을 최종목적지로 하였다고 하더라도, 중도에 고려에 기항하여 소규모 상거래나 필요물품을 구입하는 중간기착지로서의 가능성은 충분하다고 하겠다. 이는 고려에서 무역거래를 한 후 일본으로 가는 계획된 항해일 수도 있다는 것이다.

침몰선의 매몰 상태는 우현(右舷)으로 약 15° 기울어져 있었으며, 우현(右舷)에 구멍이 나 있었다. 신안선은 제작에 있어서 외판(外板)을 보호하는 포판재(包板材)까지 덧대어 만든 당시로서는 최첨단의 단단하고 안전한 배였다. 이러한 선체는 구멍이 나더라도 격벽(隔壁, 칸막이) 사이의 오수로(汚水路)를 막으면 다른 칸은 물이 들어가지 않도록 하는 당시로서는 뛰어난 기술적인 제작이었다. 이러한 배가 우현에 나 있는 구멍 쪽으로 침몰하였다는 것은 어느 지점에서 암초에 부딪혀 선체에 커다란 충격을 받고 표류하다가 침몰하였다고 볼 수 있다.

그렇다면 선체에 구멍이 나 있는 상태로 일본으로 향하던 항로를 택하여 항해하였다면 제주도나 가거도·흑산도·하의도·홍도 등으로 이어지는 수 많은 우리나라 서남해안의 섬들 중 한 곳에 정박할 수 있었을 것이다. 이것이 불가능하여 계속하여 표류를 하였다고 하더라도 선체의 크기나 선적 무역품의 규모로 보아 일본으로 향하는 항로를 너무 멀리 이탈하였다고 볼 수 있다. 당시 선박의 승선인원이 몇 명이었는지 확실하지는 않지만, 적게는 수 십 명에서 많게는 백 여명에 이르는 승선인원들이 힘을 합친다면 수많은 섬 중 한곳에 다다른다는 것은 어렵지 않았다고 생각할 수 있다.

이러한 상황을 가정하면, 신안선이 침몰된 지역은 예전부터 파도가 심하고 세 섬 사이를 교차하는 조류의 흐름이 아주 심한 지역으로, 발굴 당시에도 정조시간을 이용한 15~30분 정도 밖에 작업을 할 수 없을 정도였다. 이를 보면 신안선이 해역을 통과하다가 돌풍이나 풍랑을 만나 암초에 부딪친 다음 표류하다가 우현이 암초나 기타, 다른 요인에 의하여 구멍이 나자 물이 스며들어 침몰하였을 가능성은 충분하다. 이는 고려의 개경이나 기타 지역을 향해서 항해를 하다가 침몰하였다는 증거가 된다. 당시 일본 측에서 고려를 거치지 않고 일본으로 항해가 가능한 해로가 있었기 때문에 고려에 대한 기항이 필요하지 않으면 이 항로를 이용할 필요가 없었다.

따라서 신안선은 일본을 최종목적지로 삼았다고 하지만, 고려를 경유하는 삼국무역을 하였을 개연성이 매우 높다고 하겠다.

둘째로, 신안선의 항해 자체가 처음부터 일본의 하카다항을 거쳐 교오토

[京都] 동복사(東福寺)를 목적지로 하였다고 볼 수 있다. 침몰선이 우리나라 서남해안에서 발견되었지만, 신안선의 최종목적지는 어디였을까 하는 점이 많은 학자의 주요 관심대상이었다. 인양된 2만여 점의 무역품 중에 대다수를 차지하는 것은 도자기와 동전이다. 도자기 중에 대형의 용천요(龍泉窯)도자기와 동전은 남송에서 원대에 이르는 중·일의 주요 무역품이었다. 당시 고려는 원나라의 간섭 아래에 있어서 무역품을 강남지방에서 수입하였다는 기록은 보이지 않는다. 이렇게 볼 때 신안선은 중국을 출발하여 일본으로 향하던 무역선이 표류하다가 침몰하였다고 볼 수 있다.

신안선에 실려 있는 방대한 상품들은 도자기·동전을 비롯하여 대부분이 중국 제품이며, 그 외에 생약재(生藥材)의 일부와 자단목 등 동남아에 산지를 둔 물품들이다. 상품들을 구입해온 하물주인들은 일본인과 일본에 있는 기관들의 대리인 등을 구성원으로 운영되었다. 동전과 함께 인양된 많은 목패의 묵서 내용이 이를 증명한다. 목패 묵서의 발견으로 무역선의 목적지가 일본 규슈의 하카다항이었다는 사실을 추측할 수 있게 되었다. 현재 후쿠오카시[福岡市]에 있는 거기팔번궁(筥崎八幡宮)은 옛 부터 명성이 높은 신사인데, 그 이름이 목패의 묵서에서 보인다.

목패에 표기된 절 이름인 조적암(釣寂庵)도 후쿠오카시 소재 탑두의 하나였다고 전해지는 암자와 이름이 같다. 13~14세기에는 일본의 대찰들이 공허무역선을 중국에 자주 파견하였는데 출항지는 하카다항이 이용되었고, 재일 중국인들이 이 곳에 거주한 사실은 일본에서 널리 알려져 있다. 따라서 일본인 선단의 상품구입에 의한 본국에서의 무역차익을 위한 무역선으로서의 이용되었다는 설이 설득력 있게 받아들여지고 있다.

즉 이러한 사실에서 신안선의 침몰에 대해서 다른 방향으로 해석을 한다면, 이 배가 일본으로 항해를 하다가 뜻하지 않은 풍향 등으로 말미암아 항로를 이탈하여 고려에 기항하였을 개연성이 있는데, 이는 표류에 의한 항로의 부득이한 변경이라 하겠다.

중국과 일본을 연결하는 옛 항로에 대한 일본 측의 고기록에 의하면, 3개의 항로가 있었다. 하나는 황해를 우회하는 북로이고, 또 하나는 남쪽으로 나카사키[沖繩]를 경유하는 남도로가 있었다. 그러나 중세의 무역선들은 동중국해와 황해의 경계수역에 따라 항해하는 남로를 주로 이용하였다. 즉 양자강 하류에서 주산열도를 거쳐 우리나라의 제주도 남쪽을 통과한 후, 일본 규슈의 고도열도를 목표로 항해하였다. 고려·송 간의 무역항도 일본에서 말하는 남로와 비슷하여, 주산열도에서 흑산도를 경유하여 서남연안항로에 진입하였다.

이는 『선화봉사고려도경』의 기록에 의해서도 알 수 있다. 그러나 이들 항로에서 벗어나는 경우도 적지 않았다. 『고려사』에 의하면, 원종 계해 4년(1263) 6월에 일본의 관선대사 여진 등이 송나라에 들어가 불법을 배우려고 떠났다가 풍파를 만나 표류하여 승려·속인 합계 230명은 개야소도(開也所島)에 닿았으며, 265명은 군산·추자 두 섬에 도착하였다. 한편 대재부소경전(大宰府少卿殿)의 보통 상선에 탄 78명의 사람들이 송나라로부터 일본으로 돌아가려다가 바람을 만나 배를 잃고 작은 배로 선주(宣州) 가차도(加次島)에 표류하여 왔으므로, 전라도 안찰사에게 명령하여 양식과 배를 주어 그들의 나라로 호송하여 주었다. 그리고 7월에 일본 상선에 탔던 30명 사람들이 풍파에 표류하여 귀주(龜州) 예도(艾島)에 도착하였으므로, 양곡을 주어 호송해 보내도록 명령하였다. 이외에도 일본선이 제주도에 표류하여 도착한 일이 여러 차례였다.[39] 그리고 신안선이 침몰된 다음 해인 충숙왕 11년

(1324) 7월에 왜국 선박이 풍랑에 밀려 영광군에 도착하였는데, 그 인원이 2백 20여 명이었다. 고려에서 선박을 준비하여 그들을 본국으로 돌려보냈다.[40] 이 배들은 대개 태풍의 피해를 입어 표류된 것으로 추정된다.

이러한 정황으로 보아, 중·일간을 연결하는 최단 무역코스는 남로를 택한 방법인데 중국 측의 상대 항구로는 경원, 즉 현재의 영파항이 주로 이용되었다. 영파항은 동양 중세에서 근세에 걸친 국제무역항으로서 그 이름이 세계적으로 유명하다. 신안선과 함께 인양된 유물 중에는 저울추가 몇 점 인양되었는데, 그 중 한 점에 '경원로'의 이름이 새겨져 있었다. 저울추는 무역선의 출항지를 밝히는데 참고가 될 가장 중요한 자료로서 주목되고 있다. 이 '경원로'명 추를 근거로 출항지를 결정한다면 남로를 이용하여 일본으로 들어갔을 가능성이 높음을 추측할 수 있다. 이를 근거로 문화방송 (MBC)에서 '700년 전의 약속'이라는 테마로 1998년 중국 영파를 출발하여 우리나라 흑산도를 경유하여 신안선 침몰지에 이른 후, 일본의 교오토의 동복사에 이르는 항로를 성공적으로 재현한 예로 미루어 보아도 증명된다고 하겠다.[41]

위에서 서술한 고대 동아시아와 신안선 항로를 표와 그림으로 표시하면, <표 3>[42]·<그림 1>과 같다.

---

39) 『고려사』, 권25.
40) 『고려사』, 권35.
41) '700년 전의 약속'은 문화방송이 각계 전문가의 조언을 받아서 중국 현지에서 배를 건조하고, 각 분야에서 선발된 승선인원들과 동중국해사단항로를 따라서 항해를 재현하였다.
42) <표 3>은 본문의 내용 중에서 항로의 이동루트를 간략하게 정리하고, 항해 과정에 많은 지역을 거치지만 대표적인 지명과 이동로를 살펴보았다. 그리고 북송시대 서긍이 저술한 『선화봉사고려도경』 해도의 이동과정에 나타난 지명을 원문으로 실었다.

<표 3> 고대 동아시아와 신안선 항로

구분	항로	이동로
선사시대 항로	연안항로	• 중국 연해주·두만강안·함경도 해안·서해안·경상남도 해안, 부산 동삼동·영선동·일본 • 섬과 해안 등 패총에서 출토된 빗살무늬토기와 무문토기로 이동로 추정 • 고기록에 나타난 항로가 주로 연안항로
	횡단항로	• 지석묘와 부장품이 해양문화의 교류를 보여주는데, 유럽연안을 비롯하여 인도·중국·우리나라·일본 등의 해안을 따라 분포
역사시대 항로	북로 (노철산수도로)	• 산동반도 북부(등주)·대사도·구흠도·노철산수도(조호도)·요동반도 선단(마석산)·대련만구·요동반도 연안·압록강·대동강·황해도 초도·풍천·교동도·덕적도·당은포(경기도 남양)
	북로 (황해횡단항로)	• 산동반도(성산)·밀주·덕적군도·황해도 첨단부· 서해연안항로(옹진)·흑산도·제주도·대마도·북규슈 마쓰우라[松浦]
	남로 (북방경유항로)	• 중국 남북부연안·산동반도(북로 중 1개 항로 택일)·황해사단·벽란도·개경
	남로 (동중국해사단항로)	• 중국 남부(명주)·주산열도·동중국해 사단·흑산도·서해연안항로·벽란도·개경
	서긍항로 『선화봉사고려도경』	• 명주·정해현·호두산·심가문·해려초·봉래산·반양초·백수양·황수양·흑수양·협계산·배도·백산·흑산·월서·난사도·백의도·춘초점·빈랑초·보살점·죽도·고점점·군산도·횡서·자운점·부용산·아자점·마도·구두산·당인도·쌍여초·대청서·화상도·우심서·섭공서·소청서·자연도·급수문·합굴·분수령·예성강
	한·일 항로	• 개경·서해연안항로·대마도·규슈 • 나진·청진·원산·함흥·후쿠이 등
	남로 (중·일항로)	• 중국 남부(명주)·주산열도·동중국해 사단·오도열도·규슈 하카다
	남도로 (중·일항로)	• 중국 남부(명주)· 유구열도·오도열도·규슈 하카다
신안선 항로	신안선 추정로	• 중국 남부(명주)·주산열도·동중국해 사단·흑산도·서해연안항로·벽란도·개경·서해연안항로·대마도·규슈 하카다·교토

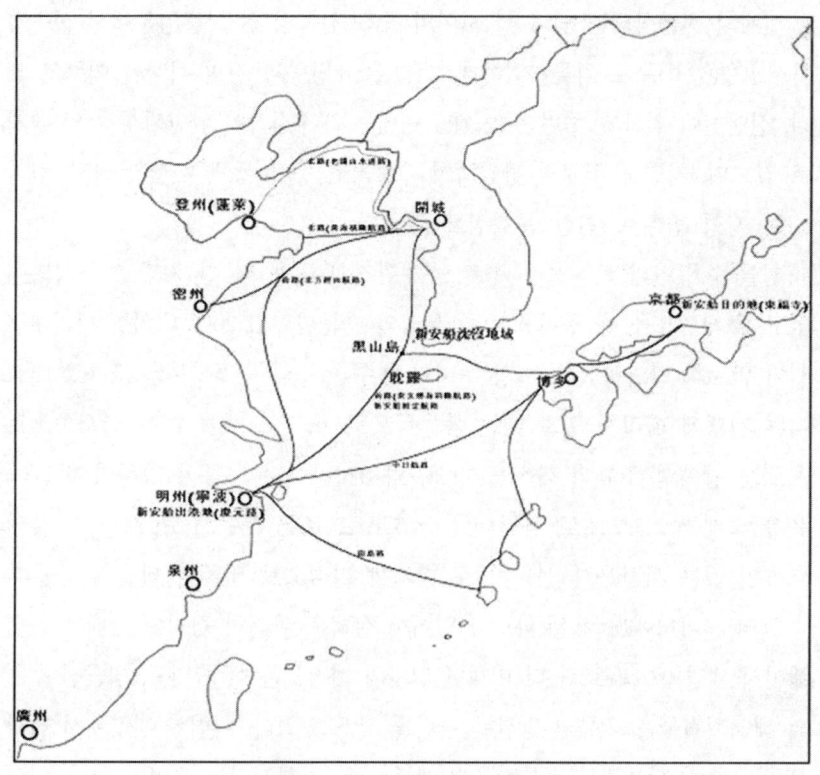

<그림 1> 고대 동아시아와 신안선 항로

4. 신안선의 해양환경

신안선이 인양된 지점은 전라남도 신안군 증도와 임자도에서 각각 4㎞ 떨어진 곳으로 평균 수심은 20m이다. 현장에서 북동쪽으로 수도수도(水島水道, 물길 출입구)를 따라 비교적 깊은 골이 있는데, 임자도와 사옥도 사이는 40m이상의 수심을 나타낸다. 남서쪽으로는 수심이 10~15m 정도로 얕아 지다가 다시 깊어져 황해로 직접 연결된다.

선체의 침몰상태는 섬과 섬 사이의 중간 길목의 입구 중앙부에서 선수가 북서방향(323°)으로 침몰하였는데, 이는 조류방향과 거의 직각을 이루고 있다. 신안선이 침몰된 주변 반경 1㎞ 이내는 해저지형이 완만해서 거의 평지와 같으며, 지면도 비교적 단단하여 수중작업 중 보행에 지장이 없고, 갑작스런 지형 변화로 인한 문제점도 없었다.

침몰선 주변의 퇴적물은 주로 조개껍질과 모래 및 잔 자갈로 구성되어 있고, 조개껍질을 뺀 무기물질 즉 토양의 수분함량도 20% 내외를 나타내고 있어 비교적 단단하였다. 현장 주변의 해수 이동의 수평성분은 조류로 대표되며 지형에 따라서 밀물 때는 북동쪽으로 흐르고, 썰물 때는 남서쪽으로 흐르는 왕복성 조류의 특성을 갖고, 약 6시간마다 흐름의 방향이 바뀐다. 유속은 평균 2.5노트로 사리 때는 3.5노트, 조금 때는 1.5노트이며, 물의 흐름이 없는 시간은 15분 정도로 이때를 기점으로 밀물과 썰물이 바뀐다.

그리고 바다에는 항상 파도가 있어서 실제로 완전히 정지된 상태는 극히 짧아서 직경 0.01㎜보다 더 미세한 입자의 퇴적율은 아주 낮고, 침몰선 주변의 해저퇴적물은 조류와 밀접한 관련을 갖고 있었다. 이러한 환경에서 다량으로 수중에 함유된 부유물질은 시계를 극히 악화시키는 요인이 된다. 이외에 조석과 파랑이 해수유동에 따른 수직성분으로 작용한다.[43]

이와 같이 신안선이 침몰한 해역은 우리나라 서해안 다도해의 섬과 섬 사이의 물길이 험한 지역이다. 또한 인양 환경은 매우 열악하여 시계가 거의 제로 상태이기 때문에 감각에 의존하여 발굴이 이루어졌다.

그리고 여름에서 가을로 넘어가는 시기에는 태풍이 발생하여 선박의 항해에 많은 지장을 초래한다. 따라서 신안선이 발견된 해역은 범선들이 자연

---

43) 한상복, 1988, 「인양유물의 해양환경」, 『신안해저유물』 종합편, 문화재관리국, pp. 71~80.

적인 재해에 의하여 침몰될 수 있는 조건이 충분하다.

5. 신안선의 연대 · 출항지 · 국적

1) 연대

신안해저유물이 처음 인양되었을 때, 국적이나 연대, 선박의 용도 등에 대한 다양한 의견이 제시되었다. 연구 결과 중국 선박임이 밝혀졌고, 중국 도자기와 동전 · 자단목 등이 대량으로 인양되었다. 인양된 도

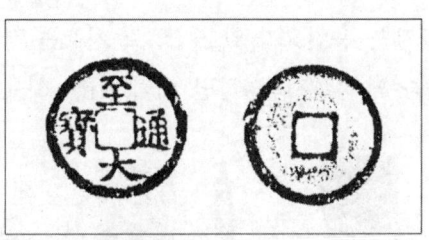

<그림 2> 동전(지대통보;至大通寶, 1310년)

자기는 송대의 도자기가 많이 포함되어 있고, 원나라 초기에 제작된 도자기가 주류를 이루었다. 이러한 도자기의 제작시기와 특징 고찰을 통하여 연대를 살피면, 신안선이 원대의 선박이라는 사실을 확인할 수 있다. 대표적인 예가 14세기 중기에 출현하는 청화백자가 출토되지 않아 14세기 초라는 신안선의 연대의 추론이 가능하였다. 또한 인양된 동전 중에 '지대통보(至大通寶, 1310)가 발견되어 원의 선박이라는 사실이 분명해졌다.[44] <그림 2>는 지대통보의 모양을 나타낸 것이다.

그러나 그 이상 정확한 연대를 추론한다는 것은 쉽지 않았다. 도자기를 근거로 한 연대의 추정은 무역선에 청화백자가 적재되지 않았다는 사실이었

---

44) 윤무병, 1988, 앞의 글, p. 545.

다. 당시 청화백자에 대한 개시 연대가 1330년대 이후였다는 것이 일반적인 정설로 받아들여졌다. 따라서 신안선의 연대를 1310~1330년대로 설정을 하고자하였다. 이후에 도자기에 '사사수부공용(使司帥府公用)'명이 있는 청자접시가 2점 인양되어 활기를 띠게 된다. '사사수부'는 '선위사사도원수부(宣慰使司都元帥府)'의 약칭인데, 이 청자접시들은 절동도(浙東道) 선위사사도원수부의 공용으로 제조된 그릇으로 보는 견해가 유력하였다. 절동도에는 용천요가 있고, 또 그 치소는 경원에 있다.『속자치통감(續資治通鑑)』의 기록에 의하면 대덕(大德) 6년(1302)에 설치되었다고 한다.[45]

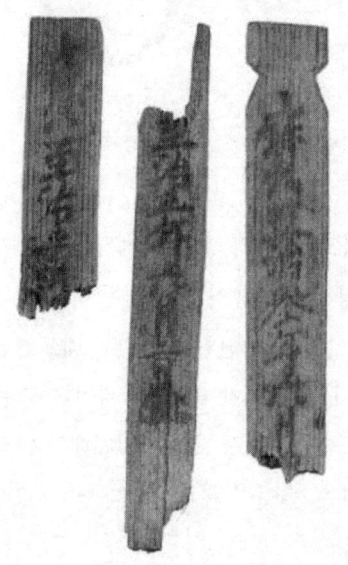

<그림 3> 목패(지치삼년;至治參年, 1323년)

그리고 인양된 유물 중에 목패가 들어 있는데, 목패에 동전이나 물품의 소유주를 구별하기 위한 기록들이 묵서되어 있었다. 126개의 목패에 4월부터 6월에 걸친 일자들이 기록되어 있어, 연대를 확인하는데 결정적인 자료를 제공하였다. 특히 '지치삼년(至治參年)'이라는 연대가 표기된 목패는 정확한 연대를 알 수 있는 결정적인 자료를 제공하였다.<그림 3>

지치삼년은 1323년으로 원 영종이 8월에 죽고 9월에 진종 즉위한 해이다. 고려는 충숙왕 10년으로 연호는 중국연호를 사용하였고, 일본은 원향

45) 馮先銘, 1981,「元以前我國陶瓷鎖行亞洲德考察」,『文物』第 6期, 文物出版社, p. 65.

(元享) 3년 후제호천황(後醍醐天皇)시기로 가마쿠라막부의 북조고시(北條高時)가 정권을 잡고 있던 시대이다.[46] 이러한 자료들을 종합할 때, 신안선의 국적은 중국의 원시기인 14세기 초기가 확실하고, 관무역이 아닌 민간무역이나 반민간무역의 성격이 있는 것으로 보인다.

2) 출항지

신안선의 출항지가 어디였을까를 밝히는 것은 국적 못지않게 중요한 문제였다. 이를 밝혀주는 결정적인 자료는 인양된 청동추 중에서 선박의 출항지를 알려주는 '경원로'라는 명문이 발견되어, 신안선이 절강성의 경원로(현재 영파)에서 출항하였다는 사실을 밝혀주었다. '경원로'명 추는 높이 9.3cm, 몸체지름[胴徑] 4.3cm로 도자기의 매병과 비슷한 형태를 갖추고 있다. 추의 상단은 사각의 꼭지를 갖추고, 밑으로 단을 형성하면서 종형으로 6각형을 형성하고 있으나, 아래 부분에는 원형의 띠를 1단으로 돌리고 계단형식의 저부를 갖추었다. 6각 장방형의 동체 한 측면에 '경원로'라는 명문이 뚜렷하게 시문되어 있었다.

신안선의 출항지였던 '경원로'는 진시황이 중국을 통일한 후 봉건제를 폐기하고 군현을 설치하면서 은(鄞)·무(鄮)·구장(句章) 3개 현으로 회계군(會稽郡)에 속해 내려오다가, 수가 중국을 통일한 후 3개 현을 통합하여 구장현으로 하고 월주(越州)관할에 두었다. 당고조 무덕4년(621)에 구장을 은주로 고치고, 무덕 8년(625)에 은주를 폐하고 무현으로 개칭하였다. 당 현종 이후 2차례에 걸쳐 다시 명칭이 바뀌는데, 개원 26년(738)에 무현을 폐지하고 명주로 개칭하여 '명주'라는 이름이 당에서 처음 사용되었음을

---

46) 이현종 편저, 1995, 『동양연표』, 탐구당, pp. 82~83.

알 수 있다. 2차는 천보원년(天寶元年, 742)에 명주를 여요군(余姚郡)으로 개명한다. 당 숙종 건원원년(乾元元年, 758)에 명주라는 명칭을 회복하고, 당 목종 장원경년(長元慶年, 821)에 명주관할 하의 무현에 소계(小溪)·삼강구(三江口) 등을 명주주치지역으로 고정하여 내려왔다.

오대 시에는 명주망해군으로 칭하고 오월국에 속하였다. 오월왕 전류 천보 2년(909) 무현을 은현으로 개칭하였다. 송태조 건융원년(建隆元年, 960)에 명주망해군을 명주봉국군으로 개칭하고, 은현 등 기타 부속지역을 관할하였다. 남송 영종 경원원년(慶元元年, 1195)에 명주가 경원부로 승격되었다. 원대에는 경원으로 불렸는데, '부(府)'를 '노(路)'로 바꾸어 '경원로'라고 부르게 되었다. 이 때가 원 세조지원(世祖至元) 13년(1276)이다. 이후 명대 주원장 오원년(吳元年, 1367)에 명주부로 바뀌고, 홍무 14년(1381)에 영파부로 개칭된다.[47) 따라서 추에 새겨진 지명이 출항지를 밝혀주는 결정적인 자료가 되었다.

신안선의 출항지인 경원은 지리적으로 중국의 태평양 동쪽 해변에 위치하여, 선박의 통행이 용이하여 통상무역이 적합한 지역이다. 위치는 동경 121°32', 북위 29°52'으로 평균 해발은 5m 전후이다. 영파는 온대지역으로 해양성 기후를 나타내고, 강수량 또한 충분하고 비옥한 지역이다. 사계절이 분명하여 바람은 남풍과 동남풍이 주로 부는데, 여름에는 동풍·남풍·남동풍이 불고, 여름에서 가을로 넘어가는 시점에 태풍이 있다. 겨울철에는 시베리아 한류가 남하하여 북풍·서풍·서북풍이 많이 분다.

이러한 계절풍을 이용한 중·일 간의 항로를 보면, 당시대에 명주에서 일본의 항로로 규슈서북의 치가도(値嘉島, 현재 평호도)와 고도열도를 따라

---

47) 袁元龍·洪可堯, 1981, 「寧波港考略」, 『海交史硏究』 3期, 福建省海外交通史博物館, pp. 73~74.

서 서쪽 방향으로 똑바로 가면, 명주의 동쪽 해변에 다다라 상륙하는 항로를 순풍을 받아 항해하면, 10일도 걸리지 않았다. 북송 주욱『평주가담(萍州可談)』권2에 "船舶去以十一月 · 十二月 就北風, 來以五 · 六月 就南風" 기록이 있다. 송 고종 소흥 2년(1132)에 영파를 출발하여 동래로 가는 3백 척의 해선은 4월에 부는 남풍을 이용하여 출발하였다. 당시 해선은 포범(布帆, 布颿)48) · 이봉(利篷, 席帆)49) 2종류의 돛을 이용하는데, 정풍일 때는 포범을 편풍 일 때는 이봉을 사용하였다. 이는 6월에서 10월 사이에 부는 남풍과 12월에서 2월 사이에 부는 북풍의 자연현상을 잘 활용하여 항로로 이용하였음을 알려준다.50)

위에서 살펴본 바와 같이, 신안선의 출항지인 '경원로'는 시대의 흐름에 따라 지명이 여러 차례 바뀌어 왔음을 알 수 있다. '경원로'라는 지명이 원 세조시기인 13세기 말(1276)에 지명으로 사용되다가, 명시대가 되어 개명되는 1367년까지 약 90년 정도 사용된 지명이다. 이는 몽고족인 원이 중국을 지배하던 시기에 한정되어 '노'라는 독특한 지방구성을 보여준다. 이러한 사실을 종합하면, 신안선의 출항지인 '경원'이 목패에 새겨진 '지치 삼년 육월이일' 등의 시기와 일치한다는 것을 명확하게 보여준다. 또한 출항 시기도 음력 6월 남풍을 이용하여 항해를 하였다는 사실을 알 수 있다.

3) 국적

신안선은 선체의 구조상 내부가 몇 개의 격벽에 의하여 구획되어 있다. 선체는 V자형의 첨저형을 이루고, 선저면에는 한선과는 형식이 다른 용골이

---

48) 무명으로 만든 돛.
49) 거적으로 만든 돛.
50) 林士民, 1981, 「古代的港口城市-寧波-」, 『海交史研究』 3期, 福建省泉州海外交通史博物館, p. 64.

갖추어져 있으며, 외판은 클링커식으로 조립되었고, 앞뒤로 2개의 돛대와 방형선수(方形船首)로 설계되었음이 밝혀졌다.[51] 이와 같이 견고한 선박구조는 중세의 조선기술로는 상상조차 할 수 없는 것으로써, 신안선의 인양으로 실체의 확인이 가능하였다. 선박의 건조구조를 보아 당시 고려나 일본에서는 제작이 쉽지 않은 것으로 보여 졌는데, 용골의 인양으로 중국에서 제작된 선박임을 확실하게 알 수 있었다. 용골은 2개의 커다란 목재를 연결하여 만들었는데, 그 접합면에 보수공(保壽孔)[52]이라는 특수한 장치가 발견되었다. 보수공은 중국에서 선박을 건조할 때 해오던 관습이다. 이와 비슷한 시기의 배가 1974년 중국의 천주만에서 발굴된 천주만 송대해선이 있는데, 이 해선의 용골에서도 보수공이 발견되었는데, 이 원공은 북두칠성으로 배치되었고 그 속에서 동전 13개와 동경 2매가 발견되었다.[53] 신안선의 보수공도 천주만 송대해선과 비슷하게 배치되어 있었다. 신안선의 보수공은 용골재 후반부에 위치한 결합부분에서 북두칠성 모양으로 발견되었으며, 원공내부에는 중국 송대의 화폐인 태평통보(太平通寶)가 1개씩 들어 있고, 용골재와 선수재와의 수직접합면에 원공을 만들고 그 곳에 동제동경(지름 11.7cm)이 1개가 들어 있었다. 하지만 국적을 살피는데 있어서, 적재된 무역상품의 소유주에 대한 증거가 되는 목패를 보면 하주나 대리인들이 대부분 일본인으로 이루어졌다는 사실을 부인할 수는 없다.

　그런데 여기에는 간과해서 안 될 중요한 사실이 있는데, 목패에 새겨진

---

51) 김용한, 1993, 「신안해저 인양 침몰선의 구조연구」, 영남대학교 석사학위논문, p. 40.
52) 보수공이라고 하는 것은 중국 고대의 조선술에서 볼 수 있는 전통적인 관습이다. 용골재의 접합 면에 작은 원공을 만들어 그 속에 동전이나 동경 등을 넣어서 북두칠성의 모양을 만들기도 하여, 선박에 대한 무재보수(無災保壽)를 기원한다.
53) 泉州灣宋代海船發掘簡報編寫組, 1975, 「泉州灣宋代海船發掘簡報」, 『文物』第 10 期, pp. 2~3.

'지치삼년'은 1323년으로 '지치(至治)'라는 연호는 중국과 고려에서 함께 사용한 연호이지만, 당시 일본은 가마쿠라시대로 '원향(元享)'이라는 연호를 사용하고 있었다. 이러한 사실은 목패에 새겨진 묵서 내용에 대한 의문을 갖게 한다. 물건을 수입하여 일본으로 가져가려던 일본인들이 중심이라면 일본의 연호인 '원향'을 사용하는 것이 당연하다. 그런데 일본식 연호는 한 점도 확인되지 않았다. 다만 이면에 일본식 인명·사사(寺社) 등이 보인다. 이는 신안선의 국적이 중국이라는 것을 확실하게 증명하는 동시에, 무역선단의 구성에 있어서도 주된 임무는 중국인이고, 일본인은 단지 무역품을 구입하는 구매자였던 것으로 파악된다. 이는 당시에 일본에서 대사원·신사(神社)의 조영비를 염출(捻出, 조달)하기 위해 상선을 몇 차례 보냈다는 기록[54]이 있지만, 신안선의 목적지로 알려진 동복사 상선에 대한 기록이 전혀 없는 것이 이를 역설적으로 보여준다. 또한 승선자의 소지품으로 볼 수 있는 고려식 수저와 중국식 주방용기 등은 선원의 조직으로서 고려·일본·중국인이 승선하여 선단을 구성하였을 개연성도 충분하다. 결론적으로 신안선의 건조는 중국에서 이루어진 것이 확실하지만, 운영은 중국인이 하였거나 혹은 재일 중국인이 담당하였거나, 선박을 일본인에게 넘겼을 가능성은 배제하지 못할 것 같다. 선원의 구성도 출토유물의 성격으로 보아 고려·일본·중국이 혼재하였을 가능성이 높다.

다음으로 배의 승선 인원에 대한 고찰이 필요할 것으로 보인다. 이에 대한 정확한 숫자나 근거는 미약하지만, 당시 중국의 대선에는 500~600명 정도 승선하였다는 기록이 보인다. 신안선에 대한 승선인원의 언급은 우리나라에서는 아직까지 확실한 자료가 없다. 이에 대한 자료로 일본인 학자가

---

54) 민두기 편저, 1983, 『일본의 역사』, 지식산업사, p. 88.

당시의 기록에 근거하여 60명 정도가 승선하였을 가능성을 제시하였다.[55) 중국선박 중 중형상선은 일반적으로 1,000~2,000료(料)이며 화물 외에 200~300명의 사람을 실을 수 있다.[56) 기록에서 보는 바와 같이 신안선은 서긍이 타고 고려에 왔던 신주(神舟)가 대형 상선 정도의 크기에 승선인원 을 대비하면 100명 이상은 확실하게 승선하였다고 추정된다. 그리고 200톤 을 적재할 수 있는 선체의 규모로 보아도 그 개연성은 충분하다고 여겨진다.

6. 소결

선사시대부터 역사시대에 걸쳐 해로를 이용한 교류는 거의 전 시대에 걸쳐 이루어져 왔다. 고대의 항로는 북로에서 출발하여 중세시기까지는 남 로를 주로 이용하였다. 그 후 상황의 변화에 따라 남도로를 이용하였지만, 위험요소가 많아서 활성화는 되지 못하였다. 이러한 항로를 이용한 부단한 교류 가운데서 우리나라 서남해안의 신안 앞 바다에 침몰된 선박은 당시의 역사를 복원하는데 중요한 자료이다.

인양된 신안선은 중국에서 일본으로 향하던 무역선으로 추정된다. 그러 나 이 선박이 고려를 경유하여 일본으로 항해를 하였는지에 대한 정확한 증거는 나타나지 않고 있으며, 고려자기와 중세의 항로로 이를 추론할 뿐이 다. 하지만 신안선의 최종목적지는 일본이라는 것이 학계의 정설로 받아들 여지고 있다. 인양 유물 중 청동추에 주자된 '경원로'(현재의 절강성 영파항) 는 당시의 출항지를 밝히는 근거가 된다. 침몰 연대는 도자기의 양식·동

---

55) 小野正敏, 2002, 「日元貿易のタイムカプセル韓國·新安沈沒船」, 『アジアの海-沈 沒船が語る中世交流史-』, 國立歷史民俗博物館, p. 18.
56) 吳自牧, 『夢梁錄』, 卷12.

전·목패 등을 바탕으로 추정이 가능하다. 그 구체적인 예를 들면, 원의 지대연간(1308~1312)의 동전인 지대통보, 8차 발굴 당시 인양된 목패 중에 새겨진 '지치삼년육월이일'의 명문 등은 침몰 시기를 추정할 수 있는 유물로 평가된다. 또한 목패에 새겨진 명문이 거의 일본과 관련되어 있다.

이와 같은 점에서 살펴 볼 때, 신안선은 중국의 영파를 출발하여 일본으로 항해하다가 중간기착지로 보여지는 고려를 경유하다가, 심한 풍랑이나 다른 원인에 의하여 우리나라 서남해안에서 침몰한 것으로 해석할 수 있다. 이는 배의 침몰 상태가 우현으로 약 15℃ 정도 기울어졌고, 우현의 선수부분이 어떤 충격을 받은 흔적이 있는 것으로 보아 확실하다고 하겠다.

이러한 모든 상황을 종합할 때, 신안선의 항로는 중국 영파를 출발하여 해로를 따라 이동하면서 우리나라 흑산도을 경유하여 서해연안의 항로를 따라 올라가 고려 개경에서 무역을 한 후 일본으로 이동하는 남로를 이용한 무역선으로 유추된다.

위에서 서술한 바와 같이, 신안선이 침몰한 해역은 우리나라 서해안 다도 해의 섬과 섬 사이의 물길이 험한 지역이다. 또한 인양 환경은 매우 열악하여 시계가 거의 제로 상태에서 감각적으로 발굴이 이루어 졌다.

신안선의 연대는 14세기 초 중국 원 영종 4년 지치삼년(1323)에 해당된다. 고려는 충숙왕 10년으로 원의 지배를 받고 있던 시기이다. 당시의 일본은 가마쿠라막부가 통치하던 시대였다

신안선의 국적은 중국이 확실하지만, 승선 선단의 구성은 주로 일본인으로 이루어졌다고 보여 진다. 이에 대한 근거로 목패에 새겨진 묵서내용의 대부분이 일본과 관계되는 것으로 이를 알 수 있다. 하지만 배를 움직이는 선장·선원 등은 중국인과 고려·일본인이 섞여있었을 가능성이 있다. 이

에 대한 근거로 목패에 새겨진 '지치'연호가 중국 연호로써 당시 일본은 '원향'이라는 연호를 사용한 사실을 지적할 수 있다.

따라서 일본인이 선박의 운영주체라면 '원향'이라는 일본 연호를 표기하는 목패가 인양되어야 하는데, 이러한 유물이 발견되지 않은 점은 중국인이 배를 운영했으리라는 개연성을 뒷받침한다.

Ⅳ. 신안선과 천주만 송대해선의 구조 및 인양유물 비교

1. 신안해저발굴 배경 및 의의

　1975년 5월 전라남도 신안군 증도면 방축리 앞 바다에서 고기잡이하던 어부의 그물에 청자매병 등 6점의 유물이 건져 올려진 것을 계기로 신안해저발굴이 시작되었다. 이후 몇 차례의 현지조사를 통하여 발굴의 필요성이 확인되었고, 문화재도굴이라는 문제가 제기되어 연일 언론에 보도되는 등, 사회적인 문제가 발생되기도 하였다. 발굴 현장은 신안군의 증도와 임자도에서 각각 4㎞떨어진 곳으로 북위 35° 1' 15", 동경 126° 5' 6"이다. 현장의 수심은 평균 20m정도이며 조석에 따라 약 4m의 수심 변화가 있다. 유속은 평균 2.5노트로 사리 때는 3.5노트, 조금 때는 1.5노트이며, 물의 흐름이 없는 시간은 15분으로 이때를 기점으로 밀물과 썰물이 바뀐다.[1] 해수이동은

---

1) 바다에서 이루어지는 수중발굴은 썰물과 밀물이 교차하기 때문에 작업이 대단히 어렵다. 특히 우리나라 서해안은 간만(干滿)의 차가 심하여 수중발굴 작업의 조건이 좋지 않다. 따라서 작업시간은 밀물과 썰물이 바뀌는 시간에 주로 이루어지기 때문에

밀물 때 북동쪽으로 흐르고 썰물 때는 남서쪽으로 흐르는 왕복성 조류의 특성을 갖고 있으며, 시간마다 흐르는 방향이 바뀌는데 조석간만의 차이는 대략 4~5m 정도이다.

발굴은 밀물과 썰물이 바뀌는 시간에 주로 이루어졌다. 이 지역은 여러 섬 사이에 형성된 해류 출입구에 해당되어 물살이 빠르고 물 속이 어두운 특징을 보이고 있다. 따라서 시계가 대단히 흐려 발굴에 많은 어려움이 있었다. 본격적인 조사는 1976년 10월부터 1984년 9월까지 총 10차례에 걸쳐 문화재관리국(현 문화재청) 신안해저발굴조사단에 의해 수행되었으며, 해군지원단의 적극적인 협조 아래 이루어졌다.

조사 결과 선체의 길이[長] 28.4m, 너비[幅] 6.6m로 밝혀졌으며, 갑판 이상은 해충에 의해 완전히 부식되어 형태가 남아 있지 않았다. 인양된 선체 편은 720여 편으로 당시의 선체 원형을 복원할 수 있는 충분한 자료가 되었다. 발굴된 유물은 총 23,502점에 이르는데, 이 유물들은 7개의 격벽으로 나누어진 격창과 선체주변에서 인양되었다. 이와 같이 2만여 점의 출토 유물은 당시 해상운송의 규모를 말해 주는 것은 물론, 경제적인 교류의 증거를 제시해 준다. 이 외에도 동전 28톤, 자단목 1,017본 등이 함께 인양되었다.

발굴된 유물은 송원대의 제품이 주를 이루지만, 고려자기 등 고려유물이 몇 점 확인되었고, 나막신·칼코 등 일본 유물도 20여 점 있어서 당시 동북아 삼국의 교류 상황을 살필 수 있는 중요한 단서를 제공하였다. 신안해저유물은 중국 원시기인 14세기 전반을 중심으로 한 유물이라는 점에서 학술적 가치가 매우 크다. 특히 대량으로 출토된 도자기는 세계 수중고고학사상 유례가 없는 것으로서 편년과 생산지 등을 밝힐 수 있다는 점에서 매우

6시간 단위로 변하는 물때에 따라 하루 작업 가능 횟수는 1~2회 정도이다. 작업시간은 물 때가 바뀌면서 정조(停潮)하는 30분 내지 1시간 30분 정도이다.

중요하다. 또한 침몰선은 용골을 갖춘 첨저형이며 격벽이 시설된 구조로써 당시의 조선술을 알아볼 수 있는 귀중한 자료이다.

신안선은 중국에서 일본으로 향하던 무역선으로 추정된다. 그러나 이 선박이 고려를 경유하여 일본으로 항해를 하였는지에 대한 정확한 증거는 나타나지 않고 있으며, 고려자기와 중세의 항로로 이를 추론할 뿐이다. 인양 유물 중 청동추에 주자된 '경원로'는 당시의 출항지를 밝히는 근거가 된다.<그림 4>

침몰 연대는 도자기의 양식·동전·목패 등을 바탕으로 추정이 가능하다. 그 구체적인 예를 들면, 원의 지대연간(1308~1312)의 동전인 지대통

<그림 4> 청동
「경원로(慶元路)」명 추

보, 8차 발굴 당시 인양된 목패 중에 새겨진 '지치삼년육월이일'의 명문 등은 침몰 시기를 추정할 수 있는 근거가 되었다.

신안해저발굴은 원대의 사회·경제, 조선술, 국제교역사, 공예미술의 연구 뿐 만 아니라, 우리나라 수중고고학의 첫 장을 열게 한 해양발굴로서 수중발굴사에 큰 획을 이루었다. 신안해저발굴은 각국의 많은 관심을 일으킴과 동시에 우리나라 수중고고학의 첫 걸음이 되어, 이후 완도선·달리도선·진도 벽파통나무배·무안 도리포 해저유물 등의 발굴이 계속되었다. 또한 관련박물관이 설립되는 계기를 제공하였다.

이렇게 우리나라 수중고고학에 중요한 계기를 제공하였던 신안해저유물에 대한 발굴과정을 정리하면 <표 4>와 같다.

<표 4> 신안해저유물 연도별 발굴기간과 과정

구분	일　자	기간	주　요　사　항
1차	1976. 10.26~11.2	8일	유물잔존여부 확인을 위한 예비조사
2차	1976. 11.9~12.1	24일	유물 매장확인
3차	1977. 6.27~7.31	35일	철제그리드를 설치한 본격적인 발굴조사
4차	1978. 6.16~8.15	61일	철제그리드를 추가 설치한 본격적인 발굴조사 및 기기탐사(측면주사음파탐지기 등), 인두골 인양
5차	1979. 6.1~7.20	50일	수중TV촬영 선체 내부의 자단목과 동전확인
6차	1980. 6.5~8.4	61일	선체가 클링커식이음을 한 중국배로 판명됨
7차	1981. 6.23~8.22	61일	일본제품 발견
8차	1982. 5. 5~9.30	149일	본격적인 선체 인양 작업
9차	1983. 5.29~11.25	181일	선체인양작업 중 용골에서 보수공 발견
10차	1984. 6.1~8.17	78일	선체인양 후 잔존유물 확인작업
최종확인	1984. 9.13~9.17	5일	선체인양 주변 및 인근 해역 광역조사
계 : 9년 11차 (713일)			

2. 신안선의 구조

1) 선체의 구조

신안선은 물길의 길목인 섬과 섬 사이의 중앙부에서 선수가 북서방향 (323°)으로 침몰되어 있었고, 경사도는 우현 15°・좌현 40°의 기울기로 하여, 조류의 방향과 거의 직각을 이루고 있다.<그림 5>

침몰 당시 우현의 선수부분 가까운 곳에 먼저 충격을 받은 흔적이 남아 있었는데, 그것은 외판 1개가 7격벽이 있는 위치에 부러졌으며, 안쪽으로

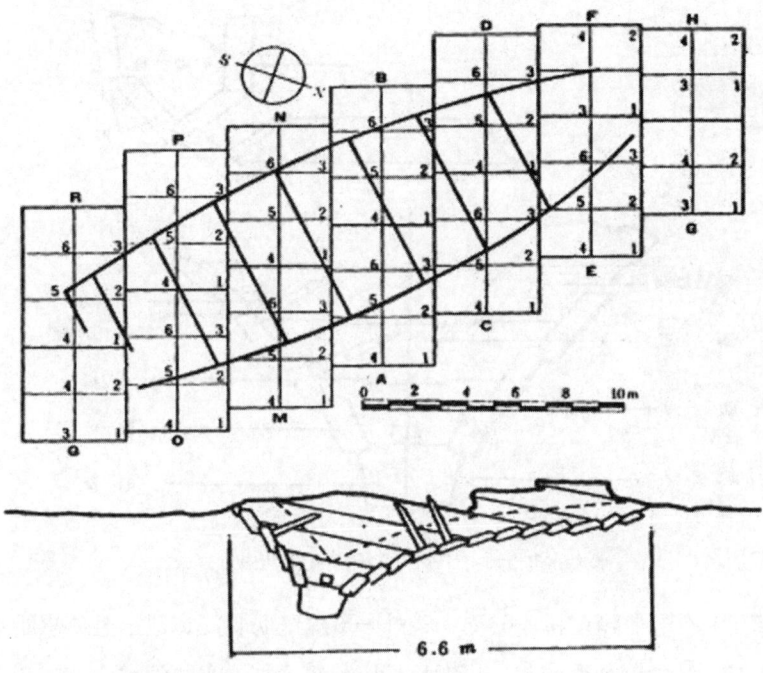

<그림 5> 신안선 매몰 평면도·단면도

휘어져있었다[2]는 사실에서 짐작할 수 있다. 침몰선을 중심으로 반경 1km 이내에서는 해저지형의 경사가 완만하여 평지와 흡사하였으며, 지면도 비교적 단단한 지형이었다. 이러한 지형적인 특성을 가진 환경에서 발굴된 선체의 인양 당시 주요척도는 전장 28.4m, 최대폭 6.6m, 형심 2.1m였다.

신안선은 발굴 당시 총 720여 편으로 분리 인양되었다. 이를 각 부재별로 살펴보면 용골재(龍骨材) 4편·익판재(翼板材) 13편·외판재(外板材)

---

2) 윤무병, 1988, 「선체 및 유물의 발견상태와 조사과정」, 『신안해저유물』 종합편, 문화재관리국, pp. 89~90.

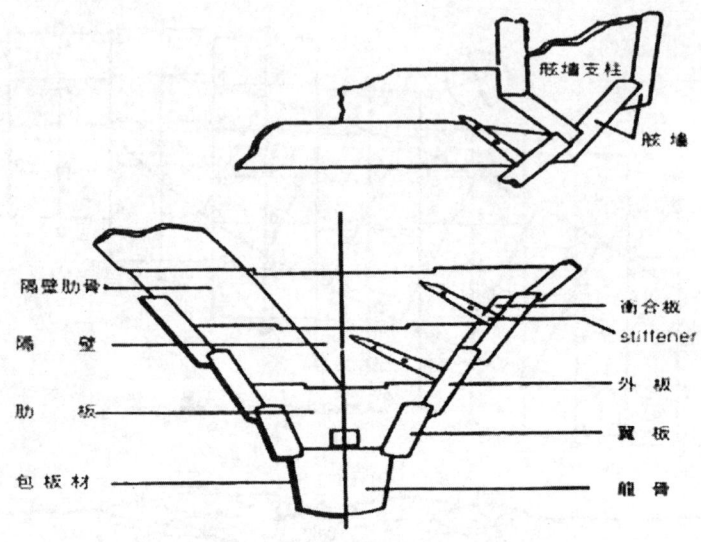

<그림 6> 신안선 선체 부재별 명칭

182편・격벽재(隔壁材) 63편・격벽늑골(隔壁肋骨) 17편・선수판(船首板) 12편・충합재(衝合材, 연결보강판) 41편・늑골판(肋骨材) 3편・양상측판(梁上側板) 7편・현장지주(舷墙支柱) 4편・장좌(檣座) 17편・수조(水槽) 28편 등이다.<그림 6>

이들 부재를 종합하여, 전체적인 구조를 크게 선저구조(船底構造), 격창구조(隔艙構造), 외판구조(外板構造), 갑판연측구조(甲板緣側構造), 선수・선미구조(船首・船尾構造), 기타 구조물 등으로 구분하여 살펴보면 아래와 같다.3)

---

3) 신안선의 구조에 대한 연구는 김재근이 주로 다루었지만 본 고에서는 실제 보존처리를 담당하면서 정확한 구조를 연구한 아래의 논문에 준하여 간단하게 고찰하였다. 김용한, 1993, 「신안해저 인양 침몰선의 구조연구」, 영남대학교 석사학위논문, pp. 13~26.

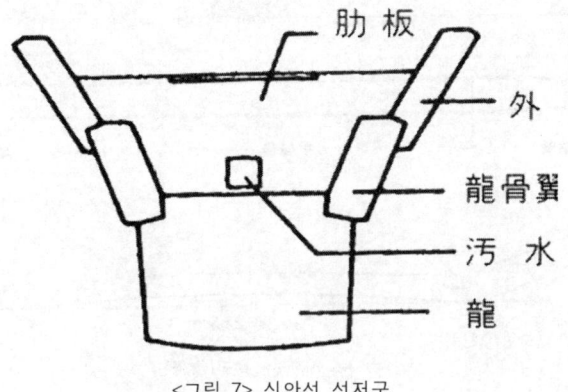

<그림 7> 신안선 선저구

첫째, 선저구조를 보면, 신안선은 첨저형 단면구조의 선박으로서 선저부에는 초강력부재인 초대형 방형용골이 격창판·외판의 기초가 되는 늑판·익판과 함께 선저구조를 이루고 있다. <그림 7>

용골은 인체의 척추와 같은 것으로 선박의 가장 아래 부분으로 선체를 받치는 중요 골격이라고 할 수 있다.

구성은 2~3개의 큰 나무로 구성되는데, 신안선 용골의 척도는 전용골(全龍骨, 艄柱)[4] 6.79m, 주용골(主龍骨) 11.27m, 미용골(尾龍骨) 8.44m의 길이였으며, 주용골과 미용골의 단면은 사각단면의 형태였으며, 전용골은 앞쪽 끝[前端] 쪽으로 점점 좁아지는 역삼각형에 가까운 사다리꼴 모양으로, 물을 가르기에 편리하게 만들어져 있었다. 용골의 결합방식은 엇거리이음

---

4) 전용골(全龍骨)을 중국에서는 수주(艄柱)라 하여 용골로 보지 않고 따로 구분하였다. 하지만 우리 나라 학자들은 용골의 앞 부분을 나타내는 전용골로 분류하였다. 용어상의 차이가 다소 있지만 용도에 대한 해석은 같기 때문에 혼용하여 사용하고자 한다. 김용한, 1993, 앞의 글, p. 14.

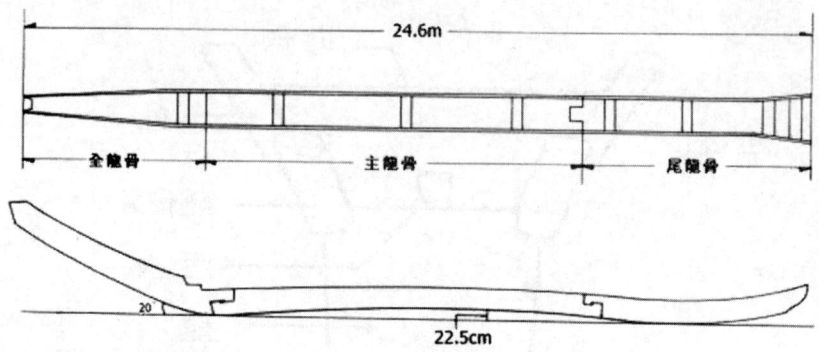

<그림 8> 신안선 용골(龍骨)구조

방식으로 결합하였다. 또한 용골의 보수공에 동경과 동전이 들어 있었는데, 이에 대한 사항은 금속유물 부분에서 다루었다.<그림 8>

늑판은 용골의 상단에 19cm 내외의 홈이 8군데 일정한 간격으로 얕게 파져 있는데, 이 곳에 선미판과 늑판이 안치되었다. 그 판의 상면 중앙에는 3cm 정도의 깊이로 홈이 한쪽으로 파져있는데, 이는 상부의 격벽판을 순접(榫接)으로 접합시키기 위한 것이다. 늑판의 하부에는 1~2cm를 남기고 일변이 11~12cm 정도인 정방형 구멍이 관통되어 있다. 이 구멍은 선저의 물을 흐르게 하는 유수공(流水孔)으로 보인다.<그림 9>

용골익판은 용골좌우 상연부에 L자형의 깊은 홈을 두어 선저의 두꺼운 판인 익판을 놓을 수 있게 만들어져 있다. 익판은 18cm 내외의 두께이다.

둘째, 격창구조는 인체의 갈빗대에 해당하는 것이다. 즉 선체의 골격을 이루는 주요 부재로서 선형을 결정해주며, 선체의 부분적 강도는 물론 배 전체의 강도에 지대한 영향을 미친다. 신안선에는 7개 구간의 격벽이 시설되어 7격벽 8창의 구조로 되어 있다. 격벽은 선저구조인 늑판에서부터 상부 갑판에 이르는 7~8단으로 미끄럼을 방지하기 위해서 순접과 장부측 이음방

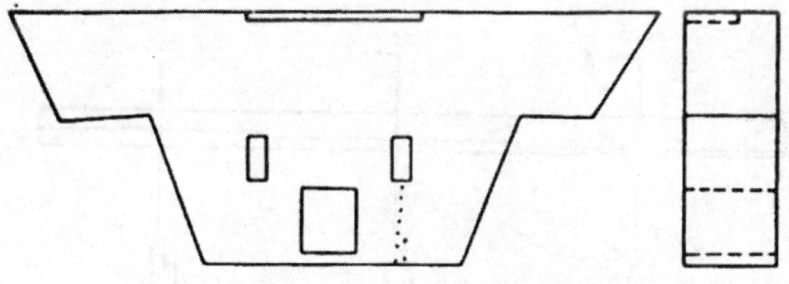

<그림 9> 신안선 늑판(肋板)

식을 하고 있다. 격벽재의 두께는 11~12cm이다. 고착은 전·후면에 각형
의 못자리 홈을 파고 수직방향으로 정을 때려 박고 외판에서는 3~4개의
정을 박았다. 또한 격벽의 전후방향으로 움직이는 것을 방지하고, 외판과의
결착력을 높이기 위해 기준면 쪽 외판재 각 단마다 10cm×10cm 내외의
사각구멍을 만들어 격벽스티프너(Bulkhead Stiffener)를 꽂고 못으로 격벽과
고착시켰다. 기준면의 반대 측은 늑판의 상단에서부터 좌우 1개씩 격벽늑골
을 외판재와 연하여 구조하였다.

셋째, 외판구조로 외판이란 인체의 피부 즉 외피에 해당하는 부분이다.
신안선의 대표적인 특징은 외판의 구조가 홈붙이 클링커식 이음의 단판구조
라는 점이다. 이것은 외판재의 하단 내측에 L자형의 홈을 파고 그 홈에
다른 외판재의 상단에 붙여 나가는 방식이다. 판재에 홈을 주어 연결함으로
서 연결부의 접촉면을 넓게 할 수 있어 방수기능을 높이는 효과를 볼 수
있었다고 생각된다. 하지만 선수부분은 평접상태로 전환되어 결구되었다.
외판에는 동유회를 이용하여 틈새를 메우고 방수방법으로 사용하였다. 그리
고 해수와 접촉되는 선각부(船殼部, 선체의 바깥 부분) 즉 용골, 외판의
외면에 두께 1.5cm 내외의 삼목 포판재가 치밀하게 부착되었다. 이는 해충

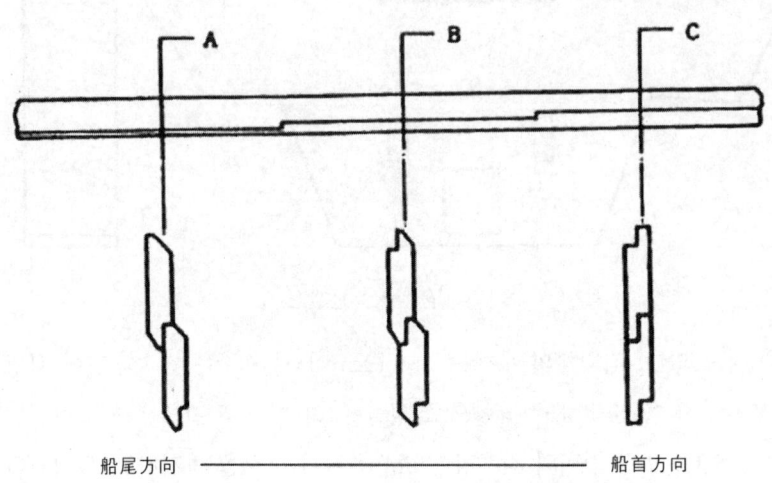

<그림 10> 신안선 외판(外板) 접합방식의 전환

으로부터 선체를 보호하기 위한 기능이며, 갑판연측부의 물길에도 포판이
설치되었다.<그림 10>

　네째, 갑판연측구조로 격벽의 최상단 모서리에서 갑판재·현측외판·양
상측판·현장·현장지주 등이 연결되는 구조를 일컫는다. 또한 신안선의
선형 연구에 있어서 선체의 형심과 흘수의 척도를 얻는 근거가 되므로 대단
히 중요시된다.<그림 11>

　다섯째, 선수·선미구조는 평판형 선수와 각형 선미구조를 가지고 있다.
선수는 선현재가 마감되는 배의 최전단부로서 항해할 때 물을 가르는 역할
을 한다. 신안선의 선수는 수주(艏柱) 및 평판선수재로 구조된 위는 넓고
아래는 좁은 형태이다.<그림 12> 선미는 전통적인 동양식 각형의 트렌섬

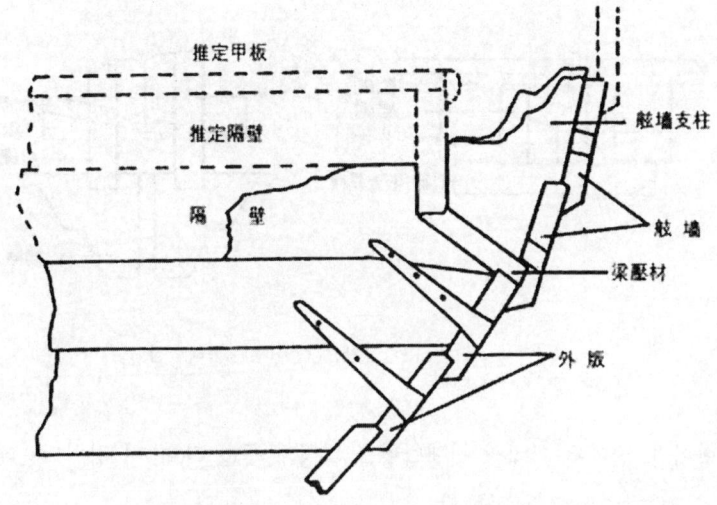

<그림 11> 신안선 갑판연측구조(甲板緣側構造)

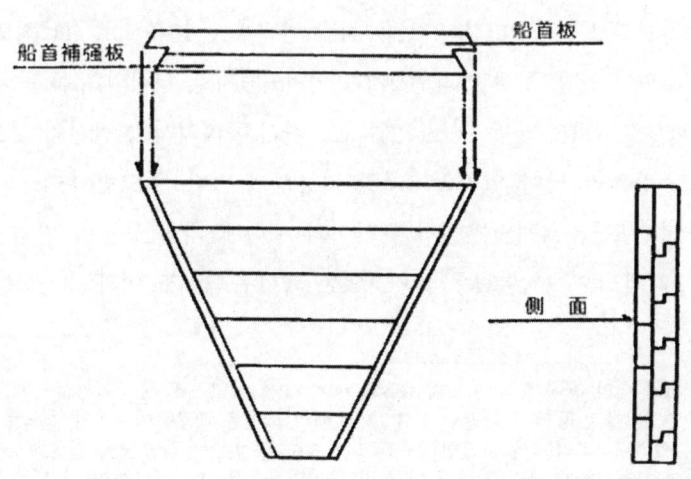

<그림 12> 신안선 선수(船首)판재

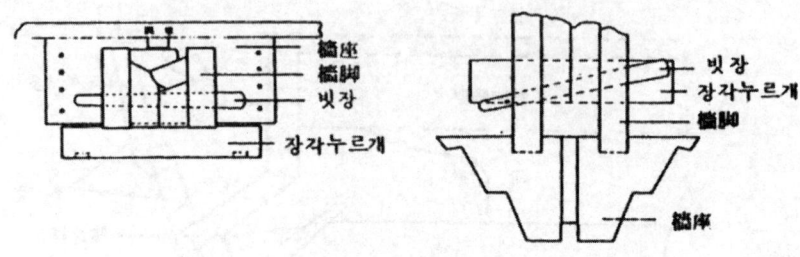

<그림 13> 신안선 장좌(檣座;돛대받침)

형이다. 선미에는 배의 진행방향을 결정해 주는 타(舵)가 장치되는데 신안선의 타는 인양되지 못했다.

여섯째, 기타 구조물들을 들 수 있다. 장좌는 돛대 받침으로 2개가 확인되어 신안선이 범선임을 알게 해준다. 1기는 4격벽의 전면에 직립하여 위치하며 본장이라고 할 수 있다. 2기는 7격벽 전면에 선수 쪽으로 11°정도 기울게 구조되어 있다. 돛대 받침은 2개가 확인되었지만, 당시의 모든 중국 배는 일반적으로 3개의 돛을 갖고 있었다고 한다.5) 따라서 신안선의 돛도 2개 부분의 흔적만 남아 있지만 3개일 가능성이 많다. <그림 13>

물통[水槽]은 4격벽과 5격벽 사이의 우현에 대형 물통이 발견되었다. 원양항해에 있어 물은 필수적인 것으로, 좌현부 쪽에도 이와 대칭되는 시설

---

5) 필자가 이와 관련 중국 현지자료조사(2002. 12)를 하였는데, 중국혁명군사박물관·등주고선박물관 등에서 관찰한 고대 중국 배의 모형은 대부분이 3개의 돛으로 이루어져 있었다. 그리고 등주고선박물관의 원효춘 과장은 봉래고선을 발굴하는데 직접 참여하였는데, 원나라 전선인 이 선박도 돛대가 3개이며, 신안선의 인양 상태는 2개의 돛대자리가 있지만 1개의 돛이 더 있었을 것이라는 의견을 나타냈다.

<그림 14> 복원 완료된 신안선

이 있었을 것이다.

그리고 위에서 보이는 신안선의 구조를 가지고 신안선을 복원하였을 때, 복원규모는 최대길이 약 34.80m, 최대너비 약 11m, 형심중앙부(形深中央部)약 3.75m, 적재중량 약 200ton 정도로써 당시로서는 상당히 큰 무역선이었다.<그림 14>

2) 중국선과 신안선의 선형

중국의 선박에 대한 역사는, 기원전부터 뗏목과 통나무배 등을 시발로 이른 시기에 시작되었다. 이러한 선박의 역사에 있어서 선형도 지역에 따라 다양하게 발전되었다. 특히 항주만 북쪽의 항구와 연해항로는 수심이 얕고 사퇴(沙堆)가 많으므로 평저형이 많고, 항주만 남쪽은 연해의 수심이 비교적 깊고 만이 좁고 길며 도서가 많으므로, 첨저형의 선박을 건조하여 사용하였다.

중국의 유명한 4대 해선은 사선(沙船)·조선(鳥船)·복선(福船)·광선(廣船)으로 분류되며, 사선과 복선이 가장 많이 이용되었다. 사선은 상해의 숭명도(崇明島)에서 가장 일찍 만들어졌는데, 숭명도는 해사가 잘 형성되어 숭명사(崇明沙)라 하고, 이 곳에서 만들어진 선박을 사선이라고 부르게 된 것이다. 방두(方頭)·방초(方梢)의 평저선의 조형은 은주시기까지 소급할 수 있으나 당에 이르러 정형화 되었으며, 송대에는 방사평저선(防沙平底船), 원대에는 평저선, 명대에는 사선이라고 불렀다.

복선은 복건성 각 지역에서 건조된 배의 총칭이다. 중국 해선 중에서 원양항해에 가장 우수한 선형으로 송시기에 활발하게 이용되었다. 구조는 선저에 용골이 시설되며, 높기가 누와 같고 선수와 선미가 솟아 있다. 선수는 좁고 선미는 넓으며, 양측에 호판이 있고 선창은 수밀격벽으로 결구되었다. 첨수(尖首)와 첨저(尖底)는 파랑을 헤치는데 유리하며, 첨저와 깊은 흘수는 안정성이 좋고, 타에 의한 조종이 용이하며, 좁은 해로와 암초가 많은 해역의 항해에 편리하다. 유사한 선박으로 광선과 절선(浙船)이 있다.

이와 같은 대표적인 두 선형을 보면, 신안선은 후자에 속하는 복선의 특징을 갖고 있다. 따라서 신안선은 복선의 형태를 갖춘 원대의 무역선으로 보는 것이 타당하다고 보여 진다.[6] 물론 출항지인 영파지역도 중국남부에 해당되기 때문에 선형도 복건성의 특징을 지닌 해양무역선임이 확실하다.

---

6) 김용한, 1993, 앞의 글, pp. 27~29.

3. 천주만 송대해선의 구조와 인양유물 고찰

1) 천주만 송대해선의 구조와 인양유물

신안선에 대한 정확한 구조 및 용도를 이해하는데 가장 중요한 근거 자료가 되는 것은 중국 복건성 천주시 후저항에서 1974년에 인양된 천주만 송대해선이다. 두 선박을 비교하여 당시의 선박구조 및 인양유물을 통하여 무역관계를 살펴 볼 수 있을 것으로 보인다. 물론 신안선과 비슷한 시기에 제작된 원대 전선이 출토되기도 하였지만,[7] 선박의 특성상 비교대상에서 제외한다. 그리고 이 선박의 인양지점은 산동성 봉래지역으로 선형에 있어 약간 다른 평저형의 특징을 갖고 있다.

따라서 천주만 송대해선의 구조와 인양유물을 통하여 신안선 구조와 유물의 비교가 가능하며, 송원시기 선박과 무역품의 이해를 통하여 당시 국제무역의 흐름을 살필 수 있을 것이다.

천주만 송대해선이 인양된 천주는 중세 해상무역을 대표하는 지역으로 복건성 남부해변에 위치한 고성지역이었다. 처음 성을 축조할 때 성주위에 자동수(刺桐樹)[8]를 심어서 예전부터 자동성으로 불렸다. 천주항은 항만이 교체하고 수심이 깊어서 내지와의 수륙교통이 대단히 편리하여 예전부터 해외교통의 중요 항구의 하나였다. 6세기 남조시대부터 천주를 통해서 국외

---

7) 蓬萊古船與登州古港編審委員會, 1989, 『蓬萊古船與登州古港』, 大連海運學院出版社.
8) 두릅나무과에 속하는 갈잎큰키나무로 키는 20m안팎으로 줄기는 날카로운 가시가 많으며, 잎은 염통꼴인데 손가락 모양으로 7~9 갈래로 째지고 잎자루는 길다. 우리나라에서는 엄나무라고 한다.

를 왕래하였다는 기록이 남아있는데, 진무제 2년(558)과 진문제 6년(565)에 2차에 걸쳐 인도 승려가 천주에 도착하여 천주 서쪽 인근에 있는 구월산(九月山)에서 『금강경(金剛經)』을 번역하고 후에 배를 타고 말레이반도와 인도로 갔다는 것이다. 이러한 기록을 시작으로, 천주는 외국과의 해상교통을 대표하는 항구가 되었다.

송원시기가 되면 천주항은 서양은 물론 동쪽으로는 일본까지 이르고, 남쪽으로는 남해제국, 서쪽으로는 아랍까지 교역 범위를 넓히게 된다. 송대에는 천주항을 드나드는 국가가 70여 국가에 이르렀으며, 원대가 되면 100여 개 국가가 드나들었다. 당시의 주요 수입품은 향료와 향약이었고, 수출품은 비단과 도자기가 주요상품이었다.[9]

이와 같이 국제무역항이었던 천주만에서 인양된 해선은 당시의 무역품과 선박구조의 고찰을 통해 당시 시대상을 조명하고 국제간의 무역관계를 살피는 작업의 실증적인 자료이다. 이를 표로 작성하면 다음과 같다.

---

9) 許泉, 1978,「泉州海外交通史槪說」,『海交史研究』創刊號, 福建省泉州海外交通史博物館, p. 2~3.

<표 5> 중국 천주만 송대해선의 선체구조와 부속구[10]

구분	명칭	수량	특징
선체관련	용골	2	• 용골은 소나무 계통의 나무를 연접하여 연결함 • 규모 : 전장 17.65m(주용골 12.4m, 선미용골 5.25m, 폭 0.42m, 두께[厚] 0.27m • 수주(선수 부분) 4.5m • 보수공에 동경 및 북두칠성 모양 동전배치
	선체(외판)	다수	• 용골외부 1・2단은 녹나무, 나머지는 삼나무를 이용하여 연접하여 만듦 • 외판의 길이는 최대 13.5m・너비 0.35m, 최소 9.2m, 너비 0.28m • 연결방식은 평접과 탑접(搭接, 엇갈리게 접합)
	선창	13	• 최대너비 1.84m, 최소너비 0.80m • 심도 1.50m~1.98m
	격판과 수밀	다수	• 격판두께 10~12cm・판과 판은 순합(장부맞춤) • 재료는 삼나무와 일부 녹나무(용골부근) • 창과 창 사이는 수밀 • 오수로 가로 12cm, 세로 12cm • 스티프너에 의한 연결 및 철정 사용
	늑골	다수	• 13개 창에 늑골이 모두 녹나무로 제작
	외(桅, 돛대)	2	• 외간좌(돛대받침)는 녹나무로 만듦
	타좌(舵座, 키자리)	1	• 대형의 녹나무로 만듦
선체제작공구	교차축잔편(絞車軸殘段)	1	• 녹나무로 제작・길이 1.40m, 직경 1.35m
	죽람잔편(竹纜殘段)	1	• 길이 48cm, 직경 8cm
	철탑구(鐵搭勾)	1	• 길이 48cm, 높이 5.6cm, 구신(勾身) 7.6cm
	죽척(竹尺)	1	• 길이 20.7cm, 너비 2.3cm
	목추(木槌)	1	• 목제망치로 선상에서 고격(敲擊, 두드림)도구
	목회갈판(木灰刮板)	1	• 선상에서 동유회로 선판의 사이를 메울 때 사용
	착병(鑿柄)	1	• 하단을 다듬은 첨저형을 길이 14cm, 지름 3.5cm로 철착의 자루
	철부(鐵斧)	1	• 높이 12cm, 날 너비 6.2cm, 두께 4.4cm
	정송(釘送)	1	• 길이 16cm, 지름4cm ・방수에 사용

<표 6> 중국 천주만 송대해선 인양유물[11]

구 분	유 물	수량	특 징
1.향료·약물	강진향(絳眞香)		• 선창에서 골고루 발견
	단향(檀香)		• 선창에서 골고루 발견 • 자색과 황색 2종
	침향(沈香)		• 외관상 침향으로 보여짐 • 적은양 출토
	후추(胡椒)		• 도자기에서 안에 들어 있었음
	빈낭(檳榔)	51개	• 출토시 모두 검은색
	두향(乳香)		• 다른 유물과 함께 인양
	용연향(龍涎香)		• 다른 유물과 함께 인양
	주사(硃砂)		• 광택이 있는 붉은 빛의 광물 • 무게 4.6g
	수은(水銀)		• 무게 385g • 상염(爽染)의 진흙에서 발견된 용기에 들어있었음
	대모(玳瑁)	1개	• 가공된 만형(彎形)으로 직경 0.5cm
2.목패·목첨(木簽)		96점	• 목패 33점 • 목첨 63점 • 삼나무로 만듦 • 묵서 88점 • '주고국기(朱庫國記)' 묵서는 화물과 관련된 것으로 보임 • 묵서내용은 지명·화명·인명·기타 ·목패중에 '강사(綱司)'는 신안선에서도 보이는 묵서 내용으로 선장이나 배의 책임자로 보임
3.동전		504점	• 당전 33점• 북송전 358점• 남송전 71점• 잔쇄전 42점
4.도자류	자기편	43점	• 청유(완)·흑유(완·소완)·백유(완)·청백유(완)
	도기편	428점	• 청황유[옹(瓮)·관(罐)·병·발]·장색유(옹·관)·자색유(옹) ·흑유(관)·청유(옹·관·병)
5.동기	발(鉢)	4점	• 입지름 15cm, 두께 0.3cm • 둥그런 입술에 외연은 환상으로 장식하고 허리부분에 화문의 장식이 있음
	작(勺)	1점	• 입지름 14.2cm, 깊이 2.7cm, 두께 0.09cm로 반듯한 구연에 원저 형태로 자루를 부착한 부분에 세 개의 선이 돌기
	뉴(鈕)	3매	• 규형뉴면(葵形鈕面) • 손잡이
	구(鉤)	1점	• 동선으로 만든 만곡형 갈고리
	쇄(鎖)	1점	• 양측면이 요자형 자물쇠 • 길이 11.6cm

구 분	유 물	수량	특 징
6.편직물			• 죽편(18점) • 엽편 • 마대잔편(2점) • 승색(繩索, 줄과 동아줄, 14점) • 등모(籐帽, 7종)
7.목기			• 목제소용기 • 목통장 • 목소과개 • 설형목(楔形木, 쐐기) • 목잠(木簪, 비녀) • 원형목개 • 목색(木塞, 코르크마개) • 소목전(小木栓, 나무못) • 장방형주
8.피혁제품		1점	• 죽편과 함께 인양된 원지름 35cm
9.문화 생활품	장기	21점	• 마·상 등
	인쇄 잔편	1점	• 가로 10cm, 세로 7cm의 모양의 잔칠편에 '차료부생일재(且了浮生一載)'가 연속적으로 새겨져 있고, .제 2층위에 '계남문(谿南聞)', '천(天)', '왕(王)' 등의 글자가 해서체로 1cm의 크기로 새겨짐
10.장식품	산호주	1점	• 홍색의 산호구슬로 원지름 0.5cm, 높이 0.35cm
	파리주	1점	• 유리구슬로 편원형(扁圓形)으로 원지름 0.3cm, 높이 0.3cm
11.과핵각		80점	• 도(桃) • 이(李, 오얏나무 열매씨) • 양매(楊梅) • 행(杏) • 감람(橄欖) • 여지(荔枝) • 주로 중국남부와 동남아시아에서 산출되고 선원의 식용
12.패각· 산호			• 패각(2,000여점) • 백산호 14.9g
13.동물골격			• 저골(猪骨, 19점) • 양골(羊骨, 8점) • 구골(狗骨, 2점) • 서골(鼠骨, 38점) • 어골·조골(魚骨·鳥骨, 9점) • 기타 선체부착생물
14.기타			• 유리·황색유기질·역석(礫石)·광석 등

위의 <표 5·6>은 중국 복건성 천주만에서 인양된 천주만 송대해선의 선체 및 유물을 정리하여 표로 작성한 것이다. <표 5·6>에서 보는 바와 같이, 선체 및 인양유물은 신안선과 많은 부분이 일치고, 선체는 개흙 속에 묻혀 있었다.<그림 15>

---

10) <표 5>의 작성은 아래 보고서를 참조하였음.
   福建省泉州海外交通史博物館編, 1987, 『泉州灣宋代海船發掘與研究』, 海洋出版社, pp. 16~23.

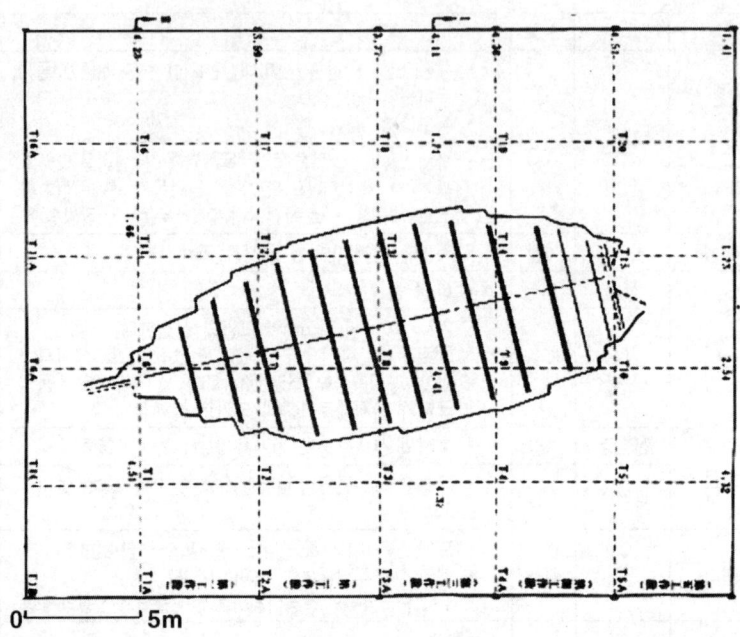

<그림 15> 천주만 송대해선 매몰 평면도

이를 신안선과 관련하여 몇 가지로 분석하여 보면 아래와 같다. 첫째, 선체의 구조적 특징의 유사성이다. 두 선체는 첨저형으로 제작된 중국 복건 지역에서 제작된 특징을 지니고 있다. 또한 건조과정에서 용골부분에 '보수 공'이 있다는 점이 동일하다. 즉 동전을 북두칠성 모양으로 배치하고 더불어 동경을 배치하여 선박의 무사항해와 안녕을 기원하였다는 공통점이 있다. 보수공에 있던 동전은 보수공 전면의 작은 구멍에 철전(鐵錢)이 한 점 있었 는데, 표면에 나뭇잎모양이 남아 있고 뒷면은 문양이 없었다. 보수공 후면에 는 동전이 13개가 있었는데, 북송시기의 동전으로 상부원보(祥符元寶) 2

---

11) <표 6>의 작성은 아래 보고서를 참조하였음.
福建省泉州海外交通史博物館 編, 1987, 앞의 글, pp. 24~52.

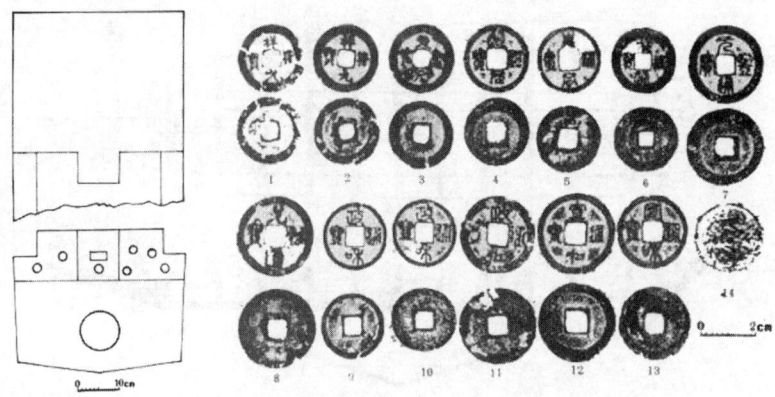

<그림 16> 천주만 송대해선 보수공과 출토 동전

개·천성원보(天聖元寶) 1개·명도원보(明道元寶) 1개·황송통보(皇宋通寶) 1개·원풍통보(元豊通寶) 1개·원우통보(元祐通寶) 2개·정화통보(政和通寶) 3개·선화통보(宣和通寶) 2개 등이 배치되어 있었다. 신안선에는 태평통보(太平通寶)가 7개 배치되어 동전의 종류는 다르지만 형식면에서는 같은 형태를 갖추었다.<그림 16>

격창구조는 같지만 칸의 간격과 격벽과 격창은 숫자가 다르다. 천주만 송대해선은 12격벽 13창의 구조를 갖추었고,<그림 17> 신안선은 7격벽 8창을 갖추고 있다. 창과 창 사이에는 오수로인 직사각형의 구멍이 있고, 수밀법은 동유회를 사용하였다. 그리고 격벽은 스티프너로 연결하고 철정으로 고정하였다. 하지만 외판은 다중판으로 단판인 신안선과 다르다.

수종은 다소 차이가 있는데, 신안선은 용골과 외판 등에 주로 마미송을 사용하였고, 현장지주에 녹나무를 사용하였다.[12] 반면에 천주만 송대해선

---

12) 김병근·김익주·양순석, 2001,『바다에 빠진 배·유물처리 -침몰 배와 유물 보존처리 성과전-』, 국립해양유물전시관, pp. 19~20.

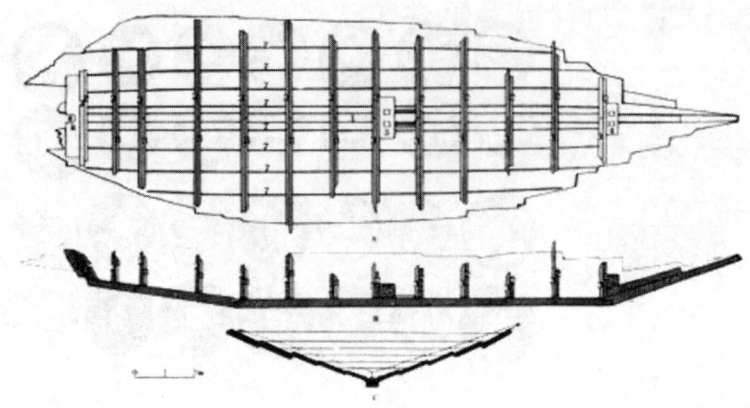

<그림 17> 천주만 송대해선 평면도 · 단면도 · 측면도

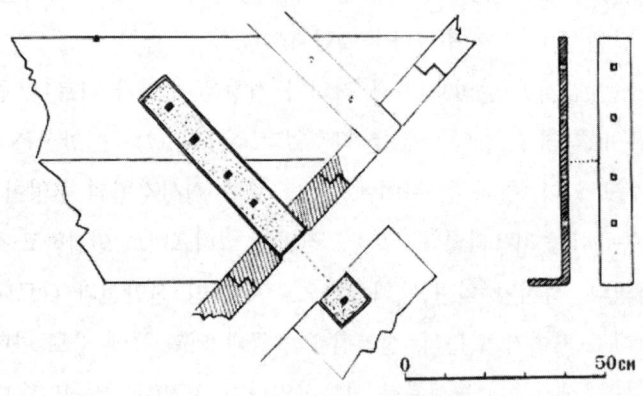

<그림 18> 천주만 송대해선 결구 방식

은 용골 부분은 소나무를 사용하였지만 여타 구조는 주로 녹나무와 삼나무를 이용하였다. 시대적인 차이로 있어서 목재가 약간 다르게 사용되었을 가능성이 있지만, 중국 남부지방에서 생장하는 목재가 이용되었음을 알 수 있다. 그리고 여타 선체의 구조는 거의 동일한 방법으로 제작되었다.<그림 18>

둘째, 선적유물이 많은 부분에서 일치한다는 것이다. 이 두 선박에 적재된 유물은 몇 종류만 다를 뿐 거의가 동일하다. 물론 선적 양과 시대적 차이는 있지만 당시의 해외무역에 대한 자료를 고찰하기에 충분한 근거 자료가 된다고 하겠다. 천주만 송대해선은 약재가 주요 물품이지만, 신안선은 도자기와 동전이 주를 이루는 선적유물이다. 그리고 선원 생활용구 중에서 장기가 천주만 송대해선과 신안선에서 함께 인양되었는데 형식에 있어서 약간의 차이가 있다. 신안선에서 인양된 장기는 일본인이 사용하던 일본식인 반면에, 천주만 송대해선은 중국식 장기의 형태를 갖추었다. 이는 승선인원 파악을 용이하게 하는 것으로, 신안선에는 일본인이 상대적으로 많이 승선하였음을 짐작할 수 있다.<그림 19>

당시 무역품으로 가장 활발한 거래가 이루어졌던 도자기는 신안선에서 20,000여 점이 인양된 것에 비하여, 천주만 송대해선은 1,000점 미만으로, 수량 면에서 비교가 되지 않는다. 동전 또한 신안선은 800만개가 인양되어 500여 점에 지나지 않은 천주만 송대해선과 수량에 많은 차이가 있다. 향료 약물이 여러 종류 인양되었는데, 신안선은 종류가 다양하지 않았다. 인양유물 중에서 가장 큰 차이를 보이는 것은 신안선에서는 많은 양을 차지하였던 자단목이 천주만 송대해선에서는 소량이었으나, 패각·산호·동물골격은 상당량 인양되었다는 차이가 있다. 인양유물 중 용연향은 고래의 장의 분비

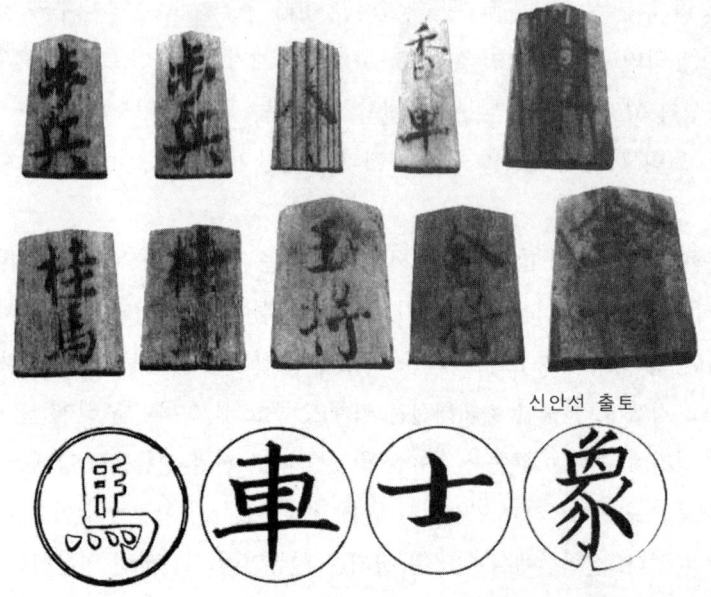

신안선 출토

천주만 송대해선 출토

<그림 19> 신안선과 천주만 송대해선 장기(將棋) 비교

물로 만든 향료의 일종으로, 아랍과 중국과의 교역을 보여주는 증거[13]로써, 천주만 송대해선이 동남아시아를 항해하는 무역선이었음을 짐작할 수 있다.

신안선과 천주만 송대해선은 인양유물의 수량적인 차이는 있지만, 선적 유물의 종류와 성격은 송원시기 해외 무역선의 특징을 잘 표현하고 있다. 기타유물의 종류가 다양하게 인양되기는 하였지만, 수량 면에서는 신안선이 훨씬 많이 인양되었다.

셋째, 목패에 보이는 공통된 묵서의 내용이다. 묵서에 보이는 '강사(綱

---

13) 趙正山, 1978, 「參加泉州古船出土香藥鑒別記」, 『海交史硏究』 創刊號, 福建省泉州海外交通史博物館, p. 62.

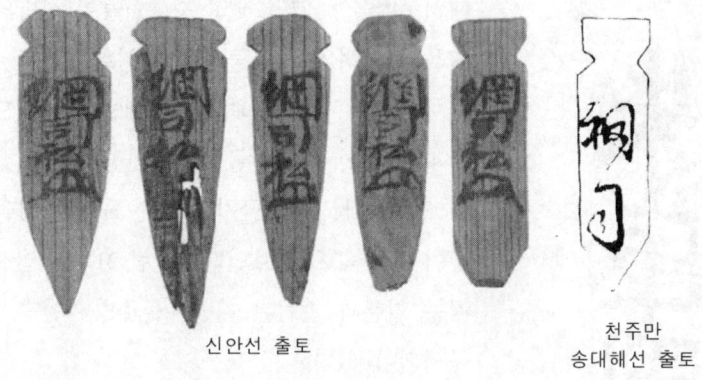

신안선 출토

천주만
송대해선 출토

<그림 20> 신안선과 천주만 송대해선 「강사(綱司)」명 목패

司)'라는 직명은 중국의 선장과 선단주를 겸한 인물로 추정된다.<그림 20>
따라서 신안선의 선주나 선장이 중국인을 가능성을 보여주는 증거가 될
수 있을 것으로 보인다. 이는 기존의 일본선단이 중국 배를 구입하여 선단을
구성하였다는 것과 배치되는 사실로써, 이 후 좀더 많은 논의가 이루어져야
할 것으로 보인다. 즉 중국선단과 선장이 주축을 이루는 무역선에 일본의
무역관계를 담당하는 단체나 개인이 승선하여 사무역을 하였음이 틀림없는
것으로 판단된다. 이는 신안선에서 인양된 '강사'라 목패에는 '사(私)'라는
글자가 추가되어 있는 점으로 미루어 보아서도, 선장이나 선단이 사사로이
무역품을 취급하였을 가능성은 충분하다고 하겠다.

그리고 중국에서 선장을 '강수(綱首)'라고 불렀다면, 일본 명의 상인을
기록한 목패가 포함되어 있는 것은 신안선에 많은 일본인이 무역선단의
구성원으로 승선하였다는 근거가 된다. '강사'는 하카다 등에 거주하였던
중국계 무역상인으로 볼 수도 있다.[14] 이는 당시에 일본 규슈지방을 근거로

<그림 21>
천주만 송대해선 출토
「주고국기(朱庫國記)」명
목패

해외무역을 하였던 재일 중국인들이 선박의 운영권을 확보하였을 가능성을 제시한다.

이외 천주만 송대해선의 목패는 대체적으로 중국과 관련된 지명·물품명·인명 등으로 묵서되어 있었는데, '주고국기'이라는 묵서는 화물과 관련이 있는 것으로 보인다.<그림 21> 신안선의 목패는 일본과 관련된 지명·물품명·인명 등으로 묵서되어 있다.

넷째, 신안선과 천주만 송대해선은 문헌자료에만 의존하던 중세 중국의 해외무역에 대한 한계에서 벗어나, 실증적인 유물을 통한 고찰이 가능하게 되었다는 점이다. 따라서 천주만 송대해선과 인양유물의 종합적인 검토는 신안선과의 시대적 편년 및 역사발전에 따른 무역품의 변화 등을 고찰하는 중요한 근거자료이다.

다섯째, 천주만 송대해선 연대를 살펴보면, 인양선체의 선형 및 구조적 특징·지층퇴적 상황·인양유물·침몰상태에 대한 분석결과, 천주만 송대해선은 남송말기에 제작되었고, 침몰은 함순 7년(1271) 이후의 수 년 이내로 추정되었다.[15] 신안선의 침몰연대인 지치삼년(1323)과 비교하면, 약 50여 년의 편년차이가 있다. 당시의 시대흐름이나

---

14) 小野正敏, 2002, 「日元貿易のタイムカプセル韓國·新安沈沒船」, 『アジアの海-沈沒船が語る中世交流史-』, 國立歷史民俗博物館, p. 18.
15) 福建省泉州海外交通史博物館 編, 1987, 앞의 글, pp. 53~54.

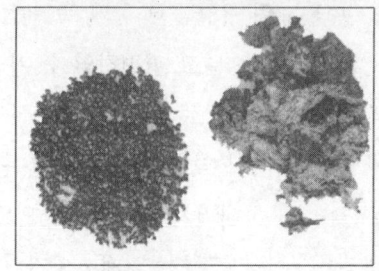

<그림 22>
신안선과 천주만송대해선 출토 후추[胡椒]
신안선 출토(위)
천주만 송대해선 출토(아래)

선박 건조기술의 발전 등을 고려하면 커다란 변혁에 의한 선박건조 기술혁
신이 이루어지지 않는 한 복건성을 중심으로 한 선박건조 기술은 원시기까
지 이어졌을 것으로 보인다. 몽고족이 유목민으로 해양과 관련된 뛰어난
기술을 갖고 있지 못하기 때문에 이전의 송나라 선박제조 기술을 답습하였
을 가능성이 있다. 따라서 두 선박은 중세(13~14세기) 해양항로와 국가
간 무역의 흐름을 이해하는 중요한 자료가 된다.

　여섯째, 천주만 송대해선에서 인양된 유물 중 중심을 이루는 것은 향료약
물로 당시에 가장 중요한 무역품이었고,<그림 22> 다음으로 도자기가 많
아 중요한 교역품임을 알 수 있다. 하지만 인양된 유물을 한정하여 보면,
신안선은 도자기와 동전이 무역품의 가장 큰 비중을 차지하고, 자단목이
그 다음을 이루고 있다.

2) 천주만 송대해선의 종합적인 검토

위의 상황을 종합할 때, 천주만 송대해선의 연대에 대한 문제는 해선의 남아 있는 선체 이상의 퇴적상황·선형·결구특징·격창에서 출토된 유물과 침몰환경 등을 종합할 때, 남송임이 밝혀졌다.

선박 발굴시 지층은 3층으로 이루어져 있었는데, 선박은 맨 아래 층위에서 송대 관련 유물들과 함께 층위를 구성하였다. 선박의 선형은 첨저형이고, 선체의 몸체는 넓고 편편하였다. 평면은 타원형에 가깝고 선미는 방형이다. 외판은 2·3중으로 결구하였고, 선체 내부는 12격벽 13창이고, 1창과 6창에 돛대 받침이 있었다. 길이와 폭은 적고, 선저는 뾰쪽하며, 선미는 방형으로 격창과 돛대가 많다. 다중판으로 결구되어 있는데, 이는 송대 해선의 특징이다. 그리고 향료약재·도자기·동전·목패·목첨과 인쇄품 잔편 등을 분석한 결과 천주만 송대해선은 송대에 건조된 것이 확실하였다. 발굴된 선체의 크기는 전장 24.20m, 너비 5.15m였다. 천주만 송대해선을 복원하였을 때의 척도는 전장 34.55m, 폭 9.9m, 깊이[型深] 3.27m, 선수부 높이 7.98m, 선미부 높이 10.5m, 만재흘수 3m, 방형계수 0.43~0.47m, 배수량 374톤·적재중량 약 200톤이다.[16]

이와 같이 천주항은 6세기의 남조시기부터 교역이 이루어지기 시작한 이래, 각국과 교역이 진행되면서 9세기가 되면 항구의 중요성이 한층 더 고조되고, 송원시대가 되면 세계무역의 중심지가 된다. 이는 발굴을 통한 천주만 송대해선과 출토 향요약물이 잘 보여준다. 이외에 외국과의 교류를 보여주는 자료들은 천주고성 및 근교에 있는 많은 유적들이다. 1009년에

---

16) 김재근, 1980, 『배의 역사』, 정우사, p. 100.

건축된 이슬람교 청진사(淸眞寺), 1228년에 건축된 천주 개원사 동서탑(開元寺 東西塔), 원대에 만들어진 야행정탑(夜航灯塔, 등대)·육승탑(六勝塔) 및 기타 유적들이다.[17] 그리고 천주항을 통해 수출된 주요 무역품은 사(絲)·도자기·차였다.[18]

4. 소결

신안선은 발굴과정 초기에 국적 및 유물성격을 비롯한 기타사항에 대한 여러 가지 의견이 분출되었다. 고려선박일 가능성에서부터 중국선박 혹은 일본선박이라는 설이 다양하게 제시되었다. 최종 발굴 및 이후의 연구 결과, 선체는 중국에서 제조되었음이 판명되었다.<그림 23> 이는 당시 중국에서 많이 제작되었던 용골을 갖춘 첨저형이라는 특징이 있으며, 용골 중간에 북두칠성 모양으로 배치한 동전과 동경은 전통적으로 중국에서 선박의 무사와 안녕을 기원하기 위해 제작하는 방법이었다. 천주만 송대해선도 신안선과 동일한 형태의 구조를 갖추고 있어, 중국선박이라는 확실한 비교자료가 되었다. 중국 송대의 천주만 송대해선을 고찰한 결과, 신안선 보다 앞선 시기의 선박이지만 선체의 구조와 적제유물의 종류가 많은 부분이 일치하고, 복건에서 건조된 선박으로 신안선과 동일한 계통임을 확인하였다. 특이한 것은 천주만 송대해선은 중요 적재물이 한약재로 보이는데, 주로 동남아시아를 대상으로 한 무역의 성격이 많았다. 당시 무역품 중에서 가장 많은 수량을 차지하는 것이 도자기였는데, 천주만 송대해선에서 인양된 도자기는

---

17) 厦門大學歷史系, 1985, 「泉州港的地理變遷與宋元時期的海外交通」, 『文物』第 10 期, pp. 22~23.
18) 莊爲璣, 1981, 「泉州三大外銷商品-絲·瓷·茶-」, 『海交史研究』第 3期, 福建省海外交通史博物館, pp. 104~111.

신안선과는 비교가 되지 않을 정도로 적었다. 이는 무역선의 성격이 지역과 시대에 따라 약간씩 차이가 있다는 사실을 보여준다.

신안선 선단의 주 구성원은 일본인이라는 사실도 거의 판명되었다고 하겠다. 목패에 묵서되어 있는 지명과 인명이 이를 뒷받침한다고 하겠다. 하지만 중국선박을 일본인들이 어떠한 경로로 소유 내지는 임대하였는지에 대한 연구가 후속되어야 한다는 문제점이 있다. 이는 재일 중국인의 활동과 연관성이 있을 것으로 보인다. 또한 몇몇 유물에서 고려유물로 보이는 것들이 함께 인양됨으로써, 어떤 경로로든 고려인이 승선 내지는 중개무역에 종사하였다고 생각된다.

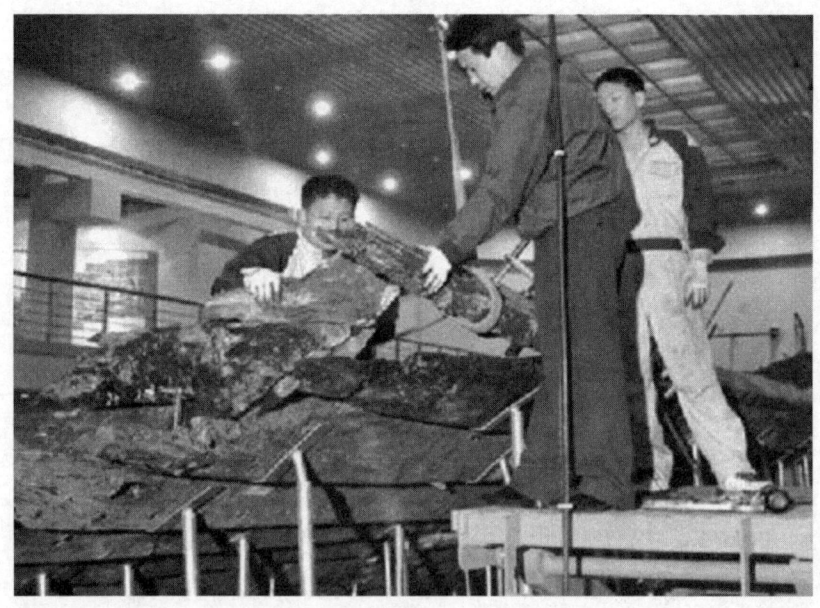

<그림 23> 신안선 선체 조사과정

V. 신안선과 송원시기의 조선업 발달

송원대는 이전 시대에 비하여 중국 상선의 해외무역이 증가하고 발전을 가져 온 시기였다. 해외무역의 발전에 있어서 선박의 역할이 중요한 몫을 담당하였다고 할 수 있다. 물론 앞장의 신안선과 천주만 송대해선에서 살펴본 바와 같이, 다양한 무역품을 적재한 상선의 의미는 파악되었다. 하지만 선박의 정확한 규모와 선박크기를 나타내는 단위 등에 대한 소개는 미흡하였다. 따라서 이 장에서는 송원시기 중국범선의 크기는 어느 정도였고, 선박에 사용되는 '요(料)' 규격은 어떤 단위를 나타내고, 원양항해는 어떻게 이루어졌으며, 그것이 해외무역에 어떤 영향을 주었고, 동시에 국가정책은 어떻게 적용되었는지 등을 고찰하고자 한다.[1]

---

1) 陳希育, 1991, 『中國帆船與海外貿易』, 廈門大學出版社, pp. 35~49.
   송원시기의 범선과 해외무역의 발달에 대한 사항은 진희육의 글을 일부 참고하여 요약 정리하고, 다른 자료를 보충하였다.

1. 선박제조 기술의 발달

당송 이래 중국의 경제중심지는 계속 남쪽으로 이동하였다. 상품경제의 발전과 동남연해지역의 인구 증가에 따라, 인구가 사회에 미치는 압력도 커졌다. 해변에 사는 주민의 많은 수가 바다로 나가 무역에 종사하거나 해외로 이주하였다. 또한 사회적 요구와 경제 발전은 송원시기의 선박발달에 많은 성과를 가져왔다.

이러한 역사발전의 흐름 앞에서 송원시기의 통치자들은 당 이전 관에서 조선을 독점하여, 민간조선을 제한하고 금지하던 소극적인 정책을 변경하여 비교적 유연한 태도를 취하였다. 이 시기에 민간의 조선업을 위축시키는 정책을 펴지는 않았다. 반대로 관에서 민간의 조선에 대한 장려와 투자에 관한 기록이 많이 남아 있다. 사회적인 요구와 정부의 지원이 뒷받침되자, 송원시기 민간 조선업은 발전의 토대가 확립되었다.

이 시기의 조선수량과 조선기지는 당대에 비하여 뚜렷한 증가를 보인다. 강서(江西)·호북(湖北)·호남(湖南)·사천(四川)·화북(華北) 각지에서 조선을 하였고, 조선기지는 동남연해의 각 지역에 보편적으로 분포되었다. 양절성(兩浙省)의 명주(明州)·온주(溫州)·월주(越州)·태주(台州)·엄주(嚴州)·수주(秀州)·소주(蘇州)·송강(松江)·진강(鎭江)과 복건성(福建省)의 복주(福州)·천주(泉州)·장주(長州)·흥화(興化)지역 등이다. 그리고 광동성(廣東省)의 광주(廣州)·혜주(惠州)지역도 조선이 활발하게 이루어졌다.

이렇게 조선업이 해안지방을 따라 발전하면서, 복건·절강과 광동의 조선업은 원양상선을 제조하는 중심지가 되었다. 송대에 "해주(海舟)는 복건의 것이 제일이다"라는 말이 있었다.[2]

앞장에서 살펴 본 천주만 송대해선은 송대 말기의 선박으로 동남아지방을 중심으로 무역을 하였던 중형상선이라는 것을 고찰하였다. 이 선박은 용골을 연접한 곳에 7개의 작은 구멍과 1개의 큰 구멍이 파여 있고, 동전·철전과 동경을 배치하였다. 이는 북두칠성을 표현한 것으로 항해의 안녕을 기원하는 뜻을 내포하고 있다. 지금까지 내려온 선박제조의 기법을 살펴보면, 이 선박은 송대 천주연해에서 배를 만드는 목수[船匠]가 만들었다. 당시 바다에 가까운 주민들이 주선(舟船)을 제조하였는데, 스스로 재력을 구비하고 상업을 하여 이익을 얻었다.[3] 송 희우연간(嘉佑年間), 사복(謝履)의 『남천가(泉南歌)』에서 "주남(州南)에 끝없는 바다가 있어 매년 배를 만들어 다른 지역으로 간다"고 읊고 있는데, 이는 천주에서 선박건조가 이루어지고 항을 중심으로 해외무역이 활발하였음을 잘 표현한 것이다. 복건지역의 해외무역은 송원시기에 가장 활발하게 이루어져서, 동남아시아는 물론 아랍지역의 상인들이 드나들었고, 고려·일본의 동아시아를 아우르는 해양실크로드 시대를 이루었던 시기이다.

송원시기의 조선 수에 대한 기록이 남아 있는데, 관에서 제조한 선박의 수량은 『송회요집고(宋會要輯稿)』에 지도(至道, 995~997)말년에 3,237척이었고, 천희(天禧, 1017~1021)말년에는 2,916척이었다. 원대에 고려·일본·점성·쟈바에 대규모로 군사를 일으키는데 필요한 전선만 하여도 수천 척에 달하였다. 민간 조선은 규모가 관의 조선을 능가하였다. 복주 연해의 9개 현에서만 해선이 373척이었다.[4] 이는 당시에 민간에서 제조된 배의

---

2) 『三朝北盟會編』, 券176.
3) 『宋會要輯稿』, 刑法2.

수량이 많았다는 것을 알 수 있다. 송원시기 조선이 대규모적으로 진행되어 연해 산에는 동산(童山)[5]이 출현하였는데, 원시기가 송대 보다 심하였다. 지원(至元) 19년(1282), 승려 단홍의 시를 보면[6]

萬木森森截盡時 靑山無處不傷悲(무성한 숲이 잘려 사라질 때 청산은 어디
나 없이 슬픈 천지)
斧斤若到耶溪上 留個長松帝子規(부근이 야계에 이를 때면 장송을 남겨
두라는 천자의 규범)

라고 읊었는데, 이를 잘 표현하고 있다. 민간 선박건조의 재료 공급을 위하여 송대에는 일본으로부터 선용목재를 수입하였다. 일본에는 삼목 · 나목(羅木)이 많은데 길이가 14장~15장(46.2~49.5m)에 이르고 직경이 4척(尺, 1.2m)이나 되었으며, 현지에서 송판으로 만들어 선박으로 천주에 운반하여 와서 무역을 하였다.[7] 이러한 사실은 민간의 선박제조가 성행하였음을 알 수 있다. 즉 선박제조의 발전은 선박 수량의 증가와 대형화로 변화되면서, 건조기술이 발전되었다. 그리고 이는 일본이 선박건조 원료의 공급지의 기능을 하였음을 알 수 있다.

송원시기의 선박 종류는 세 가지 형태로 분류할 수 있는 선저형태가 있었다.

첫째, 평저형으로 중국의 동북지역에 해당되는 강소사선 같은 것이다.

---

4) 『三山志』, 卷14.
5) 동산은 민둥산으로 심한 벌채로 인하여 삼림이 훼손되어 해변의 산에 민둥산이 많아지게 되었다는 것이다. 이는 역설적으로 당시의 선박제조가 활발하였음을 의미하며, 해외무역 또한 활성화되었다는 사실을 반증한다고 하겠다.
6) 木宮泰彦, 1928, 『日支交通史』下卷, 金刺芳流堂, p. 123.
7) 趙汝适, 『諸蕃誌』.

둘째, 첨저(V자형)형으로 우리나라 신안 앞 바다에서 인양한 신안선이 중국 원대의 첨저형을 나타낸다.

셋째는 원저(U자형)형이다.

선저의 모양 이외에 외판의 접합기술도 다양화되었다. 이것 역시 연해 각 지역의 조선기술의 전체적인 발전을 의미한다. 천주만 송대해선의 저판은 2층이고 현판은 3층인데, 여기에 순접·어린(魚鱗, 물고기 비늘 모양)·평접 등 기법을 사용하였다. 신안선 역시 홈붙이 클링커양식을 사용하였다. 그러나 천주만 송대해선과 완전히 같지는 않았다.[8] 이 두 척 침몰선의 발견은 수중고고학에 있어서 중요한 의미를 갖는다. 선박을 건조하는데 사용하였던 복잡한 접합기술은 문헌자료에 기록이 없다. 그런데 현대 목선을 만드는데도 이와 유사한 제작 기법이 존재하지 않았다. 수중고고학자들이 이두 척 침몰선의 기법에 대하여 중요하게 생각하는 것은 당연하다.[9]

선박발전 과정에서 당대 범선에 이미 수밀격창(水密隔艙)이 있었고 송대에는 약간 개선되는데, 수밀창이라는 의미는 당연히 격벽과 격벽 사이가 구분되어 물이 스며들지 않는 기능을 갖추어야 한다. 그러나 신안선과 천주만 송대해선은 최하층 선창 격벽판 저부의 중간에 모두 오수로(汚水路)을 남겨두고 있다. 따라서 오수로의 용도에 대한 의문이 점을 갖게 되어 수밀창의 개념에 새로운 해석이 필요하다. 실제로 선박은 항해 중에 파도의 영향을 받아 바다 물이 갑판으로 들어오는데 일부 물은 갑판 양쪽의 물길을 통하여 선현(船舷)밖으로 흘러나가 바다로 나가고, 일부는 그대로 창저(艙底)까지 흘러내린다. 이때 오수로은 바로 바다 물이 창저에서 자유롭게 유동할 수 있게 하는데, 이것은 특정 선창에 바다 물이 불어나는 것을 방지할 수 있을

---

8) 杰勒米·格林, 1989,「泉州宋代古船」,『海交史研究』第 2期, p. 85.
9) 杰勒米·格林, 1986,「五年來印度洋沈船的海洋考古」,『海交史研究』副刊, 第 2期.

뿐만 아니라, 항해 중에 선박의 상하왕복의 파동에 따라 스스로 조절하여 선박의 안전성을 증가시키며 풍랑에 세차게 흔들리는 것을 감소시켜주는 작용을 한다.

그리고 물의 최저층의 상면에는 화창저판(貨艙底板)을 깔아 선창 상호간에는 수밀이 되어 있고, 한 선창에 물이 들어왔을 경우에도 다른 선창의 화물에 영향을 미치지 않는다. 송대의 상선은 화물을 싣고 부릴 때 안전을 위하여 선현 양측에 대죽(大竹)을 메여 전대[槖]로 하였다. 용도는 풍랑의 타격을 막을 수 있고, 화물을 싣는 방법으로 물이 전대를 넘어서지 못하게 하고, 이것이 만재의 표식을 의미한다.

풍범의 설치에 있어서는 돛대에 풍범을 많이 거는 방법을 사용함으로써 풍력을 충분히 이용하였다. 복건의 중형 화물선은 대봉(大篷)[10] 이외에 포풍오십폭(布風五十幅)이 있으며 약간 치우쳐서 이봉(利篷)을 사용하였다. 대장(大檣)의 정상에 소풍(小風) 10폭을 더하여 야고풍(野狐颿)이라 불렀고 바람이 잠잠해지면 이것을 사용하였다.[11] 이런 풍범을 많이 거는 이유를 추정하면, 원대의 아랍 여행가 이븐바투타의 기록에 "대형의 중국 상선에 세 개에서 열 두개에 이르는 풍범이 걸려있었다"고 한 것을 충분히 이해할 수 있다. 이것은 간단하게 돛대 하나에 돛 하나를 걸어 당시의 큰 선박에 12개의 돛대 가 있었다고 해석할 수는 없다는 것을 말한다. 실제로 당시의 큰 선박은 3개 혹은 4개의 돛대가 있었으며 순풍 때에는 돛대에 단지 좀 큰 봉을 이용하였으며 풍력이 감소될 시에는 돛대 하나에 돛을 세 개씩 달았다. 구조면에서도 미타(尾舵, 선미 키) 외에도 선박 뒷부분의 양측에

---

10) 봉은 배의 돛을 말하는 것으로 대봉 · 이봉 · 야호범은 돛의 크기와 만든 재료에 따른 명칭이다.
11) 徐兢, 『宣和奉使高麗圖經』, 卷34, 客舟條.

대노(大櫓)와 비슷한 변타(邊舵, 좌우현 키)를 사용하였으며 선박은 풍범을 이용하여 추진하는 외에 또 대노를 설치하였다. 원대의 큰 선박에는 여러 대의 노가 있었으며 선박의 대노 역시 굵고 크며 매 노는 10~30명 정도의 인원이 필요하였는데, 이는 항해하는데 있어서 많은 선원이 필요하였음을 알려준다.

이러한 상황을 종합하면, 신안선의 승선인원을 유추하는데 있어서 대노가 4개 설치되었다고 하더라도, 선원의 숫자는 최소한 50~60명 정도 되어야 한다. 이외의 하주·감독관 등 구성원을 포함하면, 최소한 100여명 이상은 승선한 것으로 유추된다.

2. 중국선박의 '요(料)'에 관한 해석

송원시기의 조선업은 대단히 빠른 속도로 발전을 하였다. 당시의 원양상선의 규모를 나타내는 선박의 단위는 '요'[12]이다. '요'는 당시 선박의 대소를 나타내는 일종의 단위이다. 요에 대해서 대체로 세 가지 견해가 있다.

첫째, 일종의 중량단위라는 것이다. 일반적으로 1료는 1석(石)[13]과 같다는 의견이 있고,[14] 1료는 500방(磅)[15](혹은 3석)과 같다고 주장한다. 이후 연구 결과에 의하면, 관료 1료는 반석과 같고, 민료 1료는 1석이다.[16] 요가

---

12) 요(料)는 목재의 단위를 나타내는 것으로, 단면이 0.2㎡ 길이가 2.1m를 1료라고 하였다.
13) 석(石)은 곡식 따위의 용량을 나타내는 단위의 섬과 같은 의미로도 쓰인다. 벼를 세는 단위로서 우리나라에서 이용된 섬은 벼 10말이다.
14) 鄭學聲·鄭一均, 1985, 「略論鄭和下西洋的船」, 『鄭和下西洋論文集』, 第 1集, 人民交通出版社.
15) 방(磅)은 영국에서 사용하는 파운드를 나타내는 무게의 단위로 0.4536kg를 나타낸다.
16) 韓振華, 1988, 「論中國船的船料及其計算法則」, 『海交史研究』, 第 1期, p. 204.

일종의 계량단위인 이상 일정한 표준이 있어야 한다. 하지만 일부 학자들은 요는 중량단위가 아니기 때문에 요와 적재량을 같게 보아서는 안 된다고 한다.[17]

둘째, 일종의 용적단위라고 본다. 그러나 일정한 수량의 요로 어떻게 선박의 길이・너비・깊이를 계산하였는지는 정확히 알 수 없다. 또 선박에는 길이・너비・깊이 등 몇 가지 개념이 있는데, 어느 것을 선택해야 할지도 불분명하다.

셋째, 관료와 민료의 구분이 있다는 것이다. 같은 한 척의 선박을 민료로 계산하면, 흘수선(吃水線) 길이에 폭의 너비를 곱하여 일정한 수량의 요가 되는데, 이를 민료로 본다. 관료는 선저의 길이에 선저의 너비를 곱하여 얻는데, 수량은 민료의 절반이다.[18] 바꾸어 말하면, 같은 크기의 선박도 관료로 나타내면 민료의 선박보다 수량이 반으로 적어진다. 문제는 절반이나 적은 재료로 같은 크기의 선박을 건조하라는데 있는데, 관에서 선장(船匠)에 대한 착취가 있었음을 알려준다.

위의 내용을 종합하면, 요는 일종의 용적단위라고 볼 수 있다. 선박의 용골의 길이・폭의 너비・창심(艙深)의 승적(乘積)을 대표하는 단위로써, 송원시기의 요를 계산하거나 적재량을 계산하는 것은 동일하였다. 시박사(市舶司)는 상선의 세금을 징수할 때 적재량[力勝]이 얼마인가 하는 것을 알아야 한다. 역승(力勝)이라는 것은 적재량의 많고 적음을 계산하여 선박의 세금을 징수하는 것이다.[19]

원대에는 상인들에게 상선 선박의 역승・장(墻)의 높이・폭의 너비・길

---

17) 庄爲璣・庄景輝, 1983,「鄭和寶船尺度的探索」,『海交史硏究』第 5期, 福建省泉州
    海外交通史博物館, p. 40~42.
18) 韓振華, 1988, 앞의 글, p. 204.
19)『宋會要輯稿』, 食貨18.

이를[20] 시박사에게 보고하도록 요구하였다.

요와 역승을 계산방법을 살펴보면, 먼저 명대 염선(鹽船)의 계산방법은 길이・너비・창구(艙口)가 얼마인가를 계산하여, 대략의 요와 역승을 계산하고 염(鹽)을 얼마 실었는가를 계산하였다.[21] 이렇게 요를 계산하거나 역승을 계산하는 것이 모두 선박의 길이, 폭의 너비, 선창의 깊이 등의 계산은 이 세 가지의 숫자로 한다는 것을 알 수 있다. 요를 계산한 후 요의 수를 적재량으로 바꿀 수 있다.

명대 관 선창(船廠)에서는 조선에 필요한 물자를 계산할 때에도 총 길이・깊이・너비를 장이나 척으로 계산하였다.[22] 이는 길이・너비・깊이 세 가지 요소를 고려하여 계산하였음을 설명한다. 요는 또 선박의 척도・적재량・정부에서 징수하는 선박의 세금・조선의 재료 등과 모두 일정한 관계가 있다. 그렇다면 요와 척도의 관계는 어떠하고, 요는 또 어떻게 계산하는 것인가를 알아야 하는데, 요는 선박의 길이・너비・깊이에 따라 계산한 것이었다. 선박의 길이는 총길이・신장(身長)・삼단용골(三段龍骨)의 길이・저부(底部)의 길이(주 용골의 길이)등으로 나눈다. 그중, 삼단용골의 길이가 제일 중요하다. 이것은 일반적으로 전체 길이의 70% 혹은 신장의 80~83% 가량이다.

삼단용골의 길이를 물 아래에서 측정하려면 여러 가지 불편한 점이 많다. 그러므로 총길이나 신장만 재면 삼단 용골의 길이를 계산할 수 있었다. 선박의 너비로는 폭의 너비, 다른 면의 너비와 밑면의 너비가 있다. 선박의 총길이와 면 너비의 비례는 약 5이며, 신장과 면 너비의 비례는 약 4이며,

---

20) 『元典章』, 卷22.
21) 江大鯤, 『福建運史誌』, 卷5.
22) 李昭祥, 『龍江船廠誌』, 卷1.

삼단용골과 면 너비의 비례는 약 3이다. 선박의 깊이는 약 삼단용골 길이의 10~13%이다. 중국 고대 범선은 기본적인 경험과 전통·대대로 전해오는 방법에 의해 제조하였다. 비록 각지의 선형이 같지는 않지만, 큰 비례관계는 일정한 규칙이 있다.

위에서 서술한 비례관계에 근거하면 선료(船料)의 계산이 가능하다. 『송회요집고』 식화지 50에 일련의 선박의 요수 및 척도에 대하여 기재하였다. 그 가운데 1,000료 철벽화치평면해곡전선(鐵壁鏵嘴平面海鶻戰船)의 총길이는 10장(33.3m)[23])이고, 너비는 1.8장(5.9m)이고, 깊이가 0.85장(2.8m)이다. 이로써 위에서 서술한 비례를 알 수 있다. 이 선박의 용골 길이는 7장(23.3m)이고, 너비·길이를 서로 곱하면 10.7장(35.6m) 즉 107척을 얻는다. 1척[24])이 10료이기 때문에,[25]) 이 선박은 1,079료이며 정수(整數)를 취하면 1,000료이다. 다른 한 척 400료의 철벽화취선의 총길이 9.2장(30.6m)·너비 1.15장(3.8m)·깊이 0.5장(1.6m)·용골의 길이 6.44장(21.4m)·곱은 3.7장(12.3m) 즉 37척, 370료이며, 합의 정수는 400료이다. 한 척이 800료 되는 다장선(多槳船)은 총 길이가 8.3장(27.6m)이고, 너비가 2장(6.6m)이고, 선창의 깊이는 상세하지 않다. 비례에 의하면 이 선박의 용골의 길이는 5.81장(19.3m)이고, 선창의 깊이는 0.69장(2.3m)으로, 세 가지를 곱하여 80척을 얻는데 합 800료이다.

송대의 해선 한 척은 면의 넓이가 3장(10m)이고 2,000료이다.[26]) 비록 길이·심도에 대해서는 상세히 알 수 없지만, 비례에 근거하여 용골의 길이

---

23) 장은 길이의 단위를 나타내는데, 1척의 10배로 3.33m이다.
24) 척은 길이의 단위로 30.3cm이다.
25) 沙克什, 『河防通義』.
26) 『宋會要輯稿』, 食貨5.

와 선면의 너비의 비례 2.8을 계산하면, 용골의 길이 8.4장(28m), 선창의 깊이가 0.84장(2.8m)이라는 것을 알 수 있다. 세 가지를 서로 곱하면 211척 이고, 합 2,110료이며, 정수를 취하면 2,000료이다. 이런 선박을 제조할 때 사람들은 이것과 도어선(魛魚船)을 비교하였는데, 2,000료가 되는 한 척의 해선은 급할 때면 족히 10주(舟)처럼 사용할 수 있었다. 도어선은 신장이 5장(17m)이고 선면의 너비가 1.2장(4m)이다. 계산에 의하면 합 200료이다. 10척의 도어선이라야 겨우 한 척의 2,000료 선박에 해당한다.

상술한 것은 이미 선박의 척도를 알고 선박의 요수를 계산한 것이다. 만약 요를 알고 척도를 모른다고 하여도 계산이 가능하다. 자목(自牧)의 『몽양록(夢粱錄)』에 의하면 해상의 함(艦)은 큰 것이 5,000료이고, 척도는 상세하지 않다. 비례에 근거하면, 이 선박의 용골의 길이 11.5장(38m), 너비 3.83장(13m), 깊이1.15장(4m)이어야 한다. 그러면 합이 5,060료이고, 정수 는 5,000료이다. 이 선박의 총길이 16.4장(55m)이고, 신장 13.6장(45m)이다. 당시로는 대형의 상선에 속한다.

요와 적재량은 상세의 징수와 관련이 있다. 고대 중국이 선박의 대소를 표시하는 방법으로는 송원시기의 '요' 이외에 선박의 길이·너비·깊이를 계산하는 것이다. 명대에도 역시 물에 들어가는 심도로 선박의 크기를 표시 하였다. 어떤 것은 직접 몇 곡(斛)[27] 혹은 몇 석의 선박이라고 불렀다. 만곡 선(萬斛船)·천곡선(千石船) 등으로 부른 경우이다. 일반적으로 사료에서 선박의 척도와 적재량을 함께 기재하는 경우는 드물다. 일부 사료에서 동시 에 기재하였다 하여도 척도와 적재량의 상관관계는 알 수 있는 방법이 없다.

학계에서는 고대 범선의 적재량을 계산할 때 일반적으로 현대 계산공식

---

27) 곡식·액체·가루 따위의 분량을 되는데 쓰는 그릇 또는 용량의 단위를 나타내는 것으로 본래 10말이 1곡이었는데, 이후에 5말이 1곡으로 되었다.

을 사용한다. 즉 선박의 흘수선 길이·너비·물에 들어가는 깊이·방형계
수·바닷물 비중을 곱하면 바로 선박의 배수량이다. 다시 선박의 무게를
감하면 곧 적재량이 된다. 만약 흘수선 길이·너비·물에 들어가는 깊이
및 방형계수(方形系數)를 정확히 확정할 수 있다면, 선박의 적재량을 계산
해내는 것도 가능하다. 하지만 고대의 선장·시박사 혹은 해관에서 적재량
을 계산할 때, 모두 전통적인 경험공식에 근거하여 계산하였다. 송대에 있어
서 적재량은 선박이 싣고 부리는 화물의 중량을 가리키는 것이지, 선박자체
의 중량은 포함하지 않는다. 시박사는 적재량에 근거하여 세금을 징수하였
다. 따라서 사전에 관리를 파견하여 선박의 척도를 재고, 다시 규칙에 의하
여 세금을 부과하였다.[28]

앞에서 서술한 바와 같이 선박의 척도에 근거하여 화물 적재량을 계산하
여 배의 세금을 받았다. 명대는 염선에 대하여 요·역승을 계산하였다. 비록
길이·너비·깊이를 이용한다는 것은 알고 있지만, 구체적인 방법에 대해
서는 규명되지 않는다. 청대의 『회관통지(淮關統誌)』에서 해관이 항해해선
을 계산하는 산식(算式)을 발견하였다. 즉 길이·너비·깊이를 삼승사인산
법(三乘四因算法)으로 합하여 석수(石數)를 산출하였다. 장의 사용에 있어
서 척을 단위로 하였는가, 아니면 촌(寸)[29]을 단위로 하였는가? 명문에서는
모두 척으로 계산하였지 촌으로 계산하지 않았다[30]고 하였는데, 즉 척을
단위로 하였다. 상술한 5,000료의 대형 상선을 예를 들면, 이 선박의 용골
길이 11.5장(38m)·선폭 길이 3.83장(13m)·선창 깊이가 1.15장(3.8m)이
고 세 가지를 곱하여 50.6장 즉 506척을 얻는데, 합하여 5,060료이다.

---

28) 趙汝适, 『諸蕃誌』, 卷7.
29) 촌은 길이를 재는 단위로 척의 1/10.
30) 杜琳 等 修, 元成 等 續纂, 『淮關通誌』, 卷7.

현재는 단위를 반드시 척으로 계산하여야 한다. 그렇다면 산식에 따라 먼저 삼승 즉 세 가지를 서로 곱하면 50,600척, 다시 '사인(四因)' 즉 4로 나누면 12,662석이며 정수를 취하면 12,000석이다. 사실상 요의 수량에서 10을 곱하고, 다시 4로 나누면 곧 적재량으로 변환할 수 있다. 요는 우선 일정한 용적의 단위를 대표하며 중량단위는 아니다. 그렇지만 적재량을 계산하는 것을 통하여 1료의 용적이 몇 석인지는 알 수 있다. 『회관통지』의 산식에 따라 추산하면, 1료의 용적에 가히 2.5석 을 적재할 수 있다. 『회관통지』는 항해해선의 적재량은 길이·너비·깊이를 서로 곱한 후 다시 4로 나눈다. 만약 4로 나누지 않는다면, 1료의 적재량이 반드시 2.5석이 되지는 않을 것이다. 그러므로 관건은 마찬가지로 선형이 구체적인 적재량을 계산할 경험공식을 구비하고 있는가 하는 것, 즉 길이·너비·깊이를 서로 곱하여 얼마로 나누겠는가하는 것이다. 일단 그 적재량을 알게 되면 곧 요와 석사이의 대응관계를 찾을 수 있다.

일정하지 않은 선형에 근거하여 제정한 경험을 더욱 많이 찾기 전에, 『회관통지』의 산식은 여전히 중요한 공식이다. 재미있는 것은 중세 외국상 선도 이와 유사한 공식을 사용하여 적재량을 계산하였다는 점이다. 15세기 베니스의 선장는 용골의 길이·선박의 너비·깊이를 서로 곱한 후 6으로 나누어 선박의 용적을 얻었다. 또 한 예를 들면 중세의 영국은 선박의 깊이·용골의 길이를 재는데 어려움이 있자 갑판의 길이에서 선박 너비의 5분의 3을 덜어서 용골의 길이로 하였고, 선박 너비의 2분의 1을 취하여 선박의 깊이로 하였다. 세 가지를 곱하여 94로 나누면 일정한 수량의 톤수와 같았다.[31] 일본은 용골 길이·선박 너비·깊이를 서로 곱하여 100으

---

31) 周鎺新, 1984, 「船舶噸位的來歷」, 『航海』, 4期.

로 나누는 산식으로 선박의 용적을 계산하였다.[32] 여기에서 고대 중외범선은 적재량을 계산하는 방법에 있어서 서로 비슷한 점이 있으며, 각국의 선형이 같지 않아 계산식도 같지 않았다는 사실을 알 수 있다.

요는 선박의 용적을 표시하는 외, 다른 또 한 가지 조선에 사용되는 재료를 가리키는 의미가 있다. 선박을 제조하기 위해서는 사전에 반드시 대략적인 예산이 수립되어야 한다. 관방의 선창에서는 도료장(都料匠) 혹은 요인장(料人匠)이 이와 관련된 직책을 맡았다. 선창에는 요례문책(料例文册)을 구비하여 선박건조에 소요되는 재료를 기재하였다. 원대의 100료 하선(河船, 강에서 운행하는 배)은 판목(板木) 223개, 편저판 24개, 선장 106일이 필요하다는 것 등이다.[33] 명대 1,000료의 해선(海船, 바다를 항해하는 배)은 삼목 302개·잡목 149개·동유 3,012.8근(斤)·석회 9,037.8근 등이다. 400료의 찬풍해선(鑽風海船)은 삼목(외판나무) 228개·외심목(桅心木, 돛대나무) 2개·철력목타간(鐵力木舵杆, 키의 용도) 2개·노가지[櫓坯]20개 등으로 기록하고 있다.[34] 청대에는 비록 요를 이용하여 선박의 대소를 표시하지는 않았지만, 구체적으로 일정한 길이·너비·깊이의 선박에 필요한 재료의 양, 규격 등에 대하여 상세하게 규정하고 있다.[35]

위에서 살펴본 바와 같이 도료장이 일정한 척도의 선박에 대하여 대략적인 예산을 한 후 요책에 기재하였다. 그리하여 매 100료 짜리 혹은 매 1,000료 짜리에 어느 정도의 재료가 필요한가 하는 것은 존재하지 않는다. 500료 혹은 5,000료의 선박도 이에 따라 추정하여 재료를 계산할 수 있다.

---

32) 石井謙治, 1983, 『圖說和船史話』, 至誠堂, p. 74.
33) 沙克什, 『河防通義』.
34) 『明會典』, 卷2.
35) 『欽定福建省外海戰船則例』.

관의 선창에서는 같은 요수의 선박의 척도도 일률적으로 같지는 않다. 예를 들면 200료의 과인순선(顆印巡船)은 총 길이 5.87장(19.5m)·너비 1.2장(4m)·깊이 0.4장(1.3m)인데, 200료의 순사선(巡沙船)은 총 길이 6.1장(20m)·너비 1.23장(4m)·깊이 0.42장(1.4m)이다.[36] 이는 그 모양이 다르고 용도가 다르기 때문이다. 두 가지 전선의 조선재료도 같을 수는 없다. 또 예를 들면 400료의 찬풍선(鑽風船)은 석회 3,005근·동유 30근·염마(捻麻, 밧줄 제작용) 200근을 필요로 한다. 그런데 400료의 잔선(淺船)은 유회(油灰) 600근·동유 30근·염마 200근 등을 필요로 한다. 후자의 재료는 확실히 전자 보다 적다. 같은 요수의 선박이고 아울러 같은 전선이지만, 모두 재료의 차이가 있다.

민선과 전선이라면 그 차이가 더 크다. 일반적으로 말하면, 전선은 비교적 가늘고 길며, 상선은 넓고 크다. 이는 요수가 같다고 하더라도 전선은 상선보다 더 길게 보인다. 그렇지만 심도는 대체로 상선보다 얕다. 전선은 속도를 요구하지만 상선은 편리하게 화물을 많이 싣고 안전한 것을 요구한다. 따라서 두 선박의 재료도 당연히 차이가 있다. 전선은 일반적으로 비용에 제한이 있고 재료도 비교적 적게 든다. 상선은 상인이 투자하여 재물을 취득하는 도구로 사용된다. 배가 침몰되고 사람이 죽는 것을 방지하기 위하여 재료를 충분히 사용하는 것은 당연하다.

전선과 상선은 재료의 차이로 인하여 제조한 후의 선박의 질에도 큰 차이가 있다. 관청에서 제조한 선박은 민간에서 개인이 제조한 것보다 정교하지 못하고 뒤졌다.[37] 비용과 재료의 차이는 질을 다르게 하는 주요 원인이다. 명대의 장섭(張燮)은 민간에서 선박을 제조하는데 천여금(千余金)이 필요

---

36) 李昭祥, 『龍江船廠誌』, 卷2.
37) 李綱, 『梁溪集』, 卷121.

하였고, 한해 한번 돛대[檣]를 수리하는데도 역시 5·6 백금이 필요하다고 기록하였다. 수군의 전투함도 그 견고함은 가객선(賈客船, 상선)에 미치지 못하며, 상선에 드는 비용이 얼마인지 모른다. 병함(兵艦)이 수요하는 현관(縣官)의 금전은 3분의 1밖에 안 된다.[38]

그 다음으로 관 선창의 관리가 정확하지 못하고 책임감이 부족한 것도 또 한 가지 요소이다. 일반적으로 선창에서는 상사가 재료의 수량 혹은 비용을 발주하며, 선창에서 선박의 모양 혹은 규정된 척도에 따라 제조할 것을 요구한다. 선장 및 기타 노동자들이 시공하는데, 선창의 두목 혹은 관원이 노동자들을 감독한다. 어떤 때에는 선장과 두목이 결탁하여 재료를 빼기도 하였다. 이 때문에 명대의『대명률(大明律)』에는 만약 이런 일이 발생하면 관리로서 감시에 소홀한 자는 2등을 감하는 죄와 태형 백대에 처 한다[39]고 규정하였다.

선장이 두목과 함께 선창의 재료를 빼돌리면, 선박을 건조의 재료가 적게 됨에 따라 질이 저하되게 된다. 이 때문에 명대에는 선장이 이름을 배에 새기도록 하였다. 만약 선박이 별도의 사고 없이 일찍 고장이 났을 때는 선장에게 책임을 물었다. 사서에서는 민간공료·사료·관료 등의 용어를 볼 수 있는데, 이른바 "관료·사료로 선박을 제조한다"는 것은 모두 요역(料力)에 따라 건조하는 까닭을 말하는 것이다.[40]

바꾸어 말하면 관료는 비용이 많지 않기 때문에 요역이 충분하지 못하고, 민료는 요역이 충분하다는 것이다. 송대의 조조선(釣槽船)은 폭 너비가 1장 2척(4m)·신장 5장(17m)으로 민간공료로 건조하였는데, 매척에 약 400여

---

38) 張燮,『東西洋考』, 卷9.
39) 李昭祥,『龍江船廠誌』, 卷1.
40)『明會典』, 卷200.

관(余貫)이 들었다. 이것은 폭이 같은 1.2장인 선박이라도 민간에서 조선하는 재료로 제조하면 400여관이 필요하며, 만약 관료로 제조하면 재료가 적게 들고, 건조가격도 낮아진다는 뜻이다.

당연히 민료와 관료는 가격에도 차이가 있다. 민간의 조선재료는 시장가격으로 구매하였으므로 일반적으로 가격이 높다. 하지만 관방의 재료는 사정에 따라 싯가에 따라 구매하기도 하지만 관방에서는 늘 가격을 규정하여 민간에서 구매하거나 혹은 민간에 위탁하기 때문에, 관가(官價)는 일반적으로 저렴하다. 예를 들면, 매척에 사용되는 판목・재료・인공 등이 모두 약 2만관이지만, 만약 관 판목에 속하면 단지 1만관이면 족하다.[41] 이로써 관가가 민가의 절반에 지나지 않음을 알 수 있다. 그렇지만 관가로 구매하기 때문에 발생하는 문제도 있기 때문에,[42] 시간이 경과함에 따라 민간가격으로 재료를 구입하는 방향으로 통일되어 갔다.

위의 내용을 종합하면, 요는 용골의 길이・폭의 너비와 타심(舵深, 키가 물에 들어가는 깊이)의 일종 용적단위를 의미한다. 『회관통지』에서 보이는 해선의 적재량의 공식에 근거하면, 1료의 용적은 2.5석이다. 문제는 만약 이 공식을 다른 여러 가지 선박의 종류에 보편적으로 사용하지 못하였거나, 혹은 당시 각지의 시박관원 혹은 선장이 같은 공식을 사용하지 않았다면, 1료는 반드시 2.5석이라고 할 수는 없다. 공식이 선형의 변화에 따라 변할 수 있기 때문에 1료가 대표하는 적재량은 숫자가 변할 수도 있다. 따라서 요는 일종의 선적단위(船積單位)로 중량단위가 아니라고 볼 수 있다. 하지만 선박에 익숙한 시박관원이나 선장은 요수를 알게 되면, 적재량을 알게 되었을 것이다. 조선재료에 대하여 각각의 선박이 필요로 하는 구체적인

---

41) 『宋會要輯稿』, 食貨5.
42) 兪大猷, 『洗海近事』, 卷上.

재료를 가지고 있으며, 100료 혹은 1,000료의 선박에 소요되는 재료의 표준은 없다. 일정한 비례로 선박의 요수를 계산하면 조선재료도 같은 비례로 증가하게 된다. 비용의 다소와 이익이 다름에 따라, 같은 요수의 선박이라 하여도 민간재료 혹은 민간공료는 일반적으로 관료보다 많으며, 이것은 역대의 전선에 보편적으로 사용되었다. 그렇지만 관가에서 사신을 해외에 보내는 신주(神舟)·봉주(封舟)는 예외였다. 재료에 시장가격과 관의 가격 두 가지가 있었기 때문에, 관료·물자의 가격도 같지 않았다.

3. 상선의 대형화와 항해기술의 발달

1) 해외상선의 대형화

송원시기에 해외무역을 하던 상선의 대형화는 조선업과 원양무역의 발달을 가져온 요인의 하나였다. 사서에서는 일반적으로 만곡선·5,000료선과 신주(神舟)를 기록하고 있는데, 이는 모두 대선(大船)에 속한다. 원대의 해운선은 적재량이 8·9천석에 달하였고, 작은 것은 2천여 석에 달하였다.[43] 현재도 이 정도 크기의 항운선은 많지 않은데, 송대 선박의 대형화 수준이 어느 정도였는가 하는 것은 당시 조선업의 발전 정도를 추정하는데 중요할 뿐 아니라, 국제무역선의 역할을 살필 수 있는 중요한 척도이다.

송대의 5,000료 선을 추측하면 전장이 13.6장(45m), 폭의 너비가 3.83장(13m)이고 적재량이 12,000석으로, 대형의 상선에 속한다. 일반적으로 송대의 신주는 길이가 30장(99.9m) 혹은 40장(133.3m)에 달하였던 것으로 보고

---

43) 『海圖經』.

있다.[44] 이는 서긍의 『선화봉사고려도경』에서 추론한 것이다. 서긍은 먼저 복건의 상선인 객주(客舟)에 대하여, 길이 10여장·깊이 3장·너비 2장 5척이여서 2천곡의 속(粟)을 실을 수 있고, 신주는 대체로 길이·너비·높이가 크고, 일용물건이나 사람의 수가 객주의 3배에 이른다고 하였다.[45] 이를 토대로 하면 길이 10장과 객주의 3배가 된다는 사실로부터 추론이 가능하다. 선박의 길이 40장이라는 수치는 아주 큰 것으로, 아울러 당시 항해상선이 이런 규모였다고 증명할 여타 증명자료도 없는 실정이다. 이는 신중한 검토를 필요로 한다. 일부 학자들은 이에 대하여 다른 의견을 제시하였다. 만약 신주의 길이·너비·깊이가 모두 객주의 3배가 된다면 그 용적은 27배가 되며, 그리고 뒤에서 말한 잡물·기용·인수는 객주의 3배가 되어, 이렇게 큰 선박이 필요한 것과는 아주 모순된다.[46] 이런 의문은 타당성이 있다. 그러나 만약 신주가 객주의 3배가 되는 것이 척도를 놓고 말한 것이 아니라면, 어떤 측면을 의미하는 것인지에 대해서는 두 가지 가능성이 있다.

첫째, 객주의 적재량은 2,000곡(100톤)이다. 신주는 객주의 3배가 된다는데, 정확하게 신주의 적재량은 8,000곡 즉 400톤이다. 당시의 민간선박은 이미 만곡의 상선이 있었다. 장순민은 선박의 모양이 둥글고 짧으며, 1만 2천석을 실을 수 있는 것으로 보았다. 상술한 대형 해상의 함(艦)은 적재량도 상당히 크다. 송나라 관방을 대표하여 고려에 사신으로 가는 신주가 만약 적재량이 8,000곡이었다고 해도, 이론이 없을 수 있다. 이 선박의 크기를

---

44) 鄭學聲·鄭一均, 1985, 「略論鄭和下西洋的船」, 『鄭和下西洋論文集』第 1集, 人交通出版社.
45) 徐兢, 『宣和奉使高麗圖境』, 卷34.
46) 陳高華·吳泰, 1987, 「關於泉州灣出土海船的幾個問題」, 『文物』第 4期.
   福建省泉州海外交通史博物館, 1987, 『泉州灣宋代海船發掘與研究』, 海洋出版社.

추정하면, 선박의 전장은 12.3장(40.9m), 너비가 3.2장(10.6m)이어서, 규모 면에 있어서는 외국에 과시할 정도는 아니었다.

둘째, 신주가 8,000료선이었다는 것이다. 『선화봉사고려도경』에 객주가 2,000곡의 속을 실을 수 있었다고 한 것은 잘못된 기재로 보인다. 앞에서 서술한 바와 같이 요는 송원시기 선박의 대소를 표시하는 용적단위였다. 요와 곡은 글자가 비슷하여 혼돈하기 쉽다. 그러나 요는 길이·너비·깊이의 승적(乘積)을 대표하는 일종의 용적단위이며, 선장이나 시박관원은 이에 대하여 비교적 익숙하였지만, 일반인들은 명확히 알지는 못하였을 것이다. 그러므로 오해를 일으킬 수도 있다. 예를 들면 기타 사서에서는 약 2천료를 실을 수 있다[47]고 기재하였는데, 이는 잘못된 기술이다. 왜냐하면 요는 용적단위이므로 앞에 재자(載字)를 쓸 수가 없다. 그러므로 서긍의 『선화봉사고려도경』에 나오는 곡은 요의 오자일 수도 있으며, 속은 연문(衍文)일 것이다. 이것이 맞다면 8,000료선의 총 길이 19.28장(64.2m), 전장 16.87장(56.1m)으로 용골의 길이 13.5장(44.9m), 폭의 너비는 4.5장(14.9m), 선창의 깊이는 1.35장(5m)이며, 적재량은 약 20,000석(약 1,000톤)일 것이다. 이런 대형 선박은 당시 세계최대의 선박이었을 것이며, 척도 또한 이치에 맞는다. 그렇지만 중국 조정에서만 이렇게 큰 선박을 제조할 수 있었으며, 민간의 대형 상선 한 척은 일반적으로 5,000료 혹은 적재량이 10,000~12,000석(500~600톤)이었으며 동시에 500~600명을 실을 수 있었다. 원대의 아랍 여행가 이븐바투타는 중국의 선박을 세 가지로 구분하였는데, 큰 것은 탑(艑), 중간의 것은 조(艚), 작은 것은 각강(脚舡)이라고 불렀다.

대형선박은 1,000명을 태울 수 있었는데, 원대의 대형 상선은 송대의

---

47) 『宋會要輯稿』, 食貨50.

5,000료의 선박보다 좀 더 크다.

중형상선은 일반적으로 1,000~2,000료이며, 화물을 싣는 외에 200~300명의 사람을 실을 수 있었다.[48] 송대 천주만 송대해선은 선미 용골 길이 5.3장(17.65m)이고, 수주(艄柱)인 수용골은 길이가 1.35장(4.5m), 3단용골의 길이가 7.38장(22.15m)이다. 폭의 너비가 2.46장(7.38m), 선창의 깊이는 0.738m로 약 1400료로 계산되며, 적재량은 약 3,350석(223톤)이고 정수를 취하면 220톤으로 중형선박이다. 신안선은 원대상선으로 총길이가 10.45장(34.80m), 용골의 길이가 7.38장(24.6m)·폭의 너비는 3,3장(11m)·선창의 깊이가 1,12장(3.75m)이다.[49] 합하여 2,700료이며 적재량은 6,800석(340톤)으로, 중형선박으로 볼 수 있다. 송원시기의 소형상선으로는 찬풍(鑽風)·대소팔노선(大小八櫓船) 등이 있다.

송원시기의 대형 원양상선이 대량 출현한 것은 원양항해와 무역에 큰 영향을 주었다. 작은 선박도 바다로 나갈 수 있었으나, 항해능력에 한계가 있었다. 큰 선박은 많은 양식과 담수를 저장할 수 있어 항해 능력을 제고할 수 있으며, 바다를 가로지르는 방법을 잘 구사할 수 있어 항해시간을 단축할 수 있었다. 이 밖에 상인과 선원들도 선박은 커야 안전하다고 믿었기 때문에 대형 상선을 타고 바다에 나가기를 원하였다.

무역의 관점에서 보면 대형 선박은 상인에게 더욱 유리하였다.

첫째, 각국은 상선에 대하여 세금을 징수하지 않았고, 상인들은 화물 일부분을 예물로 현지의 왕 혹은 관리에게 헌납하면 되었다. 선박의 대소와 관계없이 헌납하는 수량은 같았기 때문에, 큰 선박이 유리하였다.

둘째, 대형 선박은 수출입상품을 갖추는 변화에 유리하였다. 한·당 시기

---

48) 吳自牧, 『夢粱錄』, 卷12.
49) 김용한, 1993, 앞의 글, pp. 40~41.

중국의 상선은 비교적 소형이었고 적재량도 적었기 때문에, 수출상품도 견직물, 귀금속·보석·장신구·고급의류 등 사치품 위주였다. 송대에 대형 상선이 해운에 투입되자 크고 무거운 화물의 수출이 용이해졌다. 당시 선박의 화물은 거의 도자기였다. 세계 여러 나라의 고고유물에서 발견된 자기는 송원시기에 속하는 것이 큰 비중을 차지하고 있었다. 이는 교통운수 조건의 개선이 해외무역의 발전에 직접적인 영향을 끼쳤음을 보여준다.

셋째, 선박의 대소와 사람들의 구성으로 보아, 상인들은 선박이 대형이면 사람이 많이 승선하기 때문에 안심하고 바다로 나갈 수 있다고 생각하였다.[50]. 당시 동남아시아와 인도양의 많은 지역에서는 해적의 활동이 빈번하여, 상선에 큰 위협이 되었다. 선박에 승선한 인원수가 많다는 것은 이러한 어려움에 대처할 수 있는 안전감을 주는 중요한 요소의 하나였다. 송대 5,000료의 상선에는 500~600명이 탑승할 수 있었으며, 원대의 인도양에 도착하였던 중국 상선에는 1,000명 정도가 탑승할 수 있었다. 600명의 상인 외에도 400여명의 전사가 있었는데, 궁수와 방어수 등을 포함하였다. 상선이 해안에 오르면 병사들이 길을 열어 보호한다. 상선에 400명의 전사를 동행한 것이 사실이면, 원조에서 파견한 관본선(官本船, 정부에서 운영하는 배)일 개연성이 높다. 이븐바투타가 이 일을 기록하기 전에 원왕조는 이미 간헐적으로 관본선제도를 실행한지 이미 20~30년이 되었다. 방법은 관에서 선박을 갖추어 주고, 사람을 선발해서 외국에 가서 여러 화물을 무역하게 하였다. 원조 말기에 조정은 여전히 양종선(兩艭船, 두개의 선대)을 보내어 외국에 나가 황후를 위하여 이익을 도모토록 하였다.[51] 민간상선이 400명의 전사를 확보한다는 것은 불가능하다. 왜냐하면 정부에서 허락하지 않을 것

---

50) 朱彧, 『平州河談』, 卷2.
51) 『元史』, 卷 38.

이기 때문이다. 이는 어떤 이유가 있겠지만, 송대에도 상인이 바다로 나갈 때 무기를 사고팔거나 휴대하지 못하도록 규정하였다.[52] 원대 연우원년(延祐元年, 1314) 조정에서는 여전히 무기를 가지고 바다로 나가거나, 사사로이 무기를 여러 번국(蕃國, 주변국)에 파는 것을 금지하였다.[53] 병기가 바다로 나가는 것을 금지한 이상, 상선에 군사를 동행시킨다는 것도 금지되었다.

신안선에서도 무기는 칼을 제외하고는 발견되지 않았다. 이는 신안선이 사선으로 무기를 갖추는 것이 금지되었음을 알 수 있다. 또한 이는 선박의 소유관계에 있어서 중국선임을 알 수 있는 근거자료가 된다. 그리고 송대의 5,000료의 상선에 500~600명의 인원이 승선하였다면, 2,700료인 신안선에 200~300명 정도가 승선하였을 개연성이 충분하다.[54]

선박의 인원에 대하여 살펴보면, 송원시기의 선박은 크고 설비가 복잡하여 많은 사람들이 필요하였다. 당시의 선박들은 일반적으로 10개의 대노를 갖추고 있었는데 한개 노를 여덟 사람 혹은 열 사람이 저어야 하였다. 미타(尾舵)를 제외하고 양쪽 선현(船舷)의 뒷 부분에 각기 하나의 변타(邊舵)가 있었다. 이런 설비들은 명ㆍ청시기에 이르러 점차 간소화되었다. 다행히 송원시기의 큰 선박은 많은 선원을 확보할 수 있는 양호한 조건을 갖추었다.

2) 항해기술의 발달

송원시기는 중국 범선의 괄목할 만한 발전과 동시에 해운업의 절정기를 구가하였다. 중국범선은 동아시아ㆍ동남아시아 및 넓은 북인도양 해역까지

---

52) 陳高華ㆍ吳泰, 1989, 『宋元時期海外貿易』, 天津人民出版社, p. 77.
53) 『通制條格』.
54) 앞 장에서 서술한 木牌나 紫檀木에 새겨진 人名 등과 櫓의 숫자 등을 고려하여 최소한 신안선에 100여명 이상은 승선하였다고 보았는데, 정확한 숫자에 대한 판단은 이 후 기타 자료를 보완하여 정확한 승선인원에 대한 고찰을 하고자 한다.

자유로이 항해하였다. 많은 새로운 선박들이 이 시기에 개발되었다.

고려·일본과 동남아시아 반도지역은 일찍부터 중국범선의 주요한 항해 구역이었다. 송원시기 중국범선의 원양항해 능력의 발달은 상선들의 이 지역을 상대로 한 활발한 항해무역에 별다른 영향을 끼치지 않았다. 사람들의 주목을 끈 것은 중국범선의 필리핀군도 및 아랍국가 까지 확장된 항해였다. 원양상선은 천주나 광주로부터 남하하여 해남도(海南島)를 거쳐, 베트남 동해안을 가로질러 동쪽으로 항해하면서 필리핀군도의 삼서(三嶼)·마일 (麻逸, 민도르섬) 등을 지나, 마닐라와 술루군도에 이를 수 있었다. 또한 베트남 해안의 동쪽 해양 연안을 따라 직접 말레시아 반도에 이르렀고, 또 동남쪽으로 축서(竺嶼, 말레이반도 동남쪽 섬)에서 남하하여 12자석(子石, 카리마타군도)을 지나 쟈바에 다다른다. 여기에서 다시 동쪽으로 저물(底物, 帝汶島)에 이르고, 북상하면 발니(渤泥)·만년항(萬年港)과 단용무라(丹 戎武羅 ,현재 보르네오섬)에 이른다. 이런 항선 및 지역은 모두 송원시기 항해업의 커다란 성과였다. 이는 중국범선의 활동공간을 확대한 동시에 중국과 동남아시아군도 지역과의 경제·무역관계를 강화하였다. 서쪽으로는 인도·아랍지역까지 활약하였으며, 멀리는 아프리카 동해안 등지에서도 활약하였다.

중국범선이 동남아시아를 비롯하여 여러 나라를 항해하는데, 말래캐[馬 六甲]해협이 중요한 중간 기점이었다. 이 지역은 중국 상선이 동북계절풍을 타고 이 곳에 도착하고, 또 서남계절풍을 이용하여 인도나 아랍지역으로 가는 전환지역이며, 물자의 보급기지이기도 하였으며, 또 각지에서 상선 및 화물이 모이는 곳이기도 하였다. 중국 상인은 아랍으로 가는 도중 삼불제 (三佛齊, 수마트라 팔렘방)에 이르러 배를 수리하였고 화물을 바꾸어 실었다. 먼 곳의 상인들이 모두 모여들기 때문에 최성(最盛)이라고 불렀다.[55] 실제로 정화가 서양으로 간 항로는 송원시기 이 해운망의 일부지역에서 활동한 것이었으며, 역시 말래카해협을 중간기점과 기지로 삼았다. 정화가 서양으로 간 것은 관에서 조직한 항해였기 때문에 그 규모가 방대하였다. 그러나 원대에 일본 · 점성 · 쟈바에 대한 군사항해 역시 관에서 조직한 것으로, 규모 또한 정화가 서양으로 간 것보다 작지 않았다.

송원시기에 중국범선은 항로에 익숙하여, 항해시간을 단축할 수 있었다. 진대에 법현이 인도선박에 탑승하여 쟈바로부터 광주(廣州)에 도달하는데 50여 일이 소요되었다. 당시 중국범선의 항해시간에 대한 상세한 기록이 없지만, 최소한 그 정도의 시간은 필요했을 것이다. 송대의 중국선박은 광주로부터 쟈바에 이르기까지 한 달 밖에 필요하지 않았다. 광주로부터 수마트라 서북의 난리(蘭里)까지 이르는데 일반적으로 40일이 필요하였으며 또 30일 정도면 인도 남쪽의 쿌른[故臨]에 도착하고, 다시 30일이면 곧 아랍반도 남부에 도착한다.

항해 과정에서 중국선박은 나침반과 지도를 사용한 기록이 당대의 백월(百越)지역에 관한『선화사고려도경』에 나타났다.[56] 남해항로는 북송 함평(咸平) 6년(1003)에 광주 관원 증진이 조정에 바친『해외제번도(海外諸番圖)』에 실려있다.[57] 남송 조여괄이『제번지(諸蕃誌)』를 쓸 때 역시 제번도를 열람하여 참조할 기회가 있었다.[58] 비록 이런 자료들이 모두 전해 내려오지는 못하였지만, 명대 정화의 항해도에서 도경이 선박의 지나간 항로상의

55) 朱彧,『平州可談』, 卷2.
56) 崇貞,『南海縣誌』, 舊序, 陳大震序文.
57)『續自治通鑑長編』, 卷54.
58) 趙汝适,『諸蕃誌』自序.

지리적 특징을 그린 것이나, 대체로 해외 각국의 지리위치를 표시한 것임을 알 수 있다. 항해방향에 있어서는 천기·풍신·조류·항해방향 등을 포괄한 여러 가지 항해구결들이 총망라되었다. 예를 들면 "위로는 칠주(七洲, 남해북부 수역)가 있고 아래로는 곤륜(昆侖, 월남남방 근해)이 있다. 계미타실(針迷舵失)하면 사람과 배가 어이 존재하랴"[59]라고 하여, 위험한 항해구역을 일깨워주고 있다.

나침반의 응용은 송원시기의 항해가 새로운 시대로 들어서도록 하였다. 전국시대에 이미 나침반 성질을 갖고 있는 의기 사남(司南)은 발명되었다. 그러나 그것을 광범위하게 사용하는 데는 수백 년이란 시간이 걸렸다. 당대 중후기 나침판은 풍수가들이 집과 무덤의 지점과 방향을 정하는데 사용되었다.[60]나침반이 항해에 이용된 제일 이른 기록은 선화원년(宣和元年, 1119) 주욱(朱彧)이 쓴 『평주가담(萍洲可談)』에서, "주사(舟師)가 지리를 알고 밤이면 별을 관측하고, 낮이면 해를 관측하며, 흐리고 음침한 날에는 나침반을 관측한다"고 한 것이다. 이를 보면 나침반이 실제로 항해에 응용된 시기는 책에 기록되어 있는 것보다 더욱 이른 시기여야 한다. 선화 5년(1123) 서긍이 고려에 사신으로 갈 때도 나침반을 사용하여 항해하였다.[61] 초기 항해 나침반은 수부식(水浮式, 물에 뜨는 방식)으로, 모두 24개의 방위로 나뉘었다. 이는 항해자들이 정확한 방향을 잡아 목적지에 빨리 도착할 수 있도록 하였다. 나침반을 사용하여 확정한 항로를 침로(針路)라고 하며, 명·청시기까지 전해져 후인들이 참고할 수 있도록 하였다. 나침반은 아랍 사람들에 의하여 유럽에 전해졌으며, 중국은 세계항해사 발달에 커다란 공

---

59) 王大淵, 「昆侖條」, 『島夷誌略』.
   여기에서 칠주는 중국의 서사군도이며, 곤륜은 지금의 베트남의 곤륜이다.
60) 呂作昕, 1989, 「我國指南針問世在唐朝」, 『文匯報』 3版, 上海.
61) 徐兢, 『善和奉使高麗圖經』, 卷34.

헌을 하였다.

따라서 신안선의 항해에도 나침반이 사용되었을 것으로 보이는데, 인양하지는 못하였다.

4. 소결

위의 내용을 정리하면 다음의 몇 가지로 요약할 수 있다.

첫째, 송원시기에는 조선업에 많은 발전이 있었다. 이 시기는 중요한 선박 건조 지역이 많고 수량이 방대하였으며, 제작기술이 복잡하고 보다 선진적인 방법이 사용되었던 사실 등이 여러 방면에서 확인된다. '요'는 송원·명초까지 널리 사용되었던 조선용어로, 일종의 용적단위를 의미하는데, 선박의 주요 부분인 용골 길이·선면의 너비·선창의 깊이를 곱한 적(積)을 표시하였다. 요는 치수·적재량과 긴밀한 관계를 갖고 있다. 따라서 중국선박의 요는 선박의 크기를 나타내는 단위로써, 적재량에 의한 배의 크기를 가늠하는 척도로 파악하는 것이 타당하다. 송대의 대형 상선은 5,000료였는데, 원대에는 송대의 대형 상선 보다 좀 더 규모가 커졌을 것이다. 선박의 대형화는 역시 송원시기 조선업이 번영한 주요 특징의 하나로써, 원양항해무역의 비약적인 발전에 커다란 영향을 미쳤다.

둘째, 항해업이 비약적으로 발전하여 중국 상선의 무역범위가 확대되었다. 중국의 범선은 이전 해외무역의 중심 지역이었던 고려·일본과 동남아시아 반도지역을 벗어나, 필리핀군도·몰루카즈군도 및 인도양의 드넓은 지역에 대한 항해활동을 확대하였다. 광활한 범위를 중국 범선은 순조롭게 항해하였으며, 이전의 항해보다 시간을 많이 단축하였다. 나침반과 지도가 원양항해에 광범위하게 사용되었다. 원양항해 및 항해기술의 발달로 인하여 배를 이용한 무역로가 동·서양의 모든 지역을 대상으로 하는 세계적인 무역로의 발달을 이끌었다. 물론 여러 지역에 대한 항해를 통하여 항해기술이 발달하였고, 지역의 특색에 맞는 항해가 이루어졌을 것이다. 또 해류와 조류에 따른 계절적인 환경변화 등에도 능숙하게 적응하면서 무역의 발전을 증대시켰다.

셋째, 선박제조 기술이 발달하였다.

넷째, 원양상선의 대형화로 무역규모에 있어서 커다란 발전을 가져 왔다. 물론 선박의 제조기술과 항해기법의 발달에 기인한 것이지만, 선박의 대형화를 통한 안전성의 제고가 수송과 선단의 선원들로 하여금 항해에 대한 두려움을 떨쳐버릴 수 있다는 믿음을 갖게 하였다.

VI. 신안선 적재유물의 내용과 특성

    중국 원대의 상선인 신안선은 원양상선으로 중국선박 연구관계와 『선화봉사고려도경』의 기록 등을 비교하면, 중형 상선으로 200톤 이상을 적재할 수 있는 선박이었다.[1] 이 선박에는 당시의 무역의 규모와 거래된 물품을 확인할 수 있는 다양한 유물이 적재되어 있었다. 이러한 유물에 대한 개별적인 분석 및 고찰은 수량이 너무 많아 본고에서는 인양유물 중 출항지·국적·연대·하주단·직명·지명·공예적 가치가 있는 유물 등의 고찰에 중점을 두고자 한다. 나머지 유물들은 개괄적으로 소개하여 무역품에 대한 종류와 특성을 서술하고자 한다.

    유물은 선체의 내부와 외부에서 발견되었는데, 내부에 적재된 도자기들은 길이 50~70cm, 너비 40~60cm, 높이 40~60cm 정도의 목재상자에 10~20개씩 포개서 끈으로 묶어 수십 개 또는 수백 개씩 정연하게 담겨져

---

1) 陳希育, 1991, 『中國帆船與海外貿易』, 廈門大學出版社, p. 47.

있었다. 발굴 인양된 유물은 총 23,502점이며, 이 중 도자기·토기류 20,661점으로 청자 12,359점, 청백자 5,303점에 달한다. 이들 신안해저 도자기는 중국산으로서 용천요계(龍泉窯系)와 경덕진요계(慶德鎭窯系) 도자기가 주를 이루고, 천목(天目)과 균요계(鈞窯系)의 도자기 694점, 토기류 1,305점 인양되었다. 금속유물 729점, 석제유물 43점, 목제유물 및 기타 574점, 이밖에 동전이 약 28톤이고, 자단목이 1,017본 발굴되었다. 이들 유물 중에 고려청자 7점을 비롯한 고려유물과 나막신·칼코 등 일본유물 20여 점도 포함되어 있어, 신안해저유물의 중요성을 말해준다.

그리고 신안선에 적재된 유물의 상황을 보면, 먼저 1천 본이 넘는 자단목이 선저에 골고루 반입되었고, 그 위에 28ton이 넘는 동전들이 적재되었으며 계속해서 위 부분에 도자기·칠기·금속제품 등의 고가품의 상품들이 많은 목상자에 격납되어 포개진 상태로 놓여 있었다. 이러한 유물의 인양은 목상자에 적재된 유물을 먼저 인양하고, 후에 흡인호스를 이용하여 선체내부의 토사를 제거하면서, 작업을 실시하였다. 이들 유물을 간략하게 정리하면 <표 7>2)과 같다.

위의 <표 7> 유물은 양이 너무 많아 이를 몇 개의 종류로 구분하여 특성을 정리하고, 이를 통해 당시 무역품의 대한 특징을 살펴보고자 한다.

---

2) <표 7>의 작성은 『신안해저유물』 종합편의 통계를 기준으로 하여 재작성하였다. 하지만 선체편은 복원하면 편들을 유물 수량으로 구분하기는 힘들지만, 본고에서는 형식상 분류에 의하여 점수로 분류하였다. 목제·씨앗류 유물에 대한 분류를 따로 하지 않고 기타로 분류하였는데, 본고에서도 이 후 연구자들의 혼란을 피하기 위해 기존 분류에 따르고, 본문에서 따로 수량에 대한 정확한 고찰을 하고자 한다. 그리고 동전은 수량이 많아서 ton과 kg 단위로 표시하였지만 이를 점수로 하면 800여 만 개 정도가 될 것으로 추정된다.
유관현, 1988, 「유물의 종류와 수량」, 『신안해저유물』 종합편, 문화재관리국, p. 144.

<표 7> 신안해저유물의 분류 및 수량

구분	기간	도자기					금속	석제	동전	자단목	선체편	기타	계
		청자	백자	흑유	잡유	백탁유							
1차	1976. 10~11	52	20	2	23							15	112
2차	1976. 11~12	1,201	421	54	9	18	12					169	1,884
3차	1977. 6~7	1,900	1,866	56	604	74	264	4				138	4,906
4차	1978. 6~8	2,787	1,289	96	623	63	86	11				91	5,046
5차	1979. 6~7	76	21	29	101		6		203				436
6차	1980. 6~8	1,112	200	30	66	2	31	2		20	8	18	1,489
7차	1981. 6~8	1,528	668	63	143	17	105	5	1~7차3 톤	3	18	35	2,585/3톤
8차	1982. 5~9	983	328	41	220	6	109	9	18톤	452	176	45	2,369/18톤
9차	1983. 5~11	1,013	307	61	467	3	102	6	7톤	334	239	47	2,579/7톤
10차	1984. 6~8	1,669	178	72	48	4	14	6	18kg	4	3	16	2,014/18kg
최종 확인	1984. 9	38	5	2	1	1				1	1		49
확인 조사	1987. 4~5	18	8	3	1			2	1.6kg			1	33/1.6kg
계		12,377	5,311	509	2,306	188	729	45	28톤 19.6kg	1,017	445	575	23,502/ 28톤19.6kg

1. 고려유물과 일본유물

신안해저 인양 유물 중에는 고려자기가 몇 점 포함되어 있다. 종류는 매병·대접·잔탁·베개[枕]·연적(硯滴) 등이 있는데, 이 중 청자사자연 적은 그 형태와 얼굴 등의 세부 표현이 매우 독특하다.<그림 24>

이 자기들은 12~13세기에 강진군 사당리요와 부안군 유천리요에서 생산 된 것으로 추정된다. 고려자기의 인양으로 신안선의 고려 기착과 교역을 유추할 수 있으나, 제작 시기의 차이점이나 전체 유물 중 적은 수량인 점, 배에 실린 위치 등으로 미루어 볼 때 당시 중국에서 수집되어 실린 것으로 짐작된다. 하지만 신안선이 고려를 중간기착지나 무역대상으로 삼았다면 고려에서 구입하여 중개무역 혹은 중국으로 운송하였을 개연성도 충분하다 고 하겠다. 동경 20여 점이 출토 되었는데, '자후(子厚)'명경은 고 려 동경의 가능성이 있다.<그림 25>

또한 청동숟가락[匙] 중에서 손잡이가 완만한 곡선을 이루면 서 끝에 Y자형의 장식을 한 유물 은 고려시대 유적에서 출토되는 숟가락과 같은 형태로서 고려 유 물로 추정된다.<그림 26>

기존의 연구3)는 신안선의 항

<그림 24> 청자사자연적

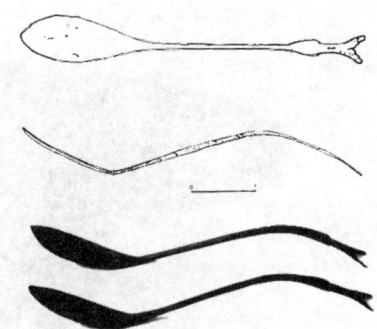

<그림 25> 고려유물추정 「자후(子厚)」명 동경   <그림 26> 고려유물 추정 청동숟가락

로를 다루면서 고려기항설을 희박한 것으로 보고 있다. 하지만 고려도자기 이 외에 동경·숟가락·젓가락 등이 공반되어 인양된 점은 고려기항설을 뒷받침하고, 승선인원 중에 고려인의 승선 가능성은 충분하다. 그리고 당시 의 중국이나 일본에서는 숟가락의 사용이 활발하지 하지 않은 문화의 속성 을 가지고 있었다. 현재도 이들 문화권에서는 숟가락의 사용이 보편적으로 사용되지 않는다.

그리고 당시 시대상으로 보아 바람을 잘 이용하여 3~4일 혹은 일주일 이내에 일본까지 항해가 가능하다고 하더라고, 날씨의 변화나 부식·항로 문제 등을 종합할 때, 고려에 기항하였을 가능성은 충분하다고 생각된다.

일본유물은 칠기·동경·장기말·나막신·모란문회유병·칼코·칼자 루·대절인(大切刃)·소절인(小切刃) 등이 출토되었다. 이 유물들은 일본 인 승선자와 관련된 것으로 추정된다.

장기말은 당시에 선상에서 시간을 보내는데 실제 쓰였던 놀이기구로 생 각되며, 지금까지도 성행하고 있는 점이 흥미롭다. 나막신은 굽이 높은 형식

---

3) 윤무병, 1988, 「종합적결론」, 『신안해저유물』 종합편, 문화재관리국, pp. 543~545.

<그림 27> 일본유물 나막신[下駄]

으로 일본에서 9세기부터 16세기까지 형태의 변화가 거의 없었다. 하지만 이 나막신은 일본인이 실제로 사용한 것으로 14세기 초의 형태를 대표한 다.<그림 27>

모란문회유병은 중국이나 고려의 매병과 연결되는, 입이 좁고 어깨가 넓은 술항아리로 추정된다. 어깨와 허리에 걸쳐 모란당초문이 선각되어 있고, 전면에 연한 회녹색의 회유가 시유되었으며, 가마쿠라시대(1185~1392)의 특색을 잘 보여주는 것으로, 비슷한 시기의 것이 일본 각지에서도 출토되었다.

일본유물은 주로 선상생활에 사용되었던 것들이다. 시간을 보내는데 용이한 장기, 음료수나 술을 마시는 모란문회유병, 선상에서 걸어 다니는 용도로 쓰였을 나막신, 지휘용이나 사람을 다스리는데 쓰였을 칼, 액체나 국 등을 담았을 것으로 생각되는 칠기, 모양을 내는 동경 등은 개인 생활용품의 특성을 그대로 표현하는 좋은 예라고 할 수 있다. 이들 유물을 표로 나타내면 <표 8>[4]과 같다.

---

4) 본고에서 작성한 <표 8>의 발견 위치에 대한 도면은 발굴당시의 도면을 인용하였다. 유물분류는 『신안해저유물』 보고서를 참조하여 작성하였다. 발굴 당시에는 9격벽

<표 8> 일본제품과 선원 소지품 발견위치

구분	발견위치	일 본 유 물	선 원 관 련 유 물
1	선미좌현외곽	고뢰호매병(古瀬戸梅瓶)(1)	칼자루[刀柄](2), 칼코[鐔](3)
2	선미우현외곽	동경(3)	고려청동제숟가락(1)
3	Ⅰ·Ⅱ구역	칠화주칠완(3), 고뢰호매병(1) 쌍작문방경(1), 사전쌍작문방경(1)	
4	Ⅲ구역	·	두개골(1) 청동젓가락(3벌)
5	Ⅳ구역	칠화주칠배(1), 나막신(1) 장기말(2)	주사위(1)
6	Ⅴ구역	나막신(1)	칼자루(2), 주사위(1)
7	Ⅵ·Ⅶ구역	장기말(5)	주사위(1)
계		20	15

2. 금속유물

신안해저유물은 시대적으로 중국 송말원초(13세기 말~14세기 초)에 해당되는 시기로, 역사학에서는 중세 혹은 근세라는 개념이 설정된다. 하지만 문헌사학에서 다루지 못하는 실제적인 유물과 당시의 기록을 비교하면 좀더 발전적인 역사적 사실이 규명될 수 있을 것으로 생각된다.

이러한 관점에서 신안해저에서 인양된 금속유물은 동전을 비롯해서, 중국·고려·일본인의 생활에서 실제 사용하였던 생활용품과 주방용기·공예품 등이 인양되었다. 이러한 유물을 통하여 당시 승선선원의 성격과 구성인원에 대한 고찰 및 경제·문화생활에 대한 일면을 살필 수 있을 것으로 생각된다.

10격창으로 구분하였지만, 인양된 선체를 종합하여 축소모형을 제작한 결과 7격벽 8격창으로 최종 확인되었다.

1) 동전

신안해저에서 많은 양이 인양되어 당시 사회·경제의 상황을 살필 수 있는 동전은 중요성에 비하여, 아직 연구가 초보단계에 머무르고 있다. 보존처리를 하는 과정에서 성분분석과 시대별 종류를 구분하여 서술하고 있을 뿐이다. 당시의 경제의 중심은 중국을 정점으로 하여, 속국이 된 고려와 일본의 동북아 무역지역과 동남아시아를 중심으로 하는 무역은 물론 원의 세력이 인도는 물론 유럽에까지 미쳤던 세계적인 교역범위였다. 따라서 역사적으로 정치·경제·사회·문화의 영향 아래에 있던 고려와 일본은 화폐의 발달에 있어서도 중국의 영향을 받았다. 당연히 자국에서의 화폐발전은 낙후는 결과로 나타났다.

신안선이 공무역이나 사무역의 성격을 떠나, 막대한 양의 무역이 이루어진 것은 인양된 유물을 통하여 증명되었다. 하지만 원의 일본 정벌이 실패함에 따라 공무역이 힘든 상황에서, 일본의 가마쿠라막부는 사무역을 통하여 중국의 화폐를 수입하였다는 기록이 보인다.

따라서 인양된 동전을 중심으로 당시의 경제생활에서의 동전의 역할과 무역관계를 살펴보고, 고려·일본에서 중국 동전의 유입과 중국의 화폐유출 관계를 살펴보고자 한다.

(1) 동전의 분류

신안해저에서 인양된 동전은 1976년 1차 발굴조사부터 1984년 10차 발굴조사 시기까지 28ton 18kg에 이른다. 이를 발굴시기에 따라 세분하면, 1차~7차까지는 3ton이 출토되었고, 8차 발굴에서는 18ton이 인양되었다. 9차 발굴에서는 7ton, 10차 발굴과 최종확인 정리 작업 시까지 18kg이 인양되었다.5) 이렇게 인양된 동전은 800만 개가 넘는 것으로 추정된다.6) 동전은 선체의 선미 쪽에 많이 적재되어 있었는데, 동전의 무게로 배의 균형을 유지하기 위한 방법으로 선미부분 적재하였을 가능성도 있다. 동전은 나무상자에 담지 않고 끈으로 몇 백 매씩 묶어 포대에 담아 놓았는데, 목패가 놓여있는 점으로 보아 하주들이 자신의 동전에 표식을 하였음을 알 수 있다.

이렇게 인양된 동전을 분류하면, 당시 중국이나 기타 지역에서 사용되었던 화폐에 대한 종류 및 유통관계를 파악할 수 있을 것이다. 따라서 인양된 동전은 당시 동아시아의 화폐 유통에 대한 종합적인 고찰을 할 수 있는 중요한 자료이다. 이를 <표 9>7)와 같이 분류하여, 시대별 동전의 종류를 파악하면 아래와 같다.

---

5) 이호관, 1988, 「금속류(동전포함)」, 『신안해저유물』 종합편, 문화재관리국, p. 185.
6) 윤무병, 1984, 「동전」, 『신안해저유물』 자료편Ⅱ, 문화재관리국, p. 73.
7) <표 9>의 동전목록은 『신안해저유물』 종합편, 보고서의 <표>를 재편집하여 작성하였다.
   이호관, 1988, 앞의 글, p. 186~187.

<표 9> 신안해저 인양 동전 목록 일람표

구분	동전명	시	대	종류	비고
1	貨 泉	新國 王莽 (天鳳元年, 14年)		1	
2	五 銖	後漢 (25~219年)		2	
3	開元通寶	唐 高祖 (武德4年, 621年) 唐 武宗 (會昌年間, 841~846年) 南唐 (元宗年間, 943~960年)		20	
4	乾元重寶	唐 肅宗 (乾元2年, 759年)		4	
5	大唐通寶	南唐 (元宗年間, 943~960年)		1	
6	漢元通寶	後漢 隱帝 (乾祐元年間, 948年)		1	
7	周元通寶	後周 世宗 (顯德2年, 955年)		5	
8	唐國通寶	南唐 元宗 (顯德6年, 959年)		1	
9	宋元通寶	宋 太祖 (開寶年間, 968~975年)		8	
10	太平通寶	宋 太宗 (太平興國年間, 976~983年)		2	
11	天福通寶	安南 黎桓 (天福 5年, 984年)		1	베트남
12	淳化元寶	宋 太宗 (淳化年間, 990~994年)		4	
13	至道元寶	宋 太宗 (至道年間, 995~997年)		3	
14	咸平元寶	宋 眞宗 (咸平年間, 998~1003年)		2	
15	慶德元寶	宋 眞宗 (慶德年間, 1004~1007年)		2	
16	祥符通寶	宋 眞宗 (祥符年間, 1008~1016年)		2	
17	祥符元寶	宋 眞宗 (祥符年間, 1008~1016年)		2	
18	天禧通寶	宋 眞宗 (天禧年間, 1017~1021年)		1	
19	天聖元寶	宋 仁宗 (天聖年間, 1023~1031年)		3	
20	明道元寶	宋 仁宗 (明道年間, 1032~1033年)		2	
21	景祐元寶	宋 仁宗 (景祐年間, 1034~1037年)		3	
22	皇宋通寶	宋 仁宗 (寶元 2年, 1039年)		9	
23	皇宋元寶	宋 仁宗 (寶元 2年, 1039年)		8	
24	慶曆重寶	宋 仁宗 (慶曆年間, 1041~1048年)		2	
25	至和通寶	宋 仁宗 (至和年間, 1054~1055年)		1	

구분	동전명	시 대		종류	비고
26	至和元寶	宋 仁宗	(至和年間, 1054~1055年)	3	
27	嘉祐通寶	宋 仁宗	(嘉祐年間, 1056~1063年)	2	
28	嘉祐元寶	宋 仁宗	(嘉祐年間, 1056~1063年)	2	
29	治平通寶	宋 英宗	(治平年間, 1064~1067年)	3	
30	治平元寶	宋 英宗	(治平年間, 1064~1067年)	5	
31	熙寧元寶	宋 神宗	(熙寧年間, 1068~1077年)	8	
32	熙寧重寶	宋 神宗	(熙寧年間, 1068~1077年)	3	
33	元豊通寶	宋 神宗	(元豊年間, 1078~1085年)	14	
34	元祐通寶	宋 哲宗	(元祐年間, 1086~1093年)	11	
35	紹聖元寶	宋 哲宗	(紹聖年間, 1094~1097年)	10	
36	元符通寶	宋 哲宗	(元符年間, 1098~1100年)	5	
37	聖宋元寶	宋 徽宗	(建中靖國元年, 1101年)	7	
38	崇寧通寶	宋 徽宗	(崇寧年間, 1102~1106年)	1	
39	崇寧重寶	宋 徽宗	(崇寧年間, 1102~1106年)	2	
40	大觀通寶	宋 徽宗	(大觀年間, 1107~1110年)	3	
41	政和通寶	宋 徽宗	(政和年間, 1111~1117年)	7	
42	宣和通寶	宋 徽宗	(宣和年間, 1119~1125年)	8	
43	建炎通寶	南宋 高宗	(建炎年間, 1127~1130年)	3	
44	紹興通寶	南宋 高宗	(紹興年間, 1131~1161年)	2	
45	紹興元寶	南宋 高宗	(紹興年間, 1131~1162年)	8	
46	正隆元寶	金 帝亮	(正隆年間, 1156~1160年)	2	
47	隆興元寶	南宋 孝宗	(隆興年間, 1163~1164年)	2	
48	乾道元寶	南宋 孝宗	(乾道年間, 1165~1173年)	3	
49	淳熙元寶	南宋 孝宗	(淳熙年間, 1174~1189年)	18	
50	大定通寶	金 世宗	(大定15年, 1175年)	3	
51	紹熙元寶	南宋 光宗	(紹熙年間, 1190~1194年)	11	
52	慶元通寶	南宋 寧宗	(慶元年間, 1195~1200年)	12	
53	嘉泰通寶	南宋 寧宗	(嘉泰年間, 1201~1204年)	4	
54	開禧通寶	南宋 寧宗	(開禧年間, 1205~1207年)	4	

구분	동전명	시 대	종류	비고
55	嘉定通寶	南宋 寧宗 (嘉定年間, 1208~1224年)	13	
56	大宋元寶	南宋 理宗 (寶慶年間, 1225~1227年)	1	
57	紹定通寶	南宋 理宗 (紹定年間, 1228~1238年)	9	
58	嘉熙通寶	南宋 理宗 (嘉熙年間, 1237~1240年)	1	
59	淳祐元寶	南宋 理宗 (淳祐年間, 1241~1252年)	2	
60	開慶通寶	南宋 理宗 (開慶元年, 1259年)	1	
61	景定元寶	南宋 理宗 (慶定年間, 1260~1264年)	4	
62	咸淳元寶	南宋 度宗 (咸淳年間, 1265~1274年)	2	
63	至大通寶	元 武宗 (至大3年, 1310年)	3	
64	大元通寶	元 武宗 (至大3年, 1310年)	1	
65	天下太平	唐宋以來 製作 銅錢	1	
66	花紋錢		1	
총계 : 66건 299종				

위의 <표 9>에서 알 수 있는 바와 같이, 엄청난 양의 동전은 각 시대별로 생산된 동전을 무작위로 포장하여 선 중간 부분에서 선미부분까지 선저부에 적재되어 있었다. 동전을 금속현미경의 관찰을 통한 금상학적 연구 결과를 보면, 동전의 구체적인 성분을 알 수 있다.

고대 중국 동전의 화학성분은 구리(Cu)・납(Pb)・주석(Sn)계 합금이 7 : 2 : 1로 함유되었으며, 납(Pb)의 함량은 시대적으로 분류하면 평균 수준을 나타내다가 후기(남송, 1190~1264)에는 5 : 4 : 1로 다량 함유된 것으로 나타났다. 현미경 관찰에 따른 금상학적 측면에서 조직을 분류하면, 위의 화학조성에서 분류된 것과 같이 납의 함량에 따라 조직도 변화되어 나타났으며, 주조 시에 구리와 납의 현저한 비중차로 두 액상으로 분리되어, 납은 독립상으로 뭉쳐져 구형의 조직 형태를 나타내고 있다.

또한 동전의 주조 기술 및 정련기술은 초기에 7 : 2 : 1로 합금되어 잘 발달된 수지상(樹枝狀, Dendrite)조직이 형성되어 있으며, 기공이나 불순물 등이 존재하지 않고 주물의 냉각속도도 잘 이루어져, 조직이 균일하고 미세하며 수축현상도 나타나지 않았다. 그러나 남송시대에는 납의 함유량이 많아 재질이 취약하고, 기공·불순물 및 비합금 개재물 등이 내부 조직에 나타나 당시의 주조기술·정련기술이 취약함을 알 수 있다.[8]

즉 송대에는 화폐의 연대가 내려감에 따라 구리 및 주석의 함유량은 적어지며 납의 함량이 많아지는 것으로 분석되었다. 또한 주성분원소의 함량이 증가하는 것을 알 수 있었다.[9] 시대가 내려감에 따라 주석보다 값이 싸고 주조성이 좋은 납을 많이 사용한 것으로 추정된다.[10] 이러한 금상학적 성분 결과를 볼 때, 동전의 주조에 있어서도 시대상이 반영되고 있음을 확인할 수 있다. 정치·경제·사회적으로 안정된 시기의 동전은 구리·납·주석 계 합금이 7 : 2 : 1의 적당한 비율로 이루어지지만, 혼란기로 접어든 남송시기에 이르면 납의 첨가가 증가하여 금속조직의 불균형을 초래하게 된다. 하지만 당시의 중국 동전은 동북아시아 무역에 있어서는 아주 중요한 역할을 하였다.

그리고 금대(金代)에 제작된 제량(帝亮, 정융년간, 1156~1160)은 주성분의 조성 중 주석(Sn)이 납(Pb)의 함량보다 많은 특징을 나타내고 있다. 이 점은 신안해저 인양 동전의 분석결과 중 매우 특이한 현상으로, 이러한 주성분의 조직 비율이 인위적인 조작에서 이루어졌는지 아니면 원료공급의

---

8) 강대일 외, 1991, 「고대 중국 동전의 금속 조직 연구-신안 해저 동전을 중심으로-」, 『보존과학연구』 제 12집』, 문화재연구소, p. 10.
9) 이창근 외, 1985, 「신안 동전성분분석에 관한 연구(Ⅰ)」, 『보존과학연구』 제 6집, 문화재연구소, p. 176.
10) 이창근 외, 1986, 「신안 동전성분분석에 관한 연구(Ⅱ)」, 『보존과학연구』 제 7집, 문화재연구소, p. 181.

수급과정에서 이러한 비율이 나타났는지에 대한 검토가 필요할 것이다.[11]
금이 제작한 동전에 화학조성이 다르게 나타나는 현상은 사회적인 변화에
따른 경제생활의 패턴 변화와도 밀접한 관련이 있을 것으로 보인다.

　이상의 동전에 대한 분석 결과를 종합하면, 분석한 동전은 모두 57건
123종으로 주성분원소는 구리·납·주석계의 청동화폐이다. 대략적인 비
율은 6 : 2 : 1로 기복이 있는 편이고 미량성분원소(Sb·Fe·Zn)와 아주
작은 원소(Ag·Ni·Co) 및 흔적 원소(Mn)으로 분류되었다. 남송 효종 건도
년간(乾道年間, 1165~1173)에서부터는 연대가 내려감에 따라 구리 및 주
석의 함량이 적어지며 납의 함량이 증가되고 있다. 이는 시대가 내려 갈수록
동의 수요가 급증됨에 따라, 값이 싸고 주조성이 좋은 납을 많이 대용한
것으로 사료된다.[12]

　이러한 결과는 동의 수요 급증 뿐 만 아니라 외국으로 유출되는 동전량이
많아 공급이 수요를 감당하지 못해 발생한 현상으로도 볼 수 있다. 이에
대한 근거로써 송나라는 화폐의 국외 반출을 제한하였다.

(2) 동전의 사회·경제적 역할

　동전이 주를 이루는 화폐는 거래를 원활히 하기 위하여 쓰이는 매개물의
일종으로 가치척도·가치저장·교환기능 등이 있다. 화폐의 기원은 물물을
교환하기 위한 수단인데 조개껍질·곡물·베 등이 물품화폐로 사용되다가
금·은·동 등으로 화폐를 주조하여 사용되었고, 오늘날은 강제통용력을
가지는 지폐나 동전이 사용되고 있다. 기록에 의하면, 고조선 사회는 도둑질

---

11) 강대일 외, 1989,「신안침몰선 인양 중국 동전의 화학조성」,『보존과학연구』제 10집,
　　문화재연구소, p. 41.
12) 이창근 외, 1987,「신안 동전성분분석에 관한 연구」,『보존과학연구』제 8집, 문화재연
　　구소, p. 71.

을 한 사람은 많은 돈을 내어야 용서를 받았다는 기록이 있듯이, 화폐의 개념이 있었을 것으로 추정된다. 그리고 삼한의 변한(弁韓)에서는 철을 생산하여 인접국에게 수출하였는데, 이 시기에 다량으로 출토되는 판상 쇠도끼와 덩이쇠는 철을 소재로 사용되거나 교환수단으로 사용되었다. 이후 삼국 시대에 사용하였다는 금·은 무문전은 본격적인 화폐의 역할보다는 물물교환 수단이었을 것이다.

선사시대에는 물물교환이 이루어졌을 것으로 추정된다. 청동기시대에 대동강유역에서 팽이형토기와 함께 발견되고 있는 돌돈[石貨]은 직경 4cm의 원형으로 중앙에 구멍이 있어 동전과 같은 모양이나, 화폐로 사용되었는지는 불확실하였다. 철기시대가 시작되면서 일부 중국의 화폐가 유입되었다. 즉 연(燕)의 명도전, 한의 오수전, 신의 왕망전 등이 있다. 명도전은 전국시대에 손칼 모양의 청동화폐로 명자(明字)가 장식되어 명도전 이라는 이름이 붙었다. 명도전은 한반도 요동지역과 북부지역에 걸쳐 60여 개소에서 발견되었는데, 수십 매에서 수천 매가 단지 속에 매납(埋納) 된 상태로 발견되었다. 오수전은 무게가 오수(五銖) 즉 3.35g이어서 오수전이라는 이름을 붙였다.[13] 이와 같이 우리나라 화폐는 물물교환의 형식으로 이용되다가, 철기시대 이후에는 중국의 영향을 많이 받게 된다.

신안해저에서 인양된 동전은 신국 왕망(천봉원년, 14)대에 제작된 화천(貨泉)에서 원 무종(지대 3년, 1310)시기에 만들어진 지대통보까지 1300년에 달하는 다양한 시기의 동전이 인양되었다. 당에서 만들어진 개원통보(621), 남당의 개원통보(943), 송의 송원통보(968), 남송의 소흥원보(1131), 원의 대원통보(1310) 등 여러 시대의 것이 다양하였다. 이는 중국 역사를

---

13) 국립문화재연구소, 2002, 『한국고고학사전』 하, pp. 1313~1314.

통해서 한 번 제작된 동전은 시대의 흐름에 상관없이 화폐의 기능을 유지하였음을 의미한다. 즉 1300여 년에 달하는 왕조의 변천과 상관없이 제조된 동전은 화폐로서 기능을 갖고 있었다고 하겠다.

하지만 인양된 동전의 주를 이루는 것은 북송과 남송시기에 제작된 것이다. 금과 안남(安南, 베트남)에서 만들어진 화폐가 보이는 점은 무역관계가 활발하였음을 알려주는 근거 자료가 된다고 하겠다. 인양 동전에 대하여 동전이 각 시대별 또는 화폐단위별 등으로 분류 포장 된 것이 아니라 무작위적인 뭉치별로 포장되어 있었다는 점과 아울러, 함께 인양되었던 주석정(朱錫鋌)은 상자에 포장하여 선적하고 있었다는 점으로 볼 때, 화폐로서 사용하기 보다는 원료로서 원광과 동시에 무역의 대상재료로 선적된 교역품으로 보는 견해가 있다.[14] 하지만 이를 다른 용도로 볼 수 있는 근거 또한 충분하다고 여겨진다. 당시 일본은 가마쿠라시대로 각 사찰에서 무역단을 만들어서 중국과 교역을 통한 이익금으로 불사를 일으켰다는 기록이 있다. 그리고 화폐 단위에 있어서도 중국화폐와 일본화폐는 1:10 정도의 가치 차이가 있었다. 이런 동전을 굳이 원광으로 사용했을 지는 의문이다.

또한 동전과 함께 인양된 목패에 선적날짜와 무게의 단위인 십관(十貫) · 십이문(十二門) · 일전조미(一田무米)가 새겨져 있고, 화주의 이름 등이 기록된 것을 가지고 화폐의 기능보다는 상품가치가 있는 원료로 보는 견해가 있다.[15] 하지만 이러한 견해 또한 문구의 해석상의 차이로 볼 수 있다. 당시에는 화폐가 모든 교환수단의 중심이었다. 즉 당시에 주조된 동전의 무게는 시대별로 약간의 차이가 있지만, 제조 당시에는 일정한 무게를 지니고 있었다. 물론 시대별 무게 차이 때문에 이를 상품으로 인정할 수도 있지만, 이는

---

14) 이호관, 1988, 앞의 글, p. 234.
15) 이창근 외, 1988, 앞의 글, p. 340.

단편적인 생각이다. 목패에 새겨진 단위가 세밀하게 구분되어 있고, 신안유물 중 목패에 수량을 표시한 물품은 동전이 가장 많은 수량을 차지한다. 이것은 당시 무역관계에 있어 동전에 대한 가치를 부여하는 증거가 된다고 하겠다. 많은 수량을 한 개씩 계량단위로 하는 것도 쉽지 않기 때문에, 이러한 수량 단위로 표시하였을 개연성도 충분하다.

동전의 형태는 보존처리 결과 예외는 있지만, 거의가 원형이며 사각의 곽(郭)과 공(孔)이 있고 앞·뒤면 가장자리에는 연(緣)을 둘렀다. 그리고 동전에는 여러 서체로 해서·예서·전서·행서·초서가 새겨져 있지만 읽기가 쉬운 해서체가 대부분이다. 즉 동전은 화폐의 기능을 하는 교환수단으로 쓰이기 때문에 읽기 간편하고 문자가 분명한 해서체를 많이 사용하였다고 생각된다.

동전 중에는 중국이 아닌 984년 안남에서 만든 '천복진보(天福眞寶)'가 있다. 이는 당시의 무역관계를 밝히는 근거가 된다. 그리고 천하태평(天下太平)이라는 동전이 보이는데, 이는 화폐의 기능보다는 덕담이나 마스코트의 기능을 하였을 것으로 추론할 수 있다.

(3) 동전의 인양 의미

신안해저에서 인양된 선체에는 중국화폐의 역사를 한 눈에 볼 수 있는 막대한 양의 동전이 실려 있었다. 동전의 분석결과, 1300여 년에 달하는 세월동안 주조되었던 동전이 함께 인양되었다. 이 중에서 분류결과 가장 늦은 시기에 제작된 지대통보와 대원통보는 제작연대가 1310년으로, 신안선의 침몰시기를 추론하는데 중요한 역할을 하였다. 즉 신안선이 1310년 이후에 제작되어 출항하였다는 결정적인 자료를 제공하였다.

위에서 언급하였듯이 인양 동전의 성분분석 결과, 시기가 내려감에 따라 구리 및 주석의 함량은 적어지며 납의 함량이 증가되고 있다. 시대가 내려갈수록 동전의 수요가 급증됨에 따라 값이 싸고 주조성이 좋은 납을 많이 사용하였다고 하겠다. 그리고 중국의 왕조 교체에 따라서 구리·주석·납의 함유량에도 약간의 차이가 있었을 것으로 보인다.

금속광학현미경으로 관찰한 합금상태도는 구리 및 납의 양측 고용도가 없으며, 금속간 화합물도 존재하지 않음을 보여주고 있다. 즉 원소는 기계적으로 혼합하는데, 용융상태에서는 양자의 현저한 비중차로 두 액상으로 분리되므로 주조 시에는 교반하면서 주입한 것으로 생각되며, 조직사진에서 보이는 백색부분은 초정(初晶) 구리이며, 흑색부분은 백색의 결정입계에 밀려나 납이 326℃ 이하에서 응고한 것으로 생각된다.[16] 이렇게 원료의 비율에 따라서 동전의 주조에 차이가 나타나게 된다.

그리고 12세기 중엽에 이르면, 무역에 있어서 일본에서는 커다란 변화가 일어나게 된다. 이 것은 다름 아닌 화폐가 쌀 등의 현물에 대한 대체 수단으로 변해간다는 것이다. 황조십이전(皇朝十二錢)이 주조되어 일본경제에 일대 변혁을 가져오게 된다. 하지만 일본의 동전 주조기술은 미약하여 일반화에는 이르지 못하는 실정이었다. 따라서 일본 동전의 주조는 정지되고, 정부에서도 동전의 사용을 금지하였다. 그렇지만 화폐에 대한 대세를 거스르지는 못하고, 오히려 12세기 중엽이 되면 동전을 이용하는 매매무역이 계속된다. 이를 뒷받침하는 출토 동전이 구안 6년(久安六年, 1150) 팔월 이십오일, 대화국첨상군(大和國添上郡, 奈良縣) 동대사 향금소로 남안(東大寺鄕今小路南顔)에서 27관(貫)이 출토되었고, 응보 2년(應保二年, 1162) 십일월에 정확한 출토 지점은 불분명 하지만 경도부근(京都附近)에서 7관이

---

16) 이창근 외, 1988, 앞의 글, p. 341.

출토되었고, 안원 2년(安元二年, 1176) 육월칠일 경도서경 부근 좌위아문정(京都西京附近左衛門町) 50관이 출토되었다. 또한 현존하는 가마쿠라 시기의 최고의 것은 문치 3년(文治三年, 1187) 동전을 사용한 토지매매기록이 보인다. 이러한 동전은 물론 중국에서 수입한 동전이다. 13세기 초기에 이르면 일본정부에서 조세를 동전으로 받는다는 명문을 규정하는 등 송원시기 일본에서는 중국동전이 널리 유통되었다.[17]

이러한 결과로 볼 때, 신안선의 인양된 동전의 가장 큰 의미는 당시 동아시아에서 중국동전이 화폐로서 널리 사용되어 사회·경제적으로 중요한 역할을 하였음을 증명한다고 하겠다. 이는 당시 고분 등에서 발굴된 다양한 동전을 보아도, 당시 동전은 화폐로 널리 유통되었음이 명백하다고 하겠다.

하지만 일본의 삼대대불[18]을 분석한 결과를 토대로, 원광으로 보는 견해가 있다. 삼대대불의 분석 결과, 제작 당시 납 성분 평균치가 아스카대불[飛鳥大佛, 593~710] 2.96%, 나라대불[奈良大佛, 710~794] 0.55%, 가마쿠라대불[鎌倉大佛, 1185~1392] 19.57%를 나타냈다. 그리고 당시 중국 송 동전을 981~1163년까지 시대별로 5종을 분석한 결과 납 성분이 21.13~45.40%라는 결과를 얻었다. 분석결과를 보면, 가마쿠라시대는 납 성분이 매우 높다. 이는 시대에 따른 변화에서 납 성분이 차이가 날 수 있지만, 가마쿠라시대에는 송나라에서 다량의 동전을 수입하여 사용하였다. 수입한 동전을 녹여서 대불을 만들었기 때문에 납의 성분이 많고 주조기술에서도 많은 문제점이 있어 불순물이 검출되었다. 이 결과는 동전이 원광으로 사용되었다는 근거 자료가 된다. 하지만 송 동전과 가마쿠라대불의 납 성분도 10~20% 정도의

---

17) 葛嵐, 2001, 『7-14世紀 中日文化交流的考古學研究』, 中國社會科學出版社, pp. 232~233.
18) 일본의 삼대대불은 아스카대불(A.D. 593~710), 나라대불(A.D. 710~794), 가마쿠라대불(A.D. 1185~1392).

상당한 차이가 있다. 그리고 가마쿠라대불을 제작하기 이전에도 가마쿠라 오대당의 홍종을 주조하는 재료로 동전을 사용하였다는 기록이 있다.[19]

따라서 동전은 사회·경제적으로 유통되기도 하고, 원광으로 녹여서 불상 등을 만드는데 사용되었다고 보는 것이 타당하다.

2) 기타 금속유물

(1) 선원 생활용구

선원 생활용구로 추정되는 금속유물은 여러 가지가 있으나, 그 중에서 가장 대표적인 것은 동경이다.

청동경은 고려·중국·일본제품으로 생각되는 것이 각각 몇 점씩 20점 정도 인양되었는데, 이를 통하여 선원들이나 승선인원의 다양성을 생각 할 수 있을 것으로 생각된다. 당시에는 거울의 사용이 상당히 보편화되어 일반 서민들도 거울을 볼 수 있었다. 따라서 각국의 거울은 무역품으로서 성격보다는 선상에서 선원들이 보는 거울로 보는 것이 타당하다고 여겨진다.

각국의 거울의 특징을 보면, 고려경으로 추정되는 '자후(子厚)'명경이 있는데, 중앙에 도드라진 환뉴(環鈕)와 내구와 외구를 갖춘 통식의 거울이다. 환뉴를 중심으로 운문과 어룡문이 엇갈려 대칭적으로 배치되어 있다. 그리고 한쪽 면에 '자후'라는 명문이 새겨져 있다. 크기는 지름 10.3cm이다.[20]

청동쌍학환문경은 지름 11.2cm, 두께 1cm로 중앙에 구형뉴(龜形鈕)가 있고, 내외구를 설정하고 있다. 구형뉴를 중심으로 하여 대칭적인 환형쌍학문을 6개 배치하고, 외구에는 초화문을 10개 배치하였다. 보존처리 과정

---

19) 石野亨, 1977, 『鑄造技術の源流と歷史』, (株式會社)産業技術センタ-, pp. 136~142.
20) 이호관, 1983, 「금속제품」, 『신안해저유물』 자료편 I, 문화재관리국, p. 241.

<그림 28>
고려경 추정 청동쌍학환문경

<그림 29>
일본경 추정 청동사각쌍조문경

중에 쌍학문이 분리되는 현상이 일어났는데, 이는 쌍학문을 부착하였음을 보여준다.<그림 28>

일본경으로 생각되는 청동제사각쌍조문경은 사각의 장방경으로 몰딩한 1단의 외구를 거울 끝에 설정하고, 중앙에는 국화문좌에 단뉴가 갖추어져 있다. 이 부분에 두 마리의 새가 마주보며 하늘을 나는 듯 양각으로 장식되어 있다. 크기는 길이 17.5cm, 너비 15.3cm이다.[21] <그림 29>

중국경으로 생각되는 청동경은 거울 중심에 단뉴(單鈕)를 배치하고 그 주위에 굵고 넓은 소문의 내구대를 돌렸다. 경연(鏡緣)에는 외구를 내구와 유사한 상태로 돌렸다. 내구와 외구 사이에는 가는 띠를 2개 돌려서 그 내부에 소뉴(小鈕)를 배치하고 소뉴와 교차하여 문자를 4개 배치하였는데, '부(富)'·'귀(貴)'·'상(常)'·'가(家)'이다. 또한 문자와 소뉴 사이에는 서조(瑞鳥)와 같은 문양을 양각으로 화려하게 장식한 전형적인 중국의 동경이

---

21) 이호관, 1983, 앞의 글, p. 241.

<그림 30> 중국경 추정 청동경

다.[22]<그림 30>

동경은 고려시대에 들어오면 본래의 용도인 화장용구로 사용되면서, 원형·방형·능화형·종형 등 매우 다양한 형태에 각종 무늬가 다채롭게 장식된 거울들이 많이 사용되었다. 고려 거울은 이전 시기의 한경(漢鏡)이나 수·당 거울을 수입하거나 이를 모방하여 만든 것과, 송·원·요·금나라의 것을 모방하여 고려에서 제작하거나 이를 독창적인 고려거울로 만들었다.[23]

위에서 살펴본 바와 같이, 동경은 고려·중국·일본의 제품이 다양하게 몇 점씩 섞여 있다. 이는 선원들의 필수품인 숟가락·젓가락·청동경 등은 나라별로 선원들이 소지하고 승선하였을 가능성을 짐작케 해준다.

이외의 선원생활용구로 보이는 칼자루·칼코·숟가락·젓가락·주사위 등이 있다.

---

22) 이호관, 1985, 「금속제품」, 『신안해저유물』 자료편Ⅲ, 문화재관리국, p. 47.
23) 국립중앙박물관, 2002, 『고려·조선의 대외교류』, p. 13.

(2) 주방용기

주방용기는 상당량이 선미 부분에서 출토 인양되어 당시 선미 쪽에 주방 공간이 있어서 음식을 조리하고, 식사 공간으로 이용되었음을 알 수 있다. 주방용기는 숟가락·칼·국자 등을 포함한 청동주방용기를 위주로 살펴보면 아래와 같다.

청동주방용기(후라이팬) 2점을 살펴보면, 1점은 외곽구연부에 손잡이가 붙어 있는 냄비형으로 되어있으며, 손잡이는 목제자루와 연결시킬 수 있는 원형의 자루구멍이 있다. 크기는 높이 10.6cm, 입지름 28.4cm이다. 다른 한 점은 외반된 구연부에 손잡이가 붙어 있고 구연부 안쪽에 4조의 음각 띠가 둘려 있다. 크기는 높이 2.6cm, 입지름 31.9cm이다.

주방용기 중에 특징적인 것으로 맥류(麵類)나 튀김종류 등을 건져 올리는 용기가 있는데, 이는 내면에 수십 개의 작은 구멍이 뚫려 있어 그 용도를 짐작할 수 있게 한다. 이는 굽거나 튀기는 이외에 볶음요리 등에도 다양하게 사용될 수 있었을 것이다.<그림 31>

청동숟가락(중국형)은 중국에서 제작된 것으로 보인다. 형태를 살펴보면,

<그림 31> 청동주방용기

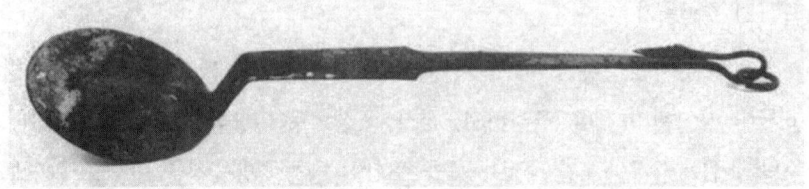

<그림 32> 중국형 청동숟가락

설부(舌部)가 둥근 원판에 음각선의 테두리를 돌리고 내부에 화려한 음각화문을 시문하였다. 자루 끝단에서부터 설부에 이르는 부분에는 화문과 침각(針刻)으로 된 화려한 당초문을 장식하였으며 특히 병부 끝단을 가늘게 단제(鍛製)하여 원형의 고리를 걸치게 하고, Ω형으로 조성하고 끝 모양이 학의 머리를 상형하여 나타낸 화려한 숟가락이다.[24] 크기는 길이 23.3cm, 지름 6.1cm이다. 이 숟가락이 약제용으로 쓰이거나 실제 음식물을 먹는 용도로 쓰였다면 중국인의 승선을 뒷받침하는 증거라고 하겠다.<그림 32>

청동숟가락(고려형) 중 고려형이 보이는데, 신안해저 인양된 금속유물 중에서 가장 특징적이고 고려인의 승선 가능성을 시사하는 것이 고려시대 숟가락으로 보이는 2점이다. 이 숟가락의 형태를 보면, 설부는 타원형이며 중심이 만곡(彎曲)되어 있다. 자루는 완만하게 곡선을 이루면서 끝에서 제비 꼬리모양의 장식으로 마무리를 하였다. 크기는 길이 27.2cm, 설부 폭 3.66cm로 고려시대 유적에서 많이 출토되는 양식과 동일한 형태를 이루는 것이다. 정확한 성분분석을 통한 고려유물과 비교하면 확실한 결과를 얻겠지만, 형태상으로는 틀림없을 것으로 생각된다.

이 숟가락을 음식물을 먹는데 사용하였다면 고려인들이 사용하였음은

---

24) 이호관, 1988, 「금속류(동전포함)」, 『신안해저유물』 종합편 , 문화재관리국, p. 171.

틀림없는 사실이었을 것이다. 즉 2명 이상의 고려인이 승선하였다는 것이 사실이라면, 신안선은 각국의 인원이 혼합되어 운항하였던 무역선으로서, 당시 활발한 경제교류가 있었음을 알 수 있다. 문화적으로 중국인과 일본인은 당시 숟가락을 사용하는 식생활보다는 젓가락을 이용하여 식사를 하였을 가능성이 훨씬 많다. 하지만 고려인들의 생활습관은 국[湯]의 문화가 그들보다 발달하였기 때문에 숟가락과 젓가락을 같이 사용하였을 가능성이 훨씬 높다.

청동젓가락은 젓가락의 손잡이 부분에 대나무 마디 모양으로 여러 개의 마디를 연하여 장식하고, 밑 부분에서 육각형으로 되어 있다가 끝 부분은 원형으로 처리하였다.

청동주전자는 동체가 직립원통형이며, 굽은 일반적으로 보이는 형태를 갖고 있다. 원형의 고리를 구연부 양측에 달아 손잡이를 부착하였으며 손잡이는 움직임이 자유롭게 되어있다. 몸체는 둥근 형태를 갖고 주구(注口)는 육각형으로 만들어 졌다. 크기는 높이 15.2cm, 입지름 8.2cm, 밑지름[底徑] 6.1cm이다. 이 주자는 음식을 만들 때 필요한 액체를 공급하는 역할을 하였다고 보이는데, 물을 따르는 용량으로는 부족하고 기타 양념을 담아서 사용하였을 것으로 추측된다.

은제주자(銀製注子)는 은으로 만들어진 주자인데, 보주형(寶珠形)의 꼭지가 있는 뚜껑이 있으며, 동체는 하부가 원통형이고, 상부는 원형을 이루면서 일반적인 주자의 형태를 띤다. 구형의 몸체 한쪽으로 주구와 그 반대쪽에는 손잡이가 있으며, 양측에 화판형 장식 고리를 달고 또 하나의 손잡이를 달아 자유롭게 움직이게 만들었다. 크기는 높이 24.7cm, 입지름 5.6cm, 밑지름 8.2cm로 술이나 물을 담아서 충분히 사용할 수 있는 크기를 갖고 있다.

은으로 만든 주자이기 때문에 특별히 선상에서 선장이나 하물주들이 이용하였을 가능성도 있다.

청동솥은 신안해저 한 점이 인양되었다. 부식이 심하고 표면이 많이 박락되어 있었다. 크기는 높이 15.5cm, 입지름 31.1cm, 밑지름 5cm이다.[25] 이 솥은 크기는 상당량의 음식을 담을 수 있어서 실제 주방용기로 사용이 가능하였을 것으로 보인다. 솥의 수량이 많지 않아서 얼마만큼의 음식을 만들었는지 알 수는 없지만 주방용기의 필수적인 기구가 존재한다는 것은 당시의 선원들의 주방용기를 재구성하는데 커다란 의미를 갖고 있다.

청동대접은 원형의 대접으로 부식이 심하여 기벽의 대부분이 부식되거나 결실되었다. 구연부분은 밖으로 외반 되었다가 다시 비스듬히 직립되어 있다.[26] 대접은 국이나 탕류를 담는 주방용기로 보인다.

금속깔대기 청동으로 만든 것으로 보이는 깔대기 2점이 인양되었다. 형태를 보면 구연은 외측으로 말려서 환형대(丸形帶)를 이루듯이 마무리 지었고, 주구(注口) 역시 동체부에서 좁아졌다가 다시 좁혀서 병류 등의 주입구에 맞추게 만들어졌다.[27] 깔대기는 선상에서 다양하게 사용하였을 것으로 생각되는데, 항해를 하는 배는 파도나 바람 등의 일기에 따라서 흔들림이 많았고 잔잔한 상태라고 하여도 액체를 용기에 붇는 작업은 용이하지 않았을 것이다. 따라서 선상에서 물이나 기름·술 등을 따르는데 반드시 필요한 용기로 사용되었을 것이다.

---

25) 이호관, 1983, 앞의 글, p. 249.
26) 이호관, 1984, 「금속제품」, a 『신안해저유물』 자료편 II, 문화재관리국, p. 54.
27) 이호관, 1985, 앞의 글, p. 42.

(3) 금속유물 각종

신안해저에서 인양된 금속유물 중에서 병류는 많은 수량은 아니지만 독특한 형태를 띠고 있는 병류가 상당량 인양되었다. 몇 점을 살펴보면, 청동산형구병(靑銅蒜形口甁)이 2점 인양되었는데, 높이 21.5cm, 입지름 3.7cm, 밑지름 8.4cm로, 물병형식이다. 물병의 입구는 특이하게 환형 구연부를 외반시키면서 아래쪽은 6쪽의 산형을 이은 구연으로 처리하였다. 몸체는 긴 장경(長頸)에 소문으로 되어있으나 굽은 높고 외경처리 한 고대(高臺)로 되어 있으며, 고대 저부 중앙부에 '자손의이(子孫宜爾)'의 전서체 양각 명문이 있는데, 함

<그림 33> 청동산형구병

께 인양된 도자기에서도 이런 형태를 볼 수 있다.<그림 33>

은제관이소문병(銀製管耳素文甁)은 1점으로 높이 21.4cm, 입지름 3cm, 밑지름 5.6cm로, 외경된 낮은 굽이 세련되고 긴 병목과 몸체의 소문병이다. 길게 뻗어 올라간 병목의 양측에는 소문의 양관이가 부착되어 있는데, 동제병 보다 세련되었다.

청동관이병(靑銅管耳甁)은 높이 19.8cm, 입지름 4.1cm, 밑지름 7cm로, 낮은 굽에 수병형의 동체를 하고 장경의 목[頸部]에 양관이를 갖추고 있다. 경부에는 상하 2조의 음각횡선을 설치하고 그 사이에 도철문(饕餮文)을

양각하고, 관이에도 도철문을 장식하였다.

은제소문병(銀製素文甁)은 높이 19.4cm, 입지름 4.1cm, 밑지름 3.5cm로, 세련되고 긴 병목과 몸체의 소문병이다. 문양장식은 없으나 구연부는 약간 외반된 듯하다가 약간 내측으로 오므라들고 있고, 병목은 유난히 좁고 길게 뻗어 있다. 굽은 평저로 되어있으나 별도로 제작하여 붙인 것으로 보인다.

은제정병(銀製淨甁)은 높이 28.8cm, 몸체지름[胴徑]8.3cm, 밑지름 6.5cm로, 일반적인 병의 모양을 하고 있지만, 어깨에 소문의 긴 병구가 붙어 있고, 주구는 가늘고 긴 원통형을 둥근 중간 마디 위에 올려 앉혀 직립주구의 특이한 형식이다. 어깨에는 1조의 음각선대를 돌리고 몸체는 소문으로 처리하였다. 굽은 2단의 받침을 나타내는 듯한 몰딩한 2단굽으로

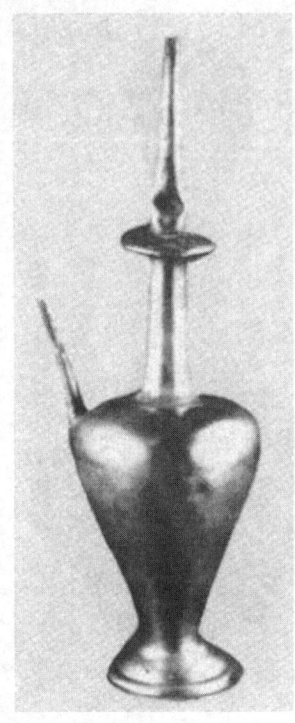

<그림 34> 은제정병

되어 있다.<그림 34>

청동양이편병(靑銅兩耳扁甁)은 높이 17.4cm, 입지름 5.9cm · 4.6cm로, 높은 굽에 장경의 병목을 갖춘 편병으로, 경부와 타원형의 동체 어깨에 연하여 어룡형의 양이를 갖추고 있다. 양측에 부착된 어룡형양이는 각각 환형의 고리 1개씩을 부착하였다.

은제매병(銀製梅甁)은 높이 23.9cm, 입지름 5.7cm, 밑지름 8.2cm로 형태는 도자기에서 보이는 것과 비슷하다. 외반된 구연부에 짧은 목을 하고 있고

동체는 원만한 곡선을 이루면서 평저의 굽까지 흐르고 있다. 경부에는 화문대를 배치하고 밑에는 뇌문대(雷文帶)를 돌렸다. 아래 부분에는 1조씩의 음각대선을 균등한 간격으로 배치하여 환문형의 뇌문대를 서로 일정간격으로 상하 배치하였다.

청동제양각도철문관이병(靑銅陽刻饕餮文管耳瓶)은 높이 23.2cm, 입지름 5cm·3.7cm, 밑지름 6.3cm·5.1cm로, 적색을 띤 편병의 관이병으로 직립된 고대 위에 장경과 양관이를 갖춘 형태이며, 경부에서부터 고대까지 6단의 횡선구획대를 돌리고,

<그림 35> 청동양각도철문관이병

각 구획 내에는 다른 문양대로 복잡하게 조식하였다. 경부상단의 구획내에는 괴수문대(怪獸文帶)를 양각으로 조식하고 밑에는 파도문 배치하였다. 경부와 동체가 구분되는 견부에는 화문대를 배치하였다.

동체의 중심부분은 도철문으로 화려하게 장식하였으며 고대는 파도문으로 마무리 되어 있다.<그림 35>

청동투각화문향병(靑銅透刻花文香瓶)은 높이 14.6cm, 입지름 3cm, 밑지름 5.5cm로, 황유색을 띠고 6각에 화문형의 안상을 각 면마다 투각으로

장식한 굽 위에 타원형의 동체를 구비하고 중심부에서 직립한 원통형의 장경은 구연부가 좁은 전을 구비하듯 외반되어 있고, 그 밑으로 경부를 3단으로 구분하고 상단부는 투각으로 능형문으로 하였으며, 중간부분의 중단은 음각화문대로 처리한 어룡형양이가 만들어져 있고, 바로 아래 부분에 환형의 고리를 1개씩 갖고 있다. 하단부도 상단과 같은 능형의 투각문이 장식되어 있고, 향병동체부의 어깨는 양각의 복련(伏蓮)으로 처리하고, 밑으로 투각의 화문은 일정 간격으로 정밀하게 조식하면서 배치하고 있다. 특히 동체부 중심에는 2조의 두

<그림 36> 청동투각화문병

드러진 태선대(太線帶)를 돌려 상하를 구분토록 하였고 상단부는 하단부와 달리 전면을 무문으로 처리하여 동체 여부를 가릴 수 있게 하였다.<그림 36>

이외에 청동산형구병·청동화병·청동양이환부병 등이 위에서 서술한 병류와 비슷한 양식으로 제작되거나 문양이 시문되어 있다.

이와 더불어 향로가 몇 점 인양되었는데, 이 유물들의 용도가 무역품이었는지 혹은 선상에서 사용된 제기였는지는 확실하지 않다.

<그림 37> 청동삼족향로

청동삼족향로(靑銅三足香爐)는 높이 16cm로, 동체(胴體)에는 상하 2조
의 횡선대를 돌리고 그 사이에 화형유두문(花形乳頭文)과 뇌문대로 시문하
였다. 구연부 양측에는 낙승형(絡繩形, 밧줄 모양)의 손잡이가 있고, 동체내
좌에는 양각으로 된 2자의 명문이 있다.<그림 37>

다른 한 점의 청동삼족향로는 높이 11.1cm, 입지름 10.7cm로 수각형(獸
脚形) 모양을 갖추고 있으며, 형태는 반원형으로 되어 있으며 도철문을 양
각으로 조식하고 사이에 뇌문을 시문하였다. 동체 상하에는 낙승형 횡대를
돌렸으며, 전으로 처리하고 그 위에 말발굽형의 손잡이 2개를 부착시킨 향
로이다. 이 형태는 함께 인양된 도자기의 향로에서도 보인다.

청동박산향로(靑銅博山香爐)는 높이 17.8cm로 삼족에 원저이고 뚜껑은 험준한 산 모양이다. 동체에는 말발굽형 손잡이가 구연부 부근에 부착되어 있으며, 중간에는 도드라진 태선대를 갖춘 전형적인 박산향로이다.

은제향로(銀製香爐)는 높이 7.6cm로 구연은 내반되어 있고 동체에는 10개의 횡선을 일정한 간격으로 돌리고 있으며, 평저의 바닥에는 여의두문형 장식으로 삼족을 대신하였다.

또 추가 몇 점 인양되었는데, 추는 물건의 무게를 다는 도구로 사용된다. 청동'경원로'명추는 높이 9.3cm, 몸체지름 4.3cm로, 도자기의 매병과 비슷한 형태이다. 추의 상단은 사각의 꼭지를 갖추고, 밑으로 단을 형성하면서 추형은 6각형을 형성하고 있으나, 아래 부분에는 원형의 띠를 1단으로 돌리고 계단형식의 저부를 갖추었다. 6각 장방형의 동체 한 측면에 '경원로'라는 명문이 뚜렷하게 시문되어 있다. '경원로'는 절강성의 경원로(현재 영파)에서 신안선이 출항하였다는 사실을 밝혀주었다. 따라서 청동추는 출항지를 목패는 시대편년과 출항시기 · 하주단 등을 밝히는 역할을 하여, 당시 무역관계의 수수께끼를 푸는 결정적인 자료이다.

다른 청동추 2점이 함께 인양되었는데, 1점은 높이 3.2cm, 밑지름 2.3cm, 무게 62.5g으로, 구형이며 바닥은 평저로 된 받침대를 갖춘 소형추로 상단에는 한 개의 꼭지를 갖추고 환형고리가 달려 있다. 다른 한 점은 높이 3.05cm, 무게 59g으로 두 개의 환형구가 상접한 듯하며, 상단의 환형구상에는 직립한 돌기를 만들어 환형고리를 부착시켰다. 추의 아랫부분은 반원구로 하고 저부는 평저로 안정성을 주었다.

인양된 금속유물 중에 기름을 담아 불을 켜는 등잔(燈盞)과 촉대(燭臺)가 몇 점 인양되었는데, 각기 특징은 <표 10>²⁸⁾과 같다.

---

28) <표 10>의 작성은 아래 글을 참조하고 일부 내용을 보완하였다.
   이호관, 1988, 「금속류(동전포함)」, 『신안해저유물』 종합편, 문화재관리국, pp. 158~162.

<표 10> 등잔과 촉대의 특징

구분	유물명	규 격	특 징
1	은제등잔	높이 11.6cm 동경 12.8cm 밑지름 10.3cm	완형 등잔으로, 하대는 나팔형으로 1단의 원고횡대(原孤橫帶)를 돌린 고대이며, 상면에는 전대와 3조의 음각횡대를 갖춘 원좌를 구비하였다. 원좌내면 중앙에는 수병형의 유심대를 세운 형태이다. <그림 38>
2	은제등잔	높이 4cm 입지름 10.6cm	원저의 소형완 모양으로, 구연부 한면에 유심을 고정시킬수 있는 유운문형으로 장식을 조각하여 부착시킨 등잔이다. 같은 모양 중에 '일(日)', '월(月)'의 글자를 한자씩 각명 한 것도 있다.<그림 39>
3	은제등잔	높이 28.7cm 밑지름 11.3cm	나팔형의 3단원고의 높은 고대위에 원통형간주 모양을 띠고, 간주 중앙에 고복형의 장식을 갖추고 사안에 접시형의 원좌가 있고, 원좌 중앙에 다시 정방형의 소형 간대를 세우고 화대를 받치도록 함.
4	은제등잔	높이 32.5cm 동경 14.7cm 밑지름 13.5cm	나팔형의 높은 받침 위에 고복형과 접시형의 등잔받침을 조성하고, 중앙에는 수병형의 화대 구비.
5	청동등잔	높이 22.6cm	나팔형 고대받침을 하고 상단에 접시형의 등잔받침을 만들었고, 받침 중앙에 높은 원통향간주를 세웠고, 잔형의 화대를 갖추었다. 간주 중간에는 7조의 음각선황대를 돌리고 있다. 부식이 심하다.
6	청동촉대 (총 4점)	높이 16cm 화좌경 10.3cm 대경 7.8cm	초꽂이가 높으며, 화좌 역시 넓게 처리하였고 촛대의 대좌도 고대로 처리하였다. 촛대의 화좌는 구연부가 비스듬하게 직립하다가 외반된 1cm 정도의 전을 갖춤. 안정감이 있는 형태이다.<그림 40>
7	청동촉대	높이 22.5cm 대좌고 6.8cm 화좌경 8.5cm 대경 10cm	삼족의 수각에 원형대좌를 갖추고 대좌의 상부중심에 소형수병과 같은 것을 직립고착시킨 후 그 위에 대나무와 같은 죽절형의 간주를 세운다음 최상부에 구연이 외반되어 전을 갖춘 화좌를 얹음.

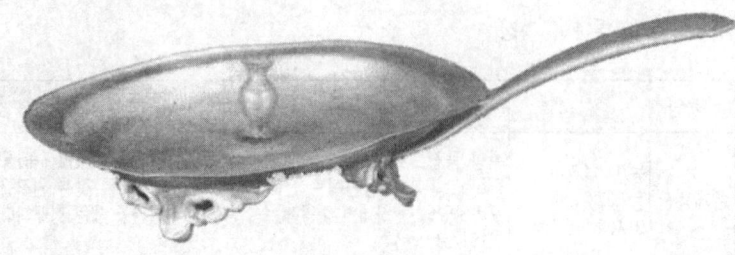

<그림 38> 은제등잔

<그림 39> 은제등잔

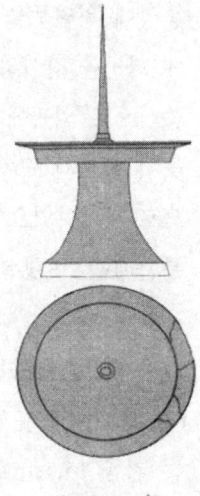

<그림 40> 청동촉대

신안해저에서 인양된 금속잔은 숫자가 매우 적다. 그 중에서 은제음각연화문잔(銀製陰刻蓮花文盞)은 높이 3cm, 입지름 7.2cm, 밑지름 4.5cm로 굽은 평저로 되어 있다. 구연부는 외반되다가 다시 기면에 말아서 부착시켰다. 잔의 내저면 중앙에 연화문 1개를 압출수법으로 나타내고 주위에 음각원선을 돌렸으며, 외곽에 '왕구랑(王九郞)'이라는 명문을 타자(打字)하였다.

동종의 은제잔에는 내면저부에 목단 혹은 작약문을 압출한 것도 있으며, 구선부에 '서삼나(徐三那)'라는 명문도 있었다. 또 다른 잔으로 은제압날화문잔(銀製押捺花文盞)은 높이 3cm, 입지름 7.8cm, 밑지름 4.7cm로 굽은 평저이다. 구연부는 외반하면서 밖으로 말려 기벽에 붙게 하고 잔의 내저면은 1조의 원권(圓圈)을 찍어 돌리고 내부에는 연화문형태의 화문을 시문하였다.

접시는 대표적인 2점을 살펴보면, 은제압출쌍봉문접시는 지름 16.2cm로,

중앙에 원권문을 배치하고 내부에 화문을 장식하였다. 원권문을 중심으로 외곽에는 쌍봉이 나르듯이 화문과 교차하는 압출양각으로 장식하였으며, 접시의 구연부근에는 변형된 뇌문이 있다. <그림 41>

은제압출매화모란단조문접시(銀製押出梅花牧丹鳥文접시)는 지름 15.5cm로, 구연부가 외반되고 넓은 전을 갖추고, 중앙에는 한 마리 새를 음각으로 장식하고 주변에 매화와 모란문을 양각으로 압출하였다. 외곽에는 연주문과 비슷한 문양대를 돌리고 화

<그림 41> 은제압출쌍봉문접시

판을 정연하게 장식하여 돌렸다. 외반 된 전에는 격자문식의 초문을 화려하게 장식하였다.

청동고(靑銅觚)는 높이 18.5cm, 입지름 10.2cm, 밑지름 6.5cm로, 중국 은주시대에 보이는 고(觚)를 모방하여 만든 의기로 보이며, 몸체는 고복형(鼓腹形)의 양측에 어룡식 손잡이가 있고, 손잡이에는 오엽화형(五葉花形)을 닮은 고리를 달고 있다. 길게 뻗은 장경(長頸)은 유연하게 처리되어 있고, 구연부는 나팔형으로 경부 상단에는 3조의 음각세선을 시문하고 있다. 하대는 소종의 형태를 취하고 상하에 3조의 세선횡대를 돌리고 있다. 고복형

<그림 42> 청동고(靑銅觚)

몸체에도 상하 1조식의 음각선문대를 돌려 공간을 메우고 있는 것이 하대와 더불어 균형을 이루고 정연하게 처리하였다.<그림 42>

다른 한 점은 높이 27.1cm, 입지름 1.5cm, 밑지름 9.6cm로, 고복형에 높은 고대를 갖추고 길게 뻗은 장경은 유연하게 처리하였다. 구연은 나팔형이고, 경부는 4군데에 난엽형과 같은 장식을 하고 내부에는 뇌문을 양각으로 장식하였다. 고복형의 몸체는 도철문으로 양각하였고 주변을 뇌문으로 장식하였다. 고대의 내부에도 도철문과 뇌문을 혼합 장식한 문양대를 4군데로 나누어 대부(臺部)표면에 표현하였다. 대부와 본체가 따로 분리되도록 하였고, 고대와 상단은 고복형의 몸체 내에 삽입하여 움직이지 않도록 2단의 모조대를 갖춘 별도의 상단을 3cm 정도 높게 하였다.

청동작(靑銅爵)은 높이 14cm, 입지름 11.5cm로, 고동기의 형태를 모방한 전형적인 형태를 갖추고 있다. 높게 직립 한 손잡이는 괴수형을 하고 있으며, 외부 상단에는 음각으로 4자의 명문이 새겨져 있다. 몸체에는 상하 2단의 음각대선을 설치하고 사이에 뇌문을 시문하였다. 그 밑에 몸체에는 도철문을 양측에 대칭적으로 양각하였다.

청동반(靑銅盤)은 높이 7cm, 입지름 32.3cm로, 구연부는 외반되어 밖으로 둥글게 말려서 기면에 붙게 하였으며, 문양은 없다.

청동작자(靑銅勺子)는 높이 4.6cm, 입지름 8.2cm로, 구연부에 자루를 부착시키는 공부가 있다.

은제합(銀製盒)은 인양유물 중에서 2점을 살펴보면, 한 점은 높이 9.8cm, 입지름 6.9cm, 밑지름 4.2cm, 뚜껑 3.5cm로 합신부(盒身部)에 태조횡선대의 턱 위부터는 신부와 동일한 뚜껑을 갖추고 있다. 기면은 소문으로 처리하였으나 특이한 것은 합내부에 목제로 된 소형의 합이 들어 있었으며, 이 목제합에는 또 다른 목제내합이 들어 있었고, 내합에는 약재로 보이는 목편이 들어 있었다.

다른 한 점은 높이 2.8cm, 입지름 5.9cm로, 상하가 동일하며, 뚜껑의 상면 중심에 원형의 테를 돌리고 내부에 초문과 음각으로 된 '수(壽)' 자가 새겨있다.<그림 43>

투호(投壺)는 높이 10.8cm, 입지

<그림 43> 은제합(銀製盒)

<그림 44> 동발(銅鈸)

름 3.3cm, 밑지름 7.8cm로, 원통형으로 된 장경을 갖추고 구연부와 평행되게 양측에 관이 만들어져 있다. 동체에 2조의 음각횡선대가 돌려있고, 반구형의 하대는 밑 부분이 평저로 되어 있으며, 측면에 역시 음각횡선대가 시문되어 있다.

청동제시저형용구(靑銅製匙著形用具)가 있는데, 숟가락은 길이 23.3cm, 입지름 6.1cm이고, 젓가락은 길이 22.5cm로 설부가 둥근 원판에 음각선의 테두리를 돌리고 내부에 화려한 음각화문을 시문하였다. 병부(柄部) 끝단에서부터 설부에 이르는 부분에는 화문과 침각으로 된 화려한 당초문을 장식하였고, 병부 끝단에 가늘게 단제하여 원형의 고리를 걸치게 하고, ℧형을 조성하고 그 끝 모양이 학의 머리를 상형하여 나타냈다. 젓가락형의 용구는 손잡이 부분에 대나무 마디 모양으로 여러 개의 마디를 연하여 장식하고, 밑 부분에서부터 육각형으로 되어 있다가 최단부는 원형으로 처리하였다.

동발(銅鈸)은 높이 5.1cm, 몸체지름 28.8cm의 완형으로, 중앙을 높게 융기시켜 중심부에 구멍을 뚫어 손잡이 끝을 매달았던 것으로 보이는데 여러 개 인양되었다.<그림 44>

청동징은 높이 3.8cm, 지름 29.7cm로 크기는 작은데, 주위의 전부분에 작은 구멍을 뚫어 손잡이를 달 수 있게 하였다.

청동삽(靑銅鍤)은 높이 4cm, 너비 23·18.3cm인데, 장방형으로 병부에

<그림 45> 청동자물쇠[靑銅鍵]

는 금속정을 삽입할 수 있는 원공이 있고, 삽면 내부에는 3단의 부채꼴 형태의 도둘무늬가 있다.

청동자물쇠는 2종류로 구분되는데, 한 점은 길이 13.2cm · 3cm, 다른 것은 길이 31.3cm 등 여러 종류가 인양되었으며, 문양이 없는 것과 화문을 장식한 것으로 나누어진다.<그림 45>

청동소종(靑銅小鐘)은 길이 18.8cm, 위지름 12.2cm, 아래지름 11.7cm로 동체는 타원형이며, 종신을 셋으로 나누어 상대에 해당하는 속에는 일정한 간격으로 소뉴를 배치하고 사격문 형태와 같은 문양대를 장식하고, 아래에는 소문횡대를 돌리고 횡대와 나란히 유곽(乳廓)을 배치하고 각 유곽 내에는 작은 9유를 배치하였다. 유두 사이에는 뇌문을 장식하였다. 유곽과 유곽 사이에 전서의 문자를 3자씩 2곳에 새겼으나 판독이 불가하였다. 그리고 유곽 밑으로 소문횡대를 다시 돌려 중대를 이루고 있으며, 종신은 등분하여 소문대 아래에 복잡한 도철문을 장식하고 문양을 중심으로 좌우로 전서체의 6자를 양각으로 새겼다. 종두의 천판(天板)은 중심에 구멍 한 개를 갖춘 반구형이며, 용뉴는 판철편으로 간단히 부착시켰다. 용뉴를 중심으로 파상문과 기봉문(夔鳳文)을 장식한 것으로 보아 편종이나 풍탁으로 사용하기 위한 소종으로 추정되며, 수법이나 주조기술 · 양식 등을 볼 때 뛰어난 형식은 아니다.

청동발(靑銅鉢) 2점을 살펴보면, 높이 39cm, 입지름 45.8cm와 높이 2.3cm, 입지름 4cm로 형태는 2개의 종류로 대별되며, 크기에서 차이를 보인다. 형태는 일반적으로 반구형이며 발 저부는 원좌(圓座)로 되어 있고, 구연부는 작은 전을 수평으로 하여 내반되게 돌리고 있다. 이런 형태의 발은 일본의 사찰에서 공양을 올릴 때 의식용 좌종(座鐘)과 비슷한데, 출토된 발도 이와 같은 용도로 사용되었을 것이다.

금속정(金屬鋌)은 금속유물 중에서 동전 다음으로 많은 양을 차지하는데, 주로 선저부에서 인양되었다. 형태는 원형·제형(梯形)·타원형으로 중심부에는 동일하게 타원형의 구멍이 뚫려 있다. 대부분이 주석정이고 철제정이 몇 점 인양되었다.

주석정에서는 음각으로 된 명문이 발견되어, 당시의 중량과 척도를 알 수 있는 중요한 근거 자료가 되었다. 크기는 길이 20.8~23cm, 너비 3.5~3.8cm, 두께(厚) 0.4~1.5cm 내외이다.

명문 내용을 보면, '평심(平心)'·'왕구랑(王九郎)'·'상품백석중□□족(上品白錫重□□足)'·'부십일십여□정(夫汁壹拾□餘正)'·'수근야(水斤吔)'·'왕을두(王乙斗)' 등이다.<그림 46> 주석정은 300여 점이 인양되었는데, 현지에서 가공하여 공예품이나

<그림 46> 주석정(朱錫鋌)

기타 금속품을 만드는데 사용되는 원광으로 보인다.

청동제교룡장식(靑銅製交龍裝飾)은 길이 18.7cm, 높이 6.4cm로, 4개의 다리를 갖춘 번룡(蟠龍)이 몸체를 서로 꼬면서 용두를 서로 마주보며, 다리가 꼬리부분을 얽혀서 뻗친 듯 힘차게 결구 되어있다.

금속제수각편(金屬製獸脚片)은 길이가 가로 6.8cm, 세로3.5cm로 완형인데, 두 뿔을 갖추고 박력 있게 표현한 두 눈과 입 등을 갖춘 용두이다. 용도는 의기의 각부에 부착한 것으로 보인다.

청동제삼족섬서연적(靑銅製三足蟾蜍硯滴)은 높이 4.5cm, 길이 10.5cm, 너비 6cm로 전족은 2족이나 후족은 끝 부분에 1개의 족부를 부착시킨 회화적인 수족이며, 섬서의 배면에는 원형구멍 1개를 만들어 물을 담도록 하였으며, 가는 선을 머리에서 꼬리까지 3선으로 장식하였다.

불상을 살펴보면, 금동보살상은 높이 9.1cm로 금박이 동체에 남아있고, 형태는 보관을 갖추고 수인은 시무여원인과 같이 양손을 벌리고 있으며, 오른손에는 수병을 들고 있다. 어깨에서부터 발끝까지 양손을 거쳐 천의가 흘러내리고, 보관도 일반보살상에서 보이는 것과 달리 고깔형이며, 몸체의 법의들이 뚜렷하지 않아 보살상으로 보기도 어렵다. 도교적인 색채가 농후하며, 대좌에는 원형에 앙련과 복련을 구비하고 보살상을 고정시키는 원형 꼭지가 대좌상부에 설치되었다.

금동보살좌상(金銅菩薩座像)은 높이 12.3cm, 어깨너비 5.2cm로 머리에는 삼산형 보관을 쓰고, 육계가 유난히 높다. 상호는 원만하며 양측에 장이(長耳)를 구비하고 있고, 양안은 반개한 듯 미소 짓고 있으며 코는 오뚝하고 구순(口脣)은 작고 아름답다. 목에는 삼도가 있으며, 법의(法衣)는 통견의(通肩衣)로 등 아래까지 덮고 있다. 보관에서 양측으로 흘러내린 관대는 영락(瓔珞) 띠로 어깨를 거쳐 등까지 늘어져 있다. 가슴에는 한 개의 보주형 같은 수식을 구비한 가슴장식[胸飾]을 달고 있으며, 양손의 수인은 아미타불에 보이는 수인을 오른손에 하고, 왼손은 약합(藥盒)을 들고 등부(腰部) 위에 얹고 있다. 좌상의 배면에는 광배를 부착하였던 돌기가 있는 듯하나, 현재는 결실되어 없다. 이런 점으로 보아, 약사여래좌상으로 볼 수도 있다.<그림 47>

<그림 47> 금동보살좌상(金銅菩薩座像)

청동령(靑銅鈴)은 지름 3cm 정도로 형태는 고리가 달리고 몸체가 반개하였다. 선수와 선미에서 여러 점이 인양되었다.

금속장식구는 높이 11.45cm, 무게 51.9g의 육각형인데, 위 부분부터 각 면을 투조로 나타낸 당초화문을 정교하게 나타냈다. 당초화문 상단에는 여의두문을 6개씩 배치하여 화려하게 장식하고, 최상단 역시 6각의 층단면으로 마무리하였다. 전체적으로 관통되어 있고, 등화용으로 추정된다.

이상에서 살펴본 바와 같이, 금속유물은 수량은 많지 않지만 다양한 종류가 출토되었는데, 특히 은제품은 공예적 가치가 높은데 종류별로는 제기류·촛대·동경·취사용 용기·병류·향로·등잔 등 총 729점이 인양되었다. 대부분 소비재로 생산용구가 포함되어 있지 않다는 점이 특이하다. 따라서 금속제품은 무역품의 용도와 선상생활에 필요한 주방용기·일상용기·제사용기 등의 용도로 생각 할 수 있다.

또한 은백색의 금속정이 300여 점 인양되었는데, 명문이 새겨진 예도 있으며, 보존 처리 결과 대부분 주석으로 판명되었다. 금속정은 무역품으로 현지에서 가공을 하여 다른 그릇이나 필요한 도구를 제작하였을 것으로 보인다. 이는 공예품이나 기타 도구를 만드는 원료로서 구입하여 현지에서 유통시켰다고 하겠다.

청동추에서는 '경원로'라는 이름이 주자되어 있는데, 지금의 절강성 영파항의 옛 이름으로 밝혀져, 당시의 생산지와 무역항을 추정할 수 있는 결정적인 유물로 평가된다. 즉 경원을 출발한 선박이 고려를 목적지로 하거나 아니면 중간기착지로 한 후, 일본을 최종 목적지로 출발하였다는 증거를 제시한다고 하겠다. 또한 당시의 경원은 동아시아 중세 무역의 중심을 이루는 무역항으로서 아주 중요한 위치였다. 그리고 청동추는 무역에 있어서 계량단위를 표시하는 역할을 하였던 것으로 몇 점 보인다. 금속 제품은 공예품이 절대 다수를 차지하고 있음이 주목되며, 당시의 교역에 있어서 공예품을 중시하였음을 보여준다.

그리고 약 28톤의 동전이 출토되었는데, 중국 전한 무제 때까지 올라가는 오수전을 비롯하여 침몰 당시까지의 거의 모든 종류의 화폐가 망라되어 있어 동전사연구에 귀중한 자료이다. 신안해저에서 인양된 동전은 유물로서의 가치뿐만 아니라 교역품으로 중요한 의미를 갖는다. 동전은 화천(貨泉, 14)에서부터 지대통보(至大通寶, 1310)까지 66건 299종이나 되고, 이들 동전은 각 시대별 또는 화폐단위별 등으로 분류 포장된 것이 아니라 무작위적으로 포장되어 있어, 화폐로서 사용보다는 원료로서 원광과 동시에 무역 대상 재료로 선적된 교역품으로 추정하기도 한다. 이는 당시 불상 등을 제작하는데 동전을 녹여서 사용하였다는 기록이 이를 뒷받침한다.

하지만 여러 가지 정황을 볼 때, 동전은 중국에서 수입하여 일본에서 화폐로서 유통되었을 가능성은 충분하다. 동전과 함께 인양된 목패에 선적 날짜와 동전 무게, 화주의 이름 등이 기록되어 어느 정도 입증되었다. 당시 중국의 동전이 고려·일본에서 유통된 사실과 일본에서는 특히 중국의 동전을 수입하고자 여러 경로를 통하여 노력하였다는 기록이 있는 것으로 보아, 실제생활의 유통의 가능성도 많다고 하겠다.

이들 동전 중에서 특히 '지대통보'와 '대원통보'는 신안선이 14세기 전반에 침몰하였음을 뒷받침하는 자료이다.

3. 석제 · 유리 · 옥제품 · 골제유물

신안해저에서 인양된 석제유물은 수량이 적어 당시의 문화나 경제생활을 고찰하기에는 미흡하다. 인양된 석제는 43점으로 대부분 일상용구로 보이는 것으로 벼루 20점·맷돌 2조·석제문진·석제추·방추차·석판·숫돌 등이 출토되었다.

이들 석제유물은 선상에서 선원들의 선상생활을 기록하는 용도로 사용되었을 것으로 보이는 벼루와 조리용 등의 유물이 주류를 이루고 있다. 특히 숫돌은 사용 흔적이 있는 것도 있는데, 이는 항해 중에 음식을 조리하면서 칼을 갈았던 흔적으로 여겨진다. 이러한 인양 석제유물의 성격을 파악하면, 당시 선상생활의 일면을 살펴 볼 수 있을 것으로 여겨진다. 석제유물 중에서 많은 양을 차지하는 벼루[石硯]와 숫돌[砥石]은 선원생활의 일면을 잘 보여주고 있다. 특히 먹도 함께 인양됨으로써, 이러한 측면을 확실하게 보여준다.29)

또한 골제품과 유리옥제품이 소량 인양되었는데, 골제품은 골제주사위·골제인 등이며, 유리옥제품은 반구형의 특성을 띠고 있다.

여기에서는 석제·골제·유리옥 제품을 분류하여 성격을 파악하고, 무역품 혹은 선원 생활용구로서의 사용여부를 살펴보고자 한다.

1) 석제유물

신안해저에서 인양된, 석제유물은 8종 40여 점이다. 유물은 대부분 일상용구이다. 이러한 사실이 유물의 성격을 파악하는 기준을 제공하는데 무역품으로서 성격보다는 선원생활 용구일 가능성이 높다고 하겠다. 하지만 석제유물 중에서 가장 많은 수량을 차지하는 벼루는 무역품으로 거래되었을 가능성을 배제할 수는 없다.

유물의 모양을 분류하여 서술하면 다음과 같다.

벼루는 가장 많은 양이 인양되어 총 20여 점에 이르는데, 석제유물의 절반정도의 분량으로 모양도 다양하다.

사직연(四直硯, 四角硯)은 자색과 흑회색의 석연이 주종을 이루고 연수(硯首)에 경사진 깊은 묵지(墨池)가 있는 통식의 직사각형이다. 팔각방형연(八角方形硯)은 사각형의 네모서리 안쪽으로 각을 주어 둥글게 만들고, 앞쪽의 폭이 뒤쪽보다 훨씬 좁혀진 형식으로 앞쪽에 묵지가 파여 있다.

팔각연(八角硯)은 하나의 돌을 아래위로 파서 만든 소형의 것으로, 위쪽

---

29) 먹은 인양을 하였지만 수 백여 년 동안 바닷물에 잠겨 있어서 수면 위로 인양하자마자 형태를 알아 볼 수 없도록 부서졌다고 한다.

은 묵상(墨床)과 연지(硯池)
가 따로 없이 둥근 면이며 주
연부가 높아서 간단하게 이
용할 수 있게 하였으며, 8개
의 모서리는 간략한 웅각형
식(熊脚形式)의 다리가 붙
어있다. 다각연(多角硯)은 9
각의 석연(石硯)으로 모서리
마다 원통형의 기둥이 한 쪽
씩 나와 있고 중앙의 둥근 묵

<그림 48> 조형연(鳥形硯)

상은 한쪽으로 약간 치우쳐
둘레의 연지가 한 쪽이 깊고 넓게 되어 있다. 그리고 뒷면에는 '청계구보(淸
溪九寶)'라는 각명이 있다.

이면연(二面硯)은 석연의 표면중앙부에 가늘고 긴 돌대(突帶)를 만들어
서 두 면으로 갈라놓았고, 묵지는 경사지고 깊은 편이다. 규연(圭硯)은 연수
(硯水)에 3개의 원형 묵지가 있는 규연으로 타원형을 중심으로 좌우에 접하
여 소원형을 배치한 묵지의 형태가 특이하다. 조형연(鳥形硯)은 머리를 동
쪽으로 돌린 새의 모습으로 날개가 외형이 되며, 새의 등편이 묵상과 연지로
구성되어 머리를 돌린 그 끝 쪽에 꽁지를 합친 형상을 하고 있다. 부리·목
의 깃털·가슴·날개 등은 선각으로 표현하였다.<그림 48>

삼족연(三足硯)은 장구형(長久形)의 전면을 둥글린 형태로서 앞쪽에 타
원형의 연지가 있을 뿐 따로 묵상의 구획이 없다. 바닥에 3개의 발이 있는데
앞쪽에 하나 뒤쪽에 두 개로 나뉘어 붙어 있다.[30] 그리고 유물인양 당시에

장방형의 먹이 더러 발견되었으나 인양 후 형태를 유지하지 못하고 파손되었다고 한다. 그 중에 2개의 먹에서는 '수봉친제(秀峯親製)'라는 명이 새겨져 있었다고 한다.[31]

벼루와 먹이 함께 인양된 20여 점의 벼루는 선상에서 생활기록이 이루어졌음을 알려준다. 먹이 보존되지 못하고 부서졌지만 이는 보존이 어려운 한계성으로 인하여 어쩔 수 없는 것이지만, 새겨진 명문을 볼 때 수봉이라는 사람은 제작자 혹은 제작자를 대표하는 것으로 여겨진다. 통신수단이 전무하던 선상에서 기록을 남긴다는 것은 향후의 항해에 중요한 자료를 제공하고, 각 지역의 특성과 물산 등을 파악하여, 내용을 남기고자 하였을 것이다.

석제문진(石製文鎭)[32]은 외뿔의 짐승을 나란히 앉힌 검은색의 석제품의 일종으로, 각수상문진(角獸像文鎭)으로 보인다. 이전 시기인 한나라 때부터 청동제·옥제 등의 괴수·영수문진이 벽사(辟邪)로 쓰여 왔다. 신안해저에서 인양된 문진도 이러한 성격으로 만들어진 유물로 보인다. 또한 벼루와 먹 등과 함께 기록을 용이하게 하였을 것이다. 아쉬운 점은 붓이 인양되지 않아 기록도구 세트를 이루지 못하였다. 이러한 문진의 인양은 벼루와 먹 등으로 선상에서 항해일정 내지는 기타 무역에 필요한 항이 기록되고 있었음을 보여주는 자료라고 하겠다.

숫돌은 거의 대부분 실제생활에 사용되었던 흔적을 보여주는 것으로, 선상생활에서의 용도가 다양하였다고 생각된다. 단면을 보면 사각형의 것은 없고 사용한 면이 기울어져 단면이 사능형(四菱形)을 이루고 있으며, 한

---

30) 김기웅, 1988, 「목제품·석제품·골제품 및 유리옥제품」, 『신안해저유물』 종합편, 문화재관리국, pp. 249~250.
31) 윤무병, 1988, 앞의 글, p. 542.
32) 문진은 서진이라고도 하는데, 주로 책장이나 종이쪽이 바람에 날리지 않도록 누르는 물건을 총칭한다.

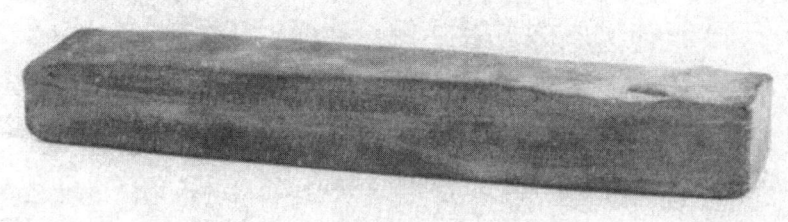

<그림 49> 숫돌

쪽 끝이 결실된 것들도 있다. 숫돌 중에는 크기가 작아서 도자(刀子)나 작은
공구를 가는데 사용하였을 것으로 보이는 것도 있다.

숫돌 중에 붉은 색을 띄는 석재로 결실되어 전체의 규모는 알 수 없지만,
크기가 컸을 것으로 보인다. 넓은 한 면과 한쪽 측면은 곱게 다듬고 다른
두면은 그대로 두어 자연석의 상태를 유지하고 있다. 다듬어진 넓고 좁은
두 면에서 날을 세웠다. 그 외에 숫돌이 몇 점 인양되었다.<그림 49>

이와 같이 숫돌은 함께 인양된 칼 등으로 보아, 선상에서 요리나 소지하고
있던 칼을 가는데 이용된 선상용구였을 것이다.

석제연발(石製碾鉢)은 거친 돌을 다듬어서 만들었는데, 연발은 양쪽으로
약간 도드라진 손잡이가 있고 그 가운데에 주구가 있어, 갈아낸 것을 받아
다른 기구로 쉽게 쏟아 낼 수 있게 만들어졌다.

맷돌은 몇 점 인양되었는데, 무늬가 돋아 있는 것을 보면 아랫돌은 오화형
(五花形)으로 다듬어지고 갈리는 면은 8분 구획이며, 주출구가 짧은 편이고
반대편의 손잡이에는 도드라진 양각무늬가 있다. 위 돌은 주입구가 가운데
에 있고 손잡이를 끼우는 구멍에는 화문좌(花紋座)가 도드라져 있으며, 그
반대편에는 귀면(鬼面)의 도둘문 장식이 있다.[33]

석제추(石製錘)는 가공이 별로 되지 않은 사각형의 돌 한쪽에 길이 1cm

내외의 갸름한 구멍이 뚫려 있다. 이로써 물건의 무게를 청동추와 석제추를 함께 사용하였음을 알 수 있다.

방추차는 양면이 납작하게 다듬어진 것과 한쪽 면은 납작하고 다른 면은 반구형으로 된 것 등이 있는데, 구멍은 방추차의 가운데에 모두 뚫려 있다. 구멍의 크기는 1~1.4cm 정도이며, 색깔은 흑색과 회흑색을 띠고 있다. 또한 한 면에는 연부를 따라서 음각의 선을 띠고 있는 방추차도 있다. 하지만 인양된 방추차를 자세히 살펴본 결과, 방추차로 분류된 유물은 1960~1970 년대에 어부들이 사용하였던 어망추로 보였다. 따라서 이 방추차는 신안해 저유물과는 성격이 다른 것으로 보여진다.

석판(石板)은 2점이 인양되었는데, 유공거형석판(有孔矩形石板)은 구형 석판을 2등분한 한쪽 중심에 조그마한 원공이 있는 석판으로써 용도는 정확히 알 수 없지만, 돌 재질이나 크기로 보아 벼루의 원자재로 보인다. 음각당 초문구형석판은 얇은 구형석판의 한쪽 면 중앙에 두 줄의 평행선을 음각하고 그 음각선 사이에 당초문을 아름답게 음각하였다.[34] 하지만 정확한 용도는 알 수 없다.

2) 유리 · 옥제품

유리 · 옥제품은 직경 1.5cm, 두께 0.4cm 정도의 구슬 모양을 하고 있다. 짙은 청색의 반구형 유리제품이나 대부분이 둔화현상을 보이고 있다. 이는 수중에서 염기나 기타 이 물질로 인한 변색이나 마모가 일어나는 결과로 보인다. 유리 · 옥제품은 당시 귀중한 보석이지만, 수량이 적은 것으로 보아 배에 승선한 사람들의 장식용으로 보는 것이 타당할 것이다.<사진 50>

---

33) 김기웅, 1988, 앞의 글, p. 250.
34) 김기웅, 1985, 「석제품」, 『신안해저유물』 자료편Ⅲ, 문화재관리국, p. 58.

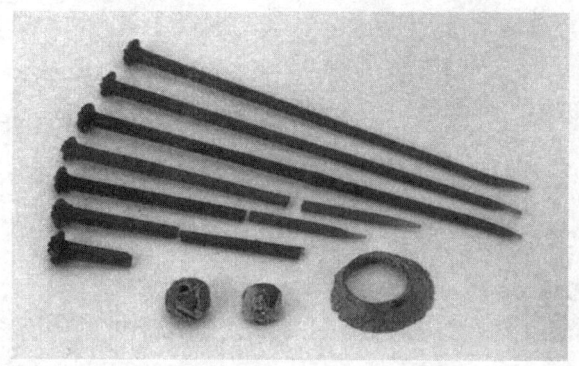

<사진 50> 유리 · 옥제품

3) 골제품 · 토제 · 인두골

골제품은 골제주사위와 골제인 두 종류가 인양되었다.

골제주사위는 정사각형의 각 면에 1에서 6까지를 나타내는 작은 원형의 홈이 패여 있으며, 내부는 검은색이다. 표면은 잘 다듬어서 매우 매끄러우며 현대의 주사위와 거의 비슷하다. 이 주사위는 여러 개가 인양되었는데, 선상에서 무료한 시간을 보내는 놀이기구로 유용하게 사용되었을 것으로 여겨진다.<사진 51>

골제인은 외형이 종형을 이루고 좌우측면은 횡각선으로 상하 2단으로 나누어지고, 하단부는 다시 종각선(縱刻線)으로 좌우 양분되었다. 종각선으로 2분된 하단부의 좌우 두 부분은 볼록하게 도드라져 있다. 그리고 상단부 중앙에는 끈 같은 것을 매기 위한 직경 0.37mm의 구멍이 뚫려 있다. 인면(印面)에는 문자가 음각되어 있고, 그 아래 부분에는 음각 한 문양이 있다.[35]

---

35) 김기웅, 1988, 앞의 글, p. 252.

<사진 51> 골제주사위

하지만 골제인에 대한 정확한 용도는 알 수 없으나, 표식을 하는 용도나 징표로서 사용하였을 가능성이 있다.

토제는 토기호와 토제인물좌상이 보인다. 토제인물좌상은 높이 7~8cm 정도의 좌상으로, 대좌에 앉은 것과 대좌가 없는 것이 있다. 자세도 여러 가지인데, 두발·손모양·지물(持物) 등이 모두 달라 나한상(羅漢像)이 아닌가 한다. 적색과 흑색으로 가채 한 흔적이 있다.[36]

인두골 한 개가 인양되어 당시 승선자의 신원을 밝힐 수 있는 중요한 자료로 침몰선 및 선원의 국적을 확인할 수 있는 계기가 되었는데, 인두골은 중국인에 가까운 것으로 추정되었다.[37]

이상에서 본 바와 같이, 신안해저에서 인양된 석제·골제·유리옥제품은 수량이 많지 않기 때문에 정확한 성격의 분류는 쉽지 않다. 그 중에서 가장 많은 수량을 차지하는 벼루는 실제 생활에서 많이 사용되기도 하면서 무역품으로서의 선적되었을 가능성도 있지만, 일부는 선물용으로 사용되었을 가능성이 있다.

일부 석연에서 보이는 뛰어난 제작기법 등으로 보아 그 가능성은 충분하다. 대표적인 석연으로는 조형연과 규연 등이 있다.

이외 지석·석제문진·맷돌·석제연발·석제추·방추차 등은 거의 대부분 선원들이 선상 생활하는데 소요되는 여가용이나 주방용기 등으로 사용

---

36) 정양모, 1988, 「도자기·토기류」, 『신안해저유물』 종합편, 문화재관리국, p. 393.
37) 고수길, 1988, 「조사경과」, 『신안해저유물』 종합편, 문화재관리국, p. 22.

되었을 것이다.

골제는 2종으로, 주사위는 놀이용으로, 골제인은 표식을 나타내든지 기록에 결재를 하는 도장의 역할을 하였을 것이다.

유리·옥제품은 장식용으로 사용되었을 것으로 보인다.

그리고 인두골은 신안선에서 유일하게 한 개 인양되었는데, 막연하게 중국인으로 추측하였을 뿐 두개골에 대한 정확한 연구가 진행되지 않아 속단하기는 힘들지만, 중국인이라면 당시에 배를 지휘하던 선장인 중국인 '강사(綱司)'로 볼 수도 있을 것이다.

여기에 대한 근거로 천주만 송대해선에서 발굴된 목패들은 주로 중국인들의 이름이나 직책 혹은 관련 집단을 표시하였는데, 여기에서도 '강사'라는 직함이 등장하는 것으로 보아, 지금까지 목패에 보이는 사원이나 이름을 가지고 일본인이 배를 운영하였으리라는 막연한 추측은 재고되어야 할 것으로 보인다.

결론적으로 신안해저에서 인양된 석제·골제·유리·옥제품은 벼루를 제외하고 무역품으로서 성격은 갖지 않고, 선원생활에 필요한 주방용기·여가용 놀이기구·기록을 하는데 필요한 문방구 등의 역할을 한 것으로 유추된다.

4. 목제유물

신안선에서 인양된 목제유물은 목상자·목기발·목제반·칠기완·자단목 등이 완형으로 발견되었으며, 화물표에 해당하는 목패가 있다.

목제유물이 신안선에 얼마만큼 실려 있었을 지는 정확히 알 수 없다.

가장 많이 출토되었던 도자기는 수중에서도 부식이 되지 않아 보존성이 좋지만, 목제는 유기질이어서 해저에서 오랜 시간이 지나면 부식이나 충해를 입어서 소실되고, 해저의 조류에 의해서도 유실되는 양이 많아 수량이 적은 것으로 생각된다.

하지만 배 밑 부분에서 인양된 자단목은 1,000여 점에 달하여, 이를 목제 유물에 포함시킨다면, 도자기·동전과 더불어 출토유물의 대부분을 차지한다고 할 수 있다. 이는 침몰한 배가 개흙에 묻혀서 유물이 보존될 수 있는 환경이 조성되어 수 백년 동안 일정한 환경을 유지하였기 때문에 가능하였다.

따라서 여기에서는 목제유물의 고찰에 자단목을 포함하여 성격을 분류하고, 자단목의 용도를 중점적으로 살펴 무역선의 성격을 구체적으로 파악하고자 한다. 분류방법은 목제유물 중에서 자세한 고찰이 필요한 목패와 자단목은 따로 목제유물·목패·자단목으로 분류하겠다.

인양된 목제유물은 대부분이 도자기 운반용의 목상자 잔편이고, 완전한 상태의 목상자는 10여 점에 불과하다. 이외에 목기·칠기류 등의 유물이 있다. 이러한 목상자는 대부분이 도자기를 일정하게 포개 포장하였다. 일부는 후추나 기타 약재를 운반하는데도 사용하였다. 이외 목제유물은 수량이 적어서 무역품으로 보다는 선체에서 사용된 소도구로 여겨진다.

1) 목제유물 기형별 성격 및 형태 고찰

목제유물의 종류는 많지 않지만, 유물들의 성격 및 형태의 고찰을 통하여 특징을 살필 수 있다.

목상자는 크기가 다양하지만, 모양은 거의 비슷한 형태를 갖고 있다. 원형을 잘 유지하고 있는 목상자는 뚜껑이 있는 직방체와 원통형으로 구분된다.

직방체목상자(直方體木箱子)는 뚜껑의 짜임새가 길면서 가느다란 2매의 판자와 짧으면서 가느다란 2매의 판자 좌우 끝을 상하로 각각 엇비슷하게 잘라내어 연귀맞춤하고, 각각 참대못을 1개씩 박아서 짠 틀 위에 뚜껑판을 놓고, 전후·좌우 가장자리에 6~7개의 참대못을 박아서 고정시켰다. 목상자 통은 가로로 긴 2매의 측판과 너비가 좁은 좌우 측판 2매의 양쪽 끝을 각각 엇비슷하게 잘라내어 연귀맞춤하고, 참대못을 박아 네 모서리가 직각을 이룬 평면 장방형으로 짰으며, 여기에 저판에 대어 참대못을 박아 고정시킨 구조이다. 목상자의 크기는 통이 높이 39~66.5cm, 길이 53~74cm, 너비 37.4~48cm 정도이고, 뚜껑은 높이 6.3~6.5cm, 길이 62.5~67.5cm, 너비 49.5~61cm 정도이다.

특히 목상자에서 특징적인 것은 부호 비슷한 묵서가 있다는 점이다. 그 중에서도 네 측판 중앙부에 '대길(大吉)'이라는 한자의 묵서가 있으며,<그림 52> 다른 목상자에는 측판 중앙부에 산 모양(∴)의 지름 약 8.5cm의 원 3개를 삼각형으로 배치한 묵서부호가 그려져 있다. 정확한 근거는 없지만, 이는 소유주의 소유물을 분류하는 부호로 보여진다. 이러한 목상자들이 선창내부에서는 어떤 상태로 적재되었는지는 정확하게 파악할 수 없지만, 선체의 선저에는 자단목과 동전이 골고루 적재되어 있었다. 그 위 부분에 목상자들을 적재하였던 것으로 보이는데, 일부 격창에서 목상자가 인양된 바로 아래 부분에서 동전이 인양되었고, 목상자는 위에 2단으로 겹쳐 적재된 사실이 발굴과정에서 확인되었다.[38]

원통형목상자의 뚜껑은 원형판자 1매로 되어 있고, 상자통은 두께 2mm 정도의 얇은 나무껍질 같은 부판자(簿板子)를 휘여 감듯이 세 번 돌려 원통

---

38) 윤무병, 1988, 「선체 및 유물의 발견상태와 조사과정」, 『신안해저유물』 종합편, 문화재관리국, pp. 93~94.

<그림 52> 「대길(大吉)」명 목상자

으로 만들었다. 또한 원통 상단부와 하단부에는 원통의 용재와 같은 얇은 판자로 띠를 돌렸는데, 상단부는 두겹 돌리고 하단부는 한번 만 돌렸다. 뚜껑은 구연부 보다 크고 위에서 덮게 되어 있으나, 저판은 상자통 안쪽으로 들어가게 되어 있어, 둘레 가장 자리는 몸체에 가리게 된다. 뚜껑은 일정한 간격으로 끈 같은 것으로 잡아 맨 자리가 있는데, 이는 포장을 하면서 남은 흔적으로 보인다. 인양된 목제편 중에는 원통형목상자편으로 보이는 조각들이 상당량 인양되었는데, 이는 침몰선체에서 파손된 편들이 흩어져 인양된 것으로 보인다.39) 이들 목상자 중 일부는 바다 해충에 의하여 부식된 상태로 인양되었으며, 기타 흩어진 조각들을 보존처리한 결과 일부는 조각들이 맞추어졌다.40) 목상자와 원통형상자의 용도는 주로 도자기를 담는 것이었는

---

39) 김기웅, 1988, 앞의 글, pp. 245~246.
40) 신안해저에서 인양된 선체편과 목상자·자단목 등 부피가 큰 목제유물들은 국립해양

데, 목상자에 유물이 포장된 채 인양되기도 하였다. 인양된 도자기 중 대접이나 접시 등은 가지런히 포개 끈으로 묶었으며, 기타 병·잡유 등은 깨지지 않게 완충 역할을 하는 나무나 천을 대 포장한 것으로 판단된다.

목기류는 해류에 씻겨 표면이 거칠고 변색이 된 상태이다. 종류는 반·합·원통용기 등이 인양되었다.

목제반은 갈색칠을 하였고, 내면에 2단의 턱이 있고 외면에는 2조의 철대(凸帶)가 돌려져 있고, 아무런 장식도 하지 않은 소박한 목기로, 얕고 넓은 원형의 굽이 있어 안정감을 준다.

목제원통형합은 몸체 구연부 가까이부터 저부에 이르면서 약간씩 좁아졌으며, 구연부에는 뚜껑을 덮었을 때 고정시키기 위한 턱이 만들어져 있다. 몸체의 표면은 대체로 본래 나무 색을 띠고 있으며 뚜껑 윗면과 몸체 바닥 바깥둘레에 가는 홈이 돌려져 있는 것도 있다.

원통용기는 몸체가 원통형 나무의 중심에 약 2cm의 구멍을 파서 만든 것이고 뚜껑은 몸체 구연부에 삽입할 수 있게 안쪽 가장자리에 턱이 만들어져 있다. 높이는 14cm 정도이고 지름 4~5cm 정도로 작은 물건을 넣어서 보관하는 용도로 사용한 것으로 보인다.

칠기는 몇 점이 인양되었는데, 박락과 더불어 목심이 결실된 것이 많다. 인양종류는 발·완·소형합자·원통합·향합 등이 있다.

목기발은 3개가 겹쳐서 인양되었는데, 내외면이 흑칠이고, 제일 작은 것은 기저의 뒷면에 두 줄로 '신미혜당 진만일숙조(辛未兮塘 陳萬一叔造)'라고 음각하고 주칠(朱漆)을 하였다. 이는 만든 사람을 가리키는 것으로

유물전시관(전 목포해양유물보존처리소)에서 보존처리를 하였고, 부피가 작은 목제나 씨앗·동전 등은 국립문화재연구소 보존과학연구실에서 보존처리를 하였다. 목상자들을 보존처리 완료한 다음 편들을 맞추어 본 결과 일부는 맞춤이 가능하였다.

<그림 53> 목제보살입상

보여진다.

　칠기완은 내면에 주칠하고 외면에는 흑칠을 하였는데 윤택이 있어서 아름다우며, 어떤 것은 내외 면에 초화문계통의 문양을 돋힌 것도 있다. 또한 내면 바닥 중앙에 '양택분(楊宅盆)'이라는 주칠 명문이 있는 것도 있다.

　원통합(圓筒盒)은 몸체와 뚜껑의 내외면에 흑칠을 한 것이다.

　향합(香盒)은 기벽이 아주 얇은 원통형으로 내외 면에 흑칠을 하였고, 칠의 윤기가 아름답고 정교하게 만들어져 있다.

　기타 목제유물[41]로 한 개씩 인양된 유물들이다. 목제보살입상은 도칠을 하였는데, 칠의 박락이 심하고 좌우양수·양전완부분이 결실되었으나 상태는 비교적 양호한 편이다. 얼굴·몸체·상완부분은 통나무를 깎아 조각하고, 좌우양수·양전완 부분은 다른 재료로 따로 만들어 부착하였다. 이는 결실된 부분의 흔적을 통하여 짐작할 수 있다. 지그시 눈을 감고 입가에 미소를 짓고 있는 풍만한 안상은 원만함을 느끼게 한다. 보살상의 높이는 27cm이다.[42]

　하지만 복장을 보면, 관원의 복장으로도 추정된다. 보살입상으로 보면, 선원들이 선상에서 무사항해를 기원하는 종교적인 예배의식의 대상으로 유추된다.<그림 53>

---

41) 김기웅, 1988, 앞의 글, pp. 246~248.
42) 김기웅, 1988, 앞의 글, pp. 246~247.

도칠모란동자상부조장식은 모란꽃 줄기에 걸터앉아 몸을 앞으로 기울이고 있는 나체의 동자상을 중앙에 놓고, 동자상 뒤쪽에는 만개의 모란꽃을 앞면에는 꽃봉오리를 각각 배치한 부조장식으로, 검은 옻칠을 하여 윤기가 있다. 길이 14cm, 너비 3.7cm, 두께 0.9cm이다.

목제 빗은 도칠을 한 것과 하지 않은 두 종류가 인양되었다. 도칠을 한 빗은 가는 빗살이 촘촘히 나있는 나무빗으로 검은색을 띠고 있으며, 현재 쓰이는 형식이다. 이 빗은 굵은 빗살이 15개이고 두부좌우에는 각각 1개의 화엽문과 한쪽 측면에는 망상문(網狀文)이 돋혀있다. 머리에는 빗으로 보이는 장식을 하고 있다. 도칠하지 않은 것은 빗살이 촘촘하게 만들어진 것으로 색깔이 검은데, 지금도 사용 가능할 정도이다. 이 빗들은 선원들이 일상생활에서 사용하였을 가능성이 충분하며, 숫자가 적지만 머리를 빗는 선원들의 모습을 떠올릴 수 있는 좋은 자료라고 생각된다.

도칠목제벼루는 대각(臺脚)이 달려 있고 접게 되어있다. 벼루는 3구역으로 나누게 되는데 상구는 C자 셋을 연결한 모양을 하였고, 중 간구는 좌우 두 개의 홈을 이루고 있으며, 하구는 벼루이다. X자형의 대각이 달려 있다.

용각목인장(龍刻木印章)은 원통형 나무의 한쪽 면에 몸을 사리고 꿈틀거리는 용의 모양을 양각한 나무도장인데, 조각이 매우 정교하다. 길이 3.9cm, 지름 3.7cm이다.

주판알은 원형을 이루고 있는데, 연한 황색을 띠고 있으며, 바깥지름[外徑] 2.45cm, 구멍지름[孔徑] 0.65cm, 두께[厚] 1.75cm이다.

대길명척(大吉銘尺)은 '대길'이 새겨져 있는 척 잔편이 남아 있는 부분에는 치수 눈금이 뚜렷하여, 당시의 길이와 수치를 알 수 있는 중요한 자료이다. 특히 '대길'명은 목상자에도 묵서로 쓰여 있어 주목을 끈다.

저울대는 위 표면에 눈금인 각 점이 있고 눈금과 눈금 사이는 약 2mm 정도이며, 손잡이 끈을 꿰어 맨 흔적인 금속고리가 남아있다. 금속고리 부근에 '대길'이라는 글자가 각 점으로 새겨져 있고, 선단 가까이 윗면에는 물건을 담는 접시를 달아매는데 쓰인 것으로 보이는 작은 금속고리 2개가 있고 아래 부분에 1개가 있다. 저울대가 가늘고 눈금이 세밀한 점으로 보아, 약재류 등의 작은 단위의 무게를 재는데 사용되었을 것으로 생각된다.

수량표식목편은 목편들이 가늘고 긴 나무젓가락 모양인데, 동전 뭉치 사이에 꽂혀 있는 상태로 보아 동전수량을 표시하는데 쓰인 것으로 생각된다. 길이 15~20cm, 두께 0.5~0.6cm이다.

장기말은 총 7개가 인양되었는데, 그 중에 한 점은 길이 3cm, 너비 1.65cm(하)·1.5cm(상), 두께 0.5cm 정도의 크기이다. 삼목편을 각규형(角圭形)으로 만들고 상반부는 끌로 약간 다듬어서 얇게 하고 있다. 앞면에는 '계마(桂馬)', 뒷면에는 '금(金)'자를 행서로 면 전체에 크게 묵서하였다. 일본에서 장기는 현재도 성행하지만, 그 기원은 불명확하다고 한다. 문헌에는 헤이안시대[平安時代, 794~1085]에 도입되었다고 한다. 하지만 당시의 장기말로 확실하게 남아 있는 예는 없고, 무로마찌시대[室町時代, 1393~1573]까지 남아 있는 장기말도 많지는 않다.

현재까지 남아 있는 장기말의 출토 예를 보면, 산형현 주전시 성륜책(山形縣 酒田市 城輪柵)유적에서 전면 '병(兵)'·후면 'と'자의 장기말이 출토되었는데, 공반유물인 회유도·녹유도·목간 등이 헤이안시대(11세기)로 추정되어, 장기말도 이 시기의 것으로 추정된다. 신나천현 겸창시 학개강 팔번궁(神奈川縣 鎌倉市 鶴ヶ岡八幡宮) 경내(1980발굴)에서 3개가 출토되었는데, 전면 '보병(步兵)'·'향차(香車)'·'봉황(鳳凰)', 후면에 'と'·

'분왕(奔王)'이 묵서되어 있었다. 이 세 개의 말들은 현재 사용되는 말의 크기와 큰 차이가 없지만, '봉황'은 현재 사용하지 않은 중장기(中將棋)라는 경기 방식에만 쓰인다. 총 출토량은 92매인데, 공반유물로 모아 가마쿠라시대 말기(13세 말~14세기 초)로 확인되었다.

그리고 경도시 복견구 죽전 내전정 조우이궁적(京都市 伏見區 竹田 內畑町 鳥羽離宮跡)에서 '금장(金將)'·'은장(銀將)'이 발견되었는데, 길이 2.7~3.8cm, 너비 2~3cm, 두께 0.3~0.5cm 정도이다. 연대는 공반출토 된 토기로 보아 금장은 13세기 후반에서 14세기 초로 보았다. 은장은 14세기로 추정된다. 복정현 복정시 성호내 일승곡천창씨(福井縣 福井市 城戶內 一乘谷淺倉氏) 유적에서는 장기말 174매가 출토되었는데, 일본에서 출토된 장기말 중 가장 많은 양으로 무로마찌말기(16세기) 경으로 추정하였다.[43]

장기말은 조사결과 소나무·삼나무 등을 규형으로 만든 것인데 상반부는 끌로 깍아서 얇게 하고 앞면에는 향차·왕장·보병·금·계마·금장 등 글씨를 크게 묵서하였으며, 뒷면에는 ';'형의 부호를 표시하였다. 장기말은 선상에서 무료한 시간을 보내는데 적합한 놀이기구로 생각된다. 일본에서 사용하였던 장기말로 시간을 보내고 여러 사람이 보면서 놀이를 하기에는 아주 좋은 기구이다. 기나긴 여정에서 서로에게 웃음을 주고 때로는 승부에 집착하여 다투는 모습을 생각하면, 당시 선상의 모습이 어느 정도 상상이 된다. 장기말은 일본에서 헤이안시대 이래 현재까지 사용되고 있는 오락이다.

따라서 신안선에서 인양된 장기말은 선상에서 구성원들이 고단한 항해 중에 즐기는 오락의 기능으로서 중요한 역할을 하였다고 하겠다. 또한 이는

---

43) 김원룡, 1984, 「일본유물」, 『신안해저유물』 자료편 Ⅱ, 문화재관리국, p. 105.

일본인이 구성원의 주축을 이루었다는 사실을 보여주는 결정적인 증거라고 하겠다.

천주만 송대해선에서 인양된 장기는 중국식 장기로 신안선과 승선인원에 대한 구분을 가능하게 한다. 즉 신안선은 중국인이 선박을 운영하였다고 하더라도 구성인원은 일본인이 주축을 이루었다고 하겠다.

나막신은 우리나라에서는 물기가 있는 땅에서 신도록 나무를 파서 만든 앞뒤에 높은 굽이 있는 신을 말한다. 하지만 신안선에서 인양된 나막신은 구조가 우리나라의 나막신과 다르다. 일본인이 신었을 것으로 생각되는 나막신은 선상에서 이동하는데 신었을 것으로 보여진다.

이외 목제유물은 목제구형기·도칠초화문조각장식판·과실제염주알 등이 있다.

위에서 살펴본 바와 같이, 목제유물은 종류는 여러 가지 이지만, 수량은 극히 제한적이다. 따라서 무역품의 용도로 보기는 힘들고 선상에서 선원들이나 기타 승려·하주들이 개인용품으로 사용되었을 것으로 생각된다. 목제유물은 원과 일본에서 만들어진 것으로 보인다.

목제유물로는 유물을 포장하는 용도로 사용되었던 목상자가 유물이 포장된 체로 완전하게 인양됨으로써, 원시대의 숫자개념과 포장방법을 알 수 있었다. 또한 목제유물 중에는 편자와 족자의 잔해, 그리고 대나무로 만들어진 부챗살이나 두루마리의 목제축이 인양되었는데, 종이로 된 부분은 없어진 채 목재 부분만 남아 있었다.

2) 목패

신안해저에서는 목패가 360여 점 인양되어, 출항시기·연대·소유주·선단구성 인원과 계량단위 등을 고찰하는데 귀중한 자료를 제공한다. 일반적으로 목패는 조그만 나무 조각에 묵서를 하여 문서와 소유주 등을 표시하는 것으로, 물표와 동일한 용도로 쓰인 것을 말한다. 즉 목재로 만들어진 명패를 말한다.

신안선에서 인양된 목패는 당시의 하주와 유물에 대한 표기 방법을 알 수 있게 하고, 출항시기를 알려주는 연대가 표시되어 있었다.

여기에서는 이를 좀더 체계적으로 분류하여, 목패에 표기된 하주와 수량 단위 등에 대한 고찰을 통하여, 배에 승선하였던 하주와 승선 인원을 추론하고자 한다.

(1) 목패의 용도

목패(木牌)는 목간(木簡)이라고도 하는데, 문서나 편지 등을 일정한 모양으로 깎아 만든 나무 또는 대나무 조각에 적은 것이다. 나무에 새긴 것을 목독(木牘), 대나무에 새긴 것을 죽간이라고도 한다. 주로 종이가 발명되기 이전에 많이 사용되었다.

1901년 중국의 중앙아시아 지역에 대한 학술탐험가들에 의해 목간이 발견된 이래, 이후 여러 곳에서 발견되었다. 누란(樓欄)과 돈황(敦煌) 유적 등이 유명하며, 1930년대에는 한대에 쓰여 진 1만여 점의 목간이 발견되어 한대사를 연구하는데 크게 기여하였다. 이와 같이 목간은 진한시대부터 위진시대에 이르기까지 죽간과 함께 널리 사용되었다. 목패는 대개 나무를 폭 1cm, 길이 20~30cm, 두께 3mm 정도의 긴 모양으로 잘라 묵서했는데 시대마다 용도에 따라 크기는 달랐다.

1961년 일본에서는 평성궁유적(平城宮遺蹟) 발굴조사에서 41편의 목간이 출토되었다. 지금까지 일본에서 발견된 목패의 수는 약 20만 점 가량이다. 일본의 목간은 길이 20~40cm, 폭 3~5cm정도이다. 신안해저에서 출토된 목패도 대개 이와 비슷하다.

1개의 목패는 많은 문자를 써넣기 위해 글자를 2줄 이상 쓰거나, 앞뒤 양면에 기재하기도 하였다. 목패의 용도는 다양하였는데, 이를 세 가지 정도로 분류할 수 있다. 첫째, 관사(官司) 등의 명령·보고 전달문서와 기록장부류에 해당하는 문서목패. 둘째, 하찰·조세 물품에 붙여진 부찰. 셋째, 이외의 용도로 쓰인 목패들을 통칭한다.

우리나라에서는 1975년 경주 안압지 발굴조사에서 51점의 목패가 출토되었다. 이들 가운데 완형에 가까운 것은 40점이었다. 목패의 길이는 긴 것은 30cm가 넘는 것도 있으나, 대체로 9~23cm 사이의 것이 대부분을 이었다. 주로 상단의 양면을 'V'자형으로 절단하여 일종의 홈을 만들었다. 간지와 연호를 사용한 목간에 의하면, 대체로 8세기 중엽으로 판단된다. 이외에도 10여 곳에서 목패가 출토되었다. 부여 관북리(1983), 경주 월성해자(1984~85), 경기도 하남시 이성산성(1990~91, 2000), 함안 성산산성(1992~95), 경주 황남동(1994), 부여 궁남지(1995), 부여 쌍북리(1998) 등의 유적에서 잇달아 발견되었다.

월성해자에서 나온 약 30점의 목패는 하찰의 용도로 보이고, 관청간에 주고받은 문서로 보여지는 것도 있다. 이성산성에서 출토된 목간에는 무진년의 연대가 기록된 신라 지방관 사이에 주고받은 목간의 형식이다. 그리고 욕살(褥薩)이라는 관명이 기록된 고구려 목간도 발견되어 당시에 지방 통치에 개한 귀중한 자료를 제공하였다. 함안의 성산산성에서는 다량의 목간이 출토되었는데, 용도에 대해서는 논란이 있고, 연대는 6세기 후반으로 추정하고 있다. 재질은 소나무와 밤나무로 만들었다. 황남동에서 출토된 목간에는 창고와 관련된 글자가 보인다. 부여 궁남지에서 나오는 목간에는 부명(部

名)이 있어, 백제 왕도에 대한 연구에 좋은 자료를 제공하였다. 이를 종합하면, 우리나라에서 출토된 목패들은 주로 6세기 중엽에서 8세기 중엽에 이르는 시기에 주로 사용된 것으로 보여진다.[44]

이상과 같이 목패는 종이가 발견되기 이전 우리나라·중국·일본 등지에서 문서·하찰 등의 수단으로 널리 사용되었으며, 종이가 발견된 후에도 함께 사용되었음을 알 수 있다.

신안해저에서 인양된 목패는 대부분 하찰의 용도로 보인다. 하지만 묵서내용은 다양한 사실을 보여준다. 예를 들면 인명·소속기관·연호·월일 등의 묵서내용은 당시의 시대상을 조명하는데 중요한 단서를 제공한다고 하겠다.

(2) 신안해저 인양 목패의 수량과 형식

신안해저에서 발견된 목패의 총 수는 364점이다. 목패의 인양은 선저에 동전과 함께 묻혀 있어, 발굴이 시작된 후 약 7년 만에 처음으로 인양되었다.[45] 목패는 선저부분에서 고르게 인양되었는데, 이는 동전의 분포와 관련이 있는 것으로 보이고, 바다 해충에 의해 부식된 일부 목패는 동전 상단에 적재되었던 식물류와 관계가 있을 것으로 보인다.

목패의 크기는 길이 10~20cm, 너비 2~3cm, 두께 0.5~1cm 정도이며, 가장 수량이 많은 것은 길이 15cm 내외의 것이다. 제작에 사용된 목재는 소나무와 삼나무를 이용하여 만든 것으로 수종조사 결과 밝혀졌다. 목패는 끈으로 묶어서 포장된 상품들을 매달아 두기 위하여 머리부분을 간단하게

---

44) 국립문화재연구소, 2001, 『한국고고학사전』상, pp. 397~398.
45) 신안해저에서 목패의 인양은 1982년에 328점, 1983년에 36점이 인양되었다. 인양은 선저의 동전을 흡인호스(Air lift)를 이용하여 빨아올리는 작업을 하다가 처음으로 인양되었다.

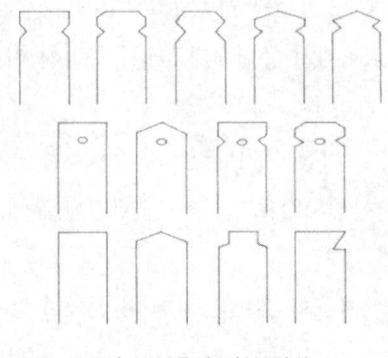

<그림 54> 목패 상부 형태

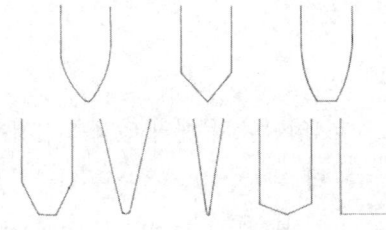

<그림 55> 목패 하부 형태

가공 조각하였는데 그 종류가 몇 개의 군으로 분류된다.

목패의 형태는 크게 나누어 세 가지로 구분할 수 있다.<그림 54>

첫째, 상부에 가까운 곳을 좌우 양편으로 약간씩 홈을 파서 끈으로 결박할 수 있게 하는 모양이다.

둘째, 목패의 상부 중앙에 작은 구멍을 뚫어서 끈을 꿸 수 있게 하였다.

셋째, 끈을 묶기 위한 가공의 흔적이 없는 형태이다.

이렇게 각기 다른 특성을 갖고 있는 목패는 상부 외에 하단부에서도 특성이 보인다. 동일한 소유주는 동일한 모양을 갖고 있지만, 그렇지 않은 경우는 각기 다른 형태를 보여준다.<그림 55>

(3) 목패의 묵서 표기방법

신안해저에서 인양된 목패의 용도는 무역선에 적재된 동전, 기타 화물을 구분하여 소유주를 명시하기 위한 명패로 사용되었다. 따라서 한 쪽 면에는 소유주 즉 하주(荷主)의 이름이 묵서되어 있는데, 소유주의 명칭은 개인명

이 묵서된 도우이랑(とう二
郞)·우칠(又七) 목패와 동복
사(東福寺)·조적암(釣寂庵)
라는 사찰 명칭, 강사라는 직
명이 표시된 명패도 상당량 보
인다.<그림 56>

화물의 소유주를 확인 할 수
있는 또 하나의 방법은 하물주
들이 자기의 이름 아래에 수결
을 하였다. 수결은 화압(花押)
이라고도 하는데, 중국 당대

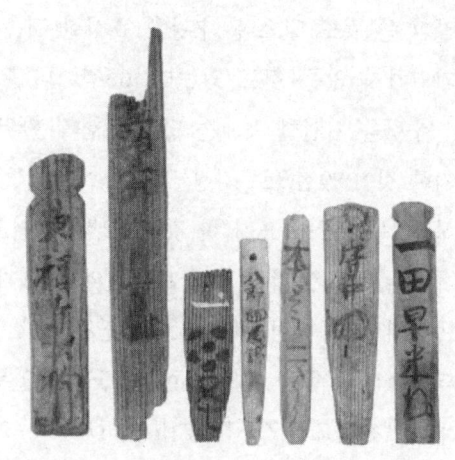

<그림 56> 목패 각종

이전에 이미 시작되었다고 알려져 있었지만, 우리나라에서는 신안해저유물
에서 처음으로 확인되었다. 수결의 솜씨는 대개가 세련된 필체로 쓰여져
있는데, 어떤 목패는 화주의 이름을 생략하고 앞뒷면에 수결만 표시한 것도
있다.

그러나 한편으로는 수결을 하지 않은 화주들도 있었다. 예를 들면 도아며
(道阿旀)·상득(常得)·마고삼랑(まこ三郞) 등의 이름이 묵서된 목패에는
수결이 없다. 또한 우칠이라는 이름을 가진 인물은 수결대신에 ▩표시를 먹
으로 기입하였다. 보다 간결한 방법으로는 이름과 수결을 모두 생략하고
■표기의 부호를 전·후면에 기입한 예도 있다.

그리고 목패 중에는 화주의 이름이나 수결 이외에 일자나 수량을 기입한
것이 상당수에 달한다. 일자나 수량은 대개가 뒷면에 표시하였는데, 일자와
수량을 함께 쓴 것도 있다. 어떤 목패는 일자를 표면의 화주 이름 옆에

같이 쓴 것도 있으나, 수량을 표시한 것은 드물다. 또한 이면에 아무 것도 기입하지 않은 것도 있는데, 66점이나 된다.

수량을 기입한 것에는 당시의 화폐 단위명인 '관(貫)', '관문(貫文)'을 표기한 것이 89점으로 가장 많으며, '포(包)'로 표기한 것이 52점, 용적을 의미하는 '두(斗)'를 표기 한 것이 12점, 그리고 '근(斤)'으로 표기한 것이 2점, '종(種)'으로 표기한 것이 1점이 있다. 화폐의 수량을 기입하는데 있어서는 동전의 한 종류인 '대전(大錢)'을 특별히 명시한 목패들이 있다. 하지만 무역상품의 품목을 기입한 예는 드물며 일부 예로는 '약오종팔십(藥五種八十)', '진피오십오근(陳皮伍拾伍斤)' 등의 목패가 있다.[46]

목패에 대해 서술한 발굴보고서에는 '본(本)'자에 대한 정확한 의미를 알 수 없다고 하였는데, 이는 나무의 그루나 포기를 의미하는 용어로 사용된다. 현재도 나무를 세는 단위는 본자를 쓰고 있다. 따라서 본은 자단목이나 이외의 숯을 세는 단위로 사용되었을 가능성이 충분하다고 하겠다.

신안해저에서 인양된 유물 중에서 도자기의 양이 많지만, 이에 버금가는 것이 자단목이다. 자단목도 선저에서 인양되어 목패에 새겨진 '본'은 목재와 관련된 수량단위가 확실한 것으로 생각된다.

이를 종합하면, 묵서의 내용에서 개인화주 · 사찰 · 관청의 직명 표기 등을 통해 개인과 단체의 무역활동을 확인할 수 있다. 물건을 인수하면서 각자의 거래량이나 특징을 수결로 표시하면서 성격을 구분하였다. 이는 당시의 무역거래 수단을 살필 수 있는 중요한 자료이다. 또한 수량을 구분하는 단위의 표시인 '관' · '관문' · '두' · '종' · '근' · '대전' · '본' 등은 물건의 종류를 파악하는 근거와, 단위의 척도를 구분하는 기준을 제시하고 있다.

---

46) 윤무병, 1988, 「목패」, 『신안해저유물』 종합편, 문화재관리국, pp. 253~255.

4) 목패의 내용

신안선에서 인양된 목패의 내용 중에서 가장 특징적인 것은 연월일이 묵서되어 있다는 점이다. 연호와 월일이 판독된 8점이 있는데, 모두 중국 원대의 연호인 '지치삼년(至治三年, 1323)'이 표면에 묵서되었는데 '삼(參)'자와 '삼(三)'자를 병행 기입하였다. 이러한 연호에 이어서 월일이 묵서되어 있는데, '육월일일(六月一日)'로 판독 된 것이 2점, '육월'까지 판독 가능한 것이 2점, '지치삼년'만 판독된 것이 3점, '지치삼년오월'이라는 연월이 기입된 것이 1점이다. 이 목패들은 모두 후면에 동전 수량과 '조적암(釣寂庵)'이라는 암자명이 보인다. 그리고 지치삼년이라는 묵서 앞에는 '보(寶)'라는 한자와 수결이 보인다. 필적도 동일인으로 보여서 연호와 월일을 표시한 목패는 조적암과 관련된 것에서만 보인다. 따라서 조적암에서 동전을 수입하여 사찰을 증축하거나 새로 불사하는데 사용되었을 가능성이 많다.

이외에 월일을 기입한 목패들이 있다. '사월(四月)'·'오월(五月)'·'육월(六月)'의 세 종류가 있다. 사월은 입이일(廿二日) 1점, 입삼일(廿三日) 6점이고, 오월은 십일일(十一日) 37점, 그리고 육월은 일일(一日) 1점, 이일(二日) 9점, 삼일(三日) 58점이다. 총 9점이 인양된 '지치삼년'은 대개 동일한 내용을 묵서하였는데, 일자는 화물의 선적시기와 출항시점을 알려준다. 즉 '지치삼년육월삼일'이 가장 많은데, 이로써 6월 3일 이후에 출항하여 동중국해사단항로를 지나 우리나라 해역에 진입한 후 선체가 암초에 부딪쳤거나 다른 요인에 의해 화물은 싣고 전복되지 않고 바로 침몰되었음을 알수 있다.

이러한 연월일이 표시된 목패는 하물선적 날짜와 침몰연대를 추정하는데 결정적인 역할을 하였다. 이들 날짜를 보면, 20여 일 간을 사이에 두고 날짜를 기입하였다. 날짜별 간격을 보면, 일정한 기한을 정하여 무역품 선적하였음을 알 수 있다. 즉 상품을 구입한 날짜나 혹은 선적한 날짜를 기입한 것으로, 4월 20일 경부터 6월 3일에 이르는 50여 일이 상품구입과 선적 기간이었다고 할 수 있다.

따라서 신안선이 경원항에 정박하여 상당기간 동안 선적할 물건을 구입하고, 일정한 간격으로 구입한 물건을 정해진 날짜에 선적하였다는 사실을 목패에 새겨진 연월일을 통해 유추할 수 있다. 또한 이는 출발시점을 살필 수 있는 결정적인 자료가 될 수도 있다. 당시 중국 경원에서 고려나 일본으로 가려면 계절풍을 이용하여야 하기 때문에 음력 6월에 출발하였음이 확실하다. 이는 목패에 새겨진 가장 늦은 날짜가 6월로, 음력을 사용한 당시의 시대상을 볼 때 양력 7~8월의 계절풍인 남풍을 이용하는 무역항로를 이용하였을 것이다.

또 다른 목패에는 화물 소유주·사사·지명 등과 수량이나 계량단위를 나타내는 내용들이 묵서되어 있다. 이를 합하면 30여명의 화주들이나 그들의 대리인이 배에 타고 있었음을 알 수 있다. 이들을 구분하여 신분별로 분류하면 일반 개인·승려·사사(寺社)·직명(職名) 등이 보인다. <표 11>[47]은 목패의 묵서내용과 수량을 구분하여 그 특징을 요약하였다.

---

47) <표 11>의 작성은 아래 자료를 참고하였고, 일부 내용을 보완하였다.
  윤무병, 1984, 「목패」, 『신안해저유물』 자료편Ⅱ, 문화재관리국.
  윤무병, 1985, 「목패」, 『신안해저유물』 자료편Ⅲ, 문화재관리국.
  윤무병, 1988, 「목패」, 『신안해저유물』 종합편, 문화재관리국.
  福岡市博物館, 2002, 『蒙古襲來と博多』, 北條時宗とその時代展 特册圖錄.
48) <표 11>에서 보이는 구분 28, 29번의 「본(本)」은 일본어로 "もと(훈독),ほん(음독)"으로 발음하고, 이 글자는 수를 나타내는 순수 일본어에 붙어 그루·포기를 나타내는

<표 11> 목패의 묵서내용 및 수량

구 분	묵 서 내 용	수 량	특 징
1. 綱司私	전 : 綱司私 手決,月日(六月三日) 후 : 五月十一日, 七十三包六百内, 藥五種八十, 二包内行妙	110	• 사(私)는 개인의 물품을 표시하는 사무역의 흔적을 볼 수 있음 • 강사(綱司)라는 명칭은 중국의 선장과 선단주를 겸한 인물로 추정됨 • 일본에 거주 재일 중국인일 가능성이 있음
2. 東福寺	전 : 東福寺足, 東福寺公用手決, 東福寺, 東福寺公物 후 : 十貫公用手決, 十貫足, 十貫六月二日, 大錢五貫六月二日, 六月二日大錢(이하판독불가)	41	• 목패 전·후에 공용·공물이 표기되어 사찰에서의 공적인 거래를 나타내는 공무역을 보여주는 사찰상 선단 의미 • 월일이 표기되어 있어 선적이나 혹은 구입날짜를 추정할 수 있음 • 족(足)은 전(錢)을 의미하는 일본식 표기 • 주로 동전과 관계된 목패임
3. 至治三年 (至治參年)	전 : 寶至治三年六月一日手決, 寶至治參年手決,寶至治三年六月, 治三年六月二日手決, 寶至治三年, 至治參年五月, 至治三年(이하불명) 후 : 錢捌貫釣寂庵手決(이하불명), 釣寂庵(이하불명)手決,大捌貫(釣寂庵?)手決, (자수불명)手決, 陣皮伍拾伍斤(이하절단), 十二貫子(일자불명)手決	8	• 지치삼년 연호 앞에는 일반적으로 '보(寶)'라는 글자를 묵서 • 하주는 조적암이라는 암자와 관련 • 지치삼년의 삼자는 '삼(三)·삼(參)'를 혼용하여 썼음. • 연호 다음에 □월□일의 날짜 표시가 있어 출항연도와 날짜를 알 수 있는 확실한 증거를 제시 • 주로 동전과 관계된 목패지만, 진피오십오근(이하절단)의 묵서 내용은 약재나 기타 무역품의 무게 단위를 보여 준다고 하겠음.
4. 敎仙	전 : 拾貫文敎仙 勸進聖, 聖敎仙(?)皮手決,一包敎仙分, 銅錢模樣敎仙分手決,銅錢模樣敎仙手決 후 : 筥崎奉加錢手決銅錢模樣,筥崎奉加拾貫銅錢模樣,一包敎仙手決銅錢模樣, 十貳貫文手決, 十貳貫手決,	7	• 권진은 당탑(堂塔) 등을 건립하기 위하여 시주를 권하는 행위 • 봉가전은 권진에 의하여 신불에 헌납된 금전을 의미하는 것으로 일본에서 사용된 언어임. • 거기는 일본 구주의 하카다항 근처의 삼대팔번궁의 하나로 생각됨 • 주로 동전과 관계된 목패로 당탑이나 신불에 헌납하는 동전을 수입하는 하주단으로 보아 승려일 가능성 있음.

구 분	묵 서 내 용	수 량	특 징
5. 一田早米	전 : 一田早米手決, 一田六貫文手決 후 : 十貫文手決,大錢六貫文手決, 大錢早米手決,大錢(이하불 명), 大錢五貫文手決,大錢六 貫(이하불명), 大錢(사자불 명)手決	14	• 사무역을 하던 개인으로 보이는데 수량 이 많아 상당한 권한을 가진 것으로 보 임. • 주로 동전과 관련된 업무에 종사하던 하 주
6. 八郎	전 : 八郎手決, 八郎手決大錢 후 : 묵서 없음	18	• 개인명 목패로 수량이 가장 많다. 이는 개인 중에서 무역품을 가장 많이 점유 한 상인으로 볼 수 있슴. • 후면에 묵서 내용은 없지만 전면의 대전 묵서 내용으로 보아, 동전과 관련된 목 패라는 사실을 보여줌.
7. 松菊得	전 : 松 菊得 후 : 拾貳貫手決, 伍貫佰貳文手決大 錢,(자수불명)	6	• 대전과 관(貫)의 묵서 내용으로 보아 동 전과 관련된 목패 • 개인 하주로 보이며 이름과 성을 구분하 기 위해 송자와 국자 사이에 간격을 둠
8. 菊一	전 : 菊一手決, 拾貫菊一手決, 菊一 (이하불명) 후 : 六月二日,□月□日,(自分九 百?)	9	• 관의 묵서 내용으로 보아 동전과 관련된 목패 ·개인 하주로 보임 • 상품 구입일이나 출항지를 밝히는 6월2 일의 숫자 표기 • 물품선적과 출항시기를 보여줌
9. 道阿於	전 : 十貫文道阿於分 후 : 四月卄三日九十貫内	4	• 관의 묵서 내용으로 보아 동전과 관련된 목패 ·개인 하주로 보임
10. 秀忍	전 : 秀忍手決, (상부절단)貫秀忍手 決 후 : 拾貳文, 四月卄三日秀忍手決	2	• 관의 묵서 내용으로 보아 동전과 관련된 목패 • 개인 혹은 이름에서 승려로 생각됨
11. 隨忍	전 : 隨忍手決　　후 : 手決	5	• 개인 하주 혹은 이름에서 승려로 생각됨
12. 常得	전 : 常得 후 : 묵서없음	3	• 승려로 생각됨
13. 戒心	전 : 戒心 후 : 묵서없음	1	• 승려로 생각됨
14. 本とう二郎	전 : 本とう二郎 후 : 本とう二郎	2	• 개인 하주 • 일본의 평가명(平假名)을 혼용하여 이름

구 분	묵 서 내 용	수 량	특　　　　징
			을 썼으며, 전면과 후면의 표기가 같음.
15. とう二郎	전 : とう二郎手決, とう二郎手決大錢 とう二郎六貫七百文 후 : 묵서 없음	8	• 일본의 평가명을 혼용하여 이름을 썼음 • 대전관의 묵서 내용으로 보아 동전과 관련된 목패 • 개인 하주로 보임
16. いや二郎	전 : いや二郎 후 : 十一(이하불명), 手決?	2	• 일본의 평가명을 혼용하여 이름을 썼음 • 개인 하주 • 후면의 숫자 뒤의 내용이 판독되지 않았지만 동전 관련 목패로 보임
17. 福 四斗	전 : 福 四斗 후 : 묵서 없음	9	• 개인 하주 • 관문이라는 화폐단위가 아닌 두라는 용적을 가리키는 계량단위가 사용 된 것으로 보아, 후추나 기타 한약재의 단위에 사용된 목패로 보임 • 바다에서 자생하는 충해 피해의 흔적으로 보아 동전들 보다 선창 위쪽에 매몰되었을 것으로 추정되는데, 이는 동전이 아닌 약재에 쓰인 목패라는 사실을 보여줌
18. 子哲	전 : 子哲手決　후 : 十壹貫手決	1	• 개인 하주 •동전과 관련된 목패
19. 妙行	전 : 妙行　후 : 十貫(이하불명)	1	• 개인 하주 •동전과 관련된 목패
20. 得法	전 : 得法(일자불명) 후 : 手決十貫文	1	• 개인 하주 •동전과 관련된 목패
21. 元人	전 : 元人手決　후 : (이자불명)	2	• 개인 하주
22. ○守中	전 : ○守中　후 : 六月三日	2	• 개인 하주
23. 正悟	전 : 正悟　후 : (이자불명)	1	• 개인 하주 •동전과 관련된 목패
24. 釣寂庵	전 : 釣寂庵拾貳文 후 : 四月廿三日(이자불명)手決	1	• 사찰 하주로 일본 북규슈지방에 위치한 암자 • 동전과 관련된 목패 • 지치삼년과 관련된 암자명에도 보이지만 별도로 구분하며, 선단의 주요 구성단체의 성격을 갖고 있음

구 분	묵 서 내 용	수 량	특　　　　징
25. 北米七斗	전 : 北米七斗, 후 : (자수불명)	2	• 개인 하주・동전과 관련된 목패
26. 十貫	전 : 十貫手決, 후 : 묵서 없음	1	• 개인 하주・동전과 관련된 목패
27. 十二内	전 : 十二内手決, 후 : 묵서 없음	2	• 개인 하주・동전과 관련된 목패
28. 二本	전 : 二本, 후 : 手決	1	• 개인 하주와 관련된 목패 • 동전과 관련된 목패
29. 一本	전 : 一本手決八貫五百(일자불명) 후 : 八貫五百(일자불명)手決	1	• 개인 하주와 관련된 목패 • 동전과 관련된 목패
30. まこ三郎	전 : まこ三郎, 후 : 묵서 없음	9	• 개인 하주와 관련된 목패
31. 又七	전 : ※ 又七, 후 : 묵서 없음	3	• 개인 하주와 관련된 목패
32. 又三郎	전 : 又三朗, 후 : 千手決	3	• 개인 하주와 관련된 목패
33. 衛門次郎	전 : 衛門次郎, 후 : 불명	3	• 개인 하주와 관련된 목패
34. 甘草(?)郎	전 : 甘草(?)郎, 후 : 묵서 없음	1	• 개인 하주와 관련된 목패
35. 其他	전 : 阿(?), 五貫(?), 大錢(?), 五貫文 六月三日, 敬(?),불명 등	80	• 하주의 표시와 관련된 목패로 여겨지지만 정확한 하주에 대한 구분이 모호함. • 묵서의 내용이 없는 목패는 묵서가 지워졌거나 다른 표기나 표식으로 소유주를 구분하였을 것으로 보임 • 오관(?), 대전(?), 오관문은 동전관련 목패의 성격을 나타냄
총계　364 점				

* <표 11>에서 보이는 '본(本)'[48]의 의미

의미가 있다.

<표 11> 인양된 목패를 묵서 내용별로 분류하여 작성하였는데, 사찰·인명·승려·직명·연호 등과 상품에 대한 무게단위와 기타 표기된 묵서 내용을 나타낸다. 하지만 360여 점에 달하는 목패에 대한 개별적인 정리는 양이 너무 많아 화물주가 묵서 된 것을 전면, 수량이나 무게단위 등이 묵서 된 것을 후면으로 구분하여 표를 작성하였다.

<표 11>에 보이는 바와 같이 목패는 무역선에 적재된 동전, 기타 화물들을 구분하여 소유주를 명시하기 위하여 사용하였다. 이는 상선단이 다양한 집단으로 구성되었음을 보여준다. 몇 가지 관점에서 목패를 분류하면 하주단의 성격 규명이 용이해질 것으로 판단된다.

첫째, '강사사(綱司私)'에 대한 고찰이 선단을 이해하는 중요한 기준이 된다고 하겠다. 앞에서 서술한 천주만 송대해선에서도 '강사'라는 목패가 인양되어 배를 지휘하는 선장으로 보았다. 신안선에서 인양된 '강사' 목패도 묵서로 보아 배의 선장이나 선단을 대표하는 직명으로 보았다. 인양 수량도 가장 많은 110점으로, 묵서 내용을 보면 전면에 '강사사'수결·'월일(육월삼일)', 후면에 '오월십일일'·'칠십삼포육백내'·'약오종팔십'·'이포내행묘(二包內行妙)' 등이 표기되어 있다.

표기된 계량단위도 무역품인 동전·약재 등을 나타내는 묵서로 볼 수 있다. 즉 신안선의 운영주체가 '강사'에 의하여 이루어졌다고 보여지며, '강사'는 하카다에 거주하는 강수(綱首)[49]로, 실제 배를 운영하는 주체였다고 볼 수 있다. 그리고 강수를 하카다항에 거주하는 재일 중국인 선장이나 책임자라고 본다면, 선체의 국적 및 건조지를 확실히 밝히는 근거가 된다. 즉 13~14세에 일본의 조선기술로 신안선과 같은 대형무역선을 건조한다는

---

49) 강수(綱首)라는 이름은 중국에서 무역선 또는 선단의 지휘자의 호칭으로 사용되어 왔으며 대개 선주와 선장을 겸한 것으로 알려져 왔다.

것은 쉽지 않았기 때문에, 강수는 본국의 복건성 일대에서 제작한 배를 이용하여 무역활동을 하면서, 처음 승천사(承天寺)를 창건유지하고 탑두조적암(塔頭釣寂庵)이 신안선 파견의 실무관리를 일정부분 담당하였지만, 실제적인 것은 강수에 의해서 이루어졌다.[50] 이는 무역선단의 주체인 '강사'가 일본의 사사를 조영하고자 하는 세력과 상인들을 규합하여 대중무역활동을 전개하였던 사실을 일려준다.

둘째, 목패 중 연월일이 표시된 것 중에서 중국 원대의 연호인 '지치삼년'(1323)을 묵서하였는데, 이는 침몰선의 연대를 추정하는 근거를 제공한다. 하지만 일본 연호를 사용하지 않은 점으로 보아, 선장이나 운영 주체가 중국과 관련된 것으로 보는 것이 타당하다. 일본인이 선박의 주체라면 당시의 일본 연호인 '원항(元享)'을 사용하는 것이 당연할 터인데, 일본 연호가 표기된 묵서 된 목패는 한 점도 인양되지 않았다.

셋째, 화물주는 개인·승려·사사·직명 등의 있는데, '동복사'가 대표적인 것이다. 즉 목패에 새겨진 묵서의 내용을 분석하여, 신안선이 경도의 선사인 동복사의 조영비를 조달하기 위하여 파견된 조영당선으로서, 그 실무를 담당한 것은 동복사의 말사로서 하카다에 소재한 승천사의 탑두조적암으로 선박의 경영을 하카다의 강수가 행하였다. 또한 승천사와 밀접한 관련을 갖고 있는 거기궁(筥崎宮)의 봉가(奉加)도 겸하였다. 즉 중국 영파를 출발한 신안선이 일본의 하카다로 향하고 있었던 것으로[51] 보는 것이 일반적이다. 하지만 필자는 앞장에서 서술한 동아시아와 신안선의 항로의 고찰을 통해 고려기항설에 대한 개연성을 제시하였다. 고려기항설은 고려유물과 항로상으로도 가능성이 충분하다.

---

50) 福岡市博物館, 2002, 앞의 도록, p. 33.
51) 福岡市博物館, 2002, 앞의 글, pp. 31~33.

마지막으로 대부분의 목패는 동전과 관련된 것으로, 선저에서 인양된 것으로 보아 관련성은 확실하다고 하겠다. 그렇다면 많은 양을 차지하는 도자기와 기타유물에 대한 물품 표시방법이 있었을 개연성이 높은데, 추후 연구를 통해 밝혀져야 할 중요사항이다.

3) 자단목

신안해저에서 자단목이 1,000본 이상 인양되었다. 자단목의 형태나 크기는 다양하며 정확한 용도는 알 수 없지만 귀목(貴木)으로서 사용되었을 것으로 보이며, 선저의 맨 아래 부분에 골고루 적재되어 있었다.

자단목은 길이와 지름이 각양각색으로 소형은 길이 30~40cm, 지름 7~10cm부터 대형은 길이 1.5~2m, 지름 40~70cm정도로 다양하다. 모양은 자단원목(紫檀原木)을 베어 공구를 이용하여 나무껍질을 떼어낸 후 일정한 크기로 잘랐지만, 모양은 원목을 그대로 실었다. 따라서 구부러지거나 가지가 모양을 그대로 유지한 것도 있으며, 나무 밑 부분을 그대로 벌채하여 다듬은 후 선적한 것 등 다양하다. 이러한 형태는 가공을 하여 공예품으로 만들기가 편리하게 되어 있다. 인양된 자단목 중에는 묵서하거나 새겨진 문양이 많이 있는데, 이에 대한 분류를 통하여 자단목의 소유주와 당시에 사용되었던 부호나 문자를 고찰하는데 중요한 단서를 제공할 수 있을 것으로 보인다. 그 중에서 한 점은 'ㄟ ㅣ ㅅ'의 기호를 음각하여 새기고, '고평기계칠조옥□(高平記計柒條玉□)'이라는 묵서가 있었다. 이는 자단목의 용도나 혹은 소유주 외의 다른 의미가 있을 것으로 보인다.

이외 음각되거나 묵서된 문자·문양·기호 등의 내용을 보면 <표 12>[52]와 같다.

<표 12> 자단목(紫檀木)에 나타난 문자와 부호

분류	한자문	수량	문양	수량	기하문	수량	비고
1	大一	44	Z	2	I	5	한자문에 수량 여러 개 3본
2	大吉	1	本◎	12	I I	43	
3	夲	7	♧	1	I I I	32	
4	大	2	△	2	I I I I	6	
5	一丁	22	△	6	X	13	
6	吉	1	△	2	I X I	25	
7	一本	2	X	3	X I X	5	
8	王	1	○	6	I I I	1	
9	口	3	ψ	6	I X	11	
10	工	2	*	5	X I I I	12	
11	八	10	ㄷ	2	X X	9	
12	八八	2	ㄱ	8	X X I I	2	
13		2	λ	3	I X X I	2	
14	土	1	으	4	X X X	1	
15	元	1	1+1	1	X	3	
16	田	1	2m	3	X Y X	2	
17	壼	1	◁△	2	y y	3	
18	回	1					
19	品	12					
20	十	4					
소계		116		68		175	
총계 : 54건 359점							

---

52) <표 12>는 국립해양유물전시관에서 보존처리하여 정리한 자단목 1,017본을 문자·문양·숫자·기호 등으로 묵서되거나 음각된 것을 분류하여 정리한 것이다. 일부 유물은 실제관찰하면서 고찰하였지만, 정리된 유물카드를 기준으로 하였다. 따라서 일부 누락되거나 숫자의 착오가 있을 수 있지만, 문자나 문양 등의 분류를 시도하였다는 점에 의미를 두고자 한다. 그리고 수량이 많고 기타 다른 요인에 의하여 유물 전체를 실제로 관찰하지 못하여 묵서된 글자에 대한 정확한 분석이 이루어지지 못하여, 이후 필자의 연구과제로 삼고자 한다.

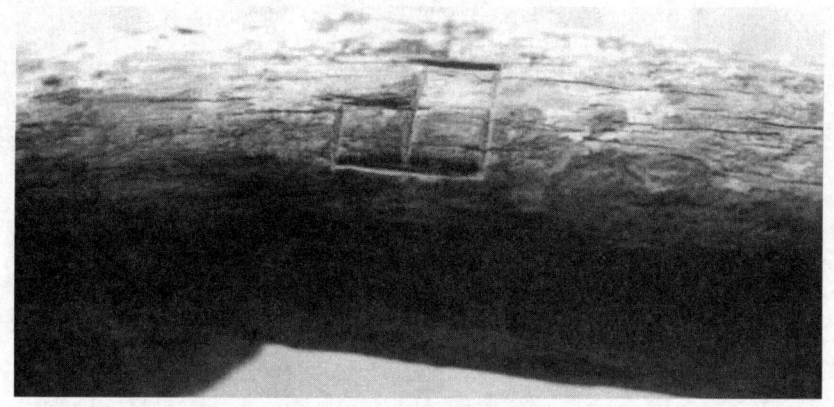

<그림 57> 자단목(紫檀木)

　<표 12>에서 보는 바와 같이, 인양된 자단목 1,017본 가운데 54건 359
점에 문자나 기하문 등을 음각으로 새기거나 묵서하였다. <그림 57> 이는
전체 자단목의 약 35%에 해당하는 것이다. 여기에 새겨지거나 묵서 된 54건
의 종류를 보면은 소유주가 다른 문자나 기하문을 사용할 수도 있지만 각기
다른 소유주로 생각하면 최소한 50여 명이 하주라고 생각할 수 있다. 당시
승선할 수 있는 정확한 숫자는 알 수 없지만, 중국의 대형선박에 500여
명이 승선하였다는 사실은 다른 기록에서 확인되고 있다. 신안선에 대한
승선인원의 언급은 우리나라에서는 확실한 자료가 없다. 이에 대한 자료로
일본인 학자가 당시의 기록에 근거하여 60명 정도가 승선하였을 가능성을
제시하였다.[53] 하지만 당시의 선박들은 일반적으로 10개의 대노를 갖추고
있었는데, 한 개 노를 여덟 사람 혹은 열 사람이 저어야 하였다.[54] 그렇다면
문자와 문양에 나타난 소유주와 기타 승선인원을 포함하면, 신안선에는 최

---

53) 小野正敏, 2002,「日元貿易のタイムカプセル韓國・新安沈沒船」,『アジアの海-沈
　　沒船が語る中世交流史-』, 國立歷史民俗博物, p. 18.
54) 陳希育, 1991,『中國帆船與海外貿易』, 廈門大學出版社, p. 48.

소한 100여 명이 승선하였을 가능성이 있다고 생각한다.

목패나 자단목에 새겨진 부호나 문자·기하문 등이 이를 증명한다고 하겠다. <표 12>의 분류체계는 필자가 기준을 나름대로 편의상 정한 것이지만, 일정한 범위 내에서 규정되는 글자나 문양을 분류하였기 때문에 커다란 문제점은 없을 것으로 보인다.

문자나 기하문 등의 문양에 대하여 고찰하면 아래와 같다.

첫째, 문자 중에 주의 깊게 살펴야할 글자가 있다. 한자로 표기된 글자들인데, 총 116본이다. 그 중에 '대길'이라는 문자는 목패나 목상자 등 여러 군데에 보이는 대표적인 글자라 할 수 있다. 도자기를 담았던 목상자에 뚜렷하게 묵서된 '대길'이라는 글자와 자단목에 새겨진 '대길'이라는 글씨는 예가 1본에 불과하지만 다른 무역품의 하주와 동일함을 뜻한다고 하겠다. 그리고 '대길'명척과 저울대에 새겨진 '대길'이라는 글씨가 보인다. 이는 당시에 목패·자단목·척·저울대 등에 묵서되거나 새겨진 글자가 하주를 나타내며, 이러한 방법을 통하여 물품을 구별하였음을 보여준다고 하겠다.

목패에 보이는 '일본(一本)'이라는 인명도 자단목에 2개 보이는데, '대길'과 같이 하주에 대한 정확한 판단을 제공하는 기준이 된다고 하겠다. 문자 중에 가장 많은 수량은 '대일(大一)'이라는 글자인데 44본이나 되는 많은 숫자로 '대일'과 '대길'에도 어떤 연관성이 있지 않을까 생각한다. 만약 돌림자에 의한 이름을 사용하였다면 '대길', '대일'은 형제나 친척의 관계로도 짐작이 가능하다. 그렇다면 사무역을 담당하였던 인적구성에서 주변 사람들이 한 집단을 이루었을 가능성은 충분하다고 하겠다.

이외에 '일정(一丁)'이 22본이나 된다. 이외에 글자들은 수량은 많지 않지만 17~18종류에 해당하는 다양한 문자가 보인다. 이들 문자는 확실한 소유주의 표시로 보인다. 하지만 목패에 새겨진 사사(寺社)나 기관명이 보이지 않은 점이 특징이다.

둘째, 다양한 형태의 기하문 문양을 볼 수 있는데, 총 68본이다. 문양은 수량이 많지는 않지만, 각각의 형태가 특이성을 보여준다. '본◎(本◎)'은 글자와 문양이 복합적으로 표현되어 있다. 숫자도 가장 많은 12본이었다. 이외에 한글 비슷한 모양과 삼각형·동그라미·꽃잎·산 등의 여러 형태가 보인다.

셋째, 로마자는 총 175본으로 가장 많은 수량이다. 주로 'Ⅰ·Ⅹ'로 모양을 달리하여 구분하였다. 로마자는 소유주나 기타 표기 방법으로 많이 쓰인 것으로 보인다.

마지막으로 약 65%에 해당하는 600여 점은 문자나 문양 등이 정확하게 표기되어 있지 않다. 하지만 자단목은 한 사람의 소유가 아닌 여러 명의 소유였음이 명문으로 증명되었다. 일부 학자들은 자단목의 용도가 배의 균형을 맞추기 위해서 선저에 실었다고 주장하기도 하였다. 물론 무거운 자단목과 동전이 선저에서 인양된 것은 항해하는 배의 균형을 잡는데, 사용되었을 개연성도 충분하다. 하지만 자단목은 귀목으로서 공예품으로 가공되어 예술적인 용도로 사용하기 위한 원목이었음을 의심할 여지가 없다.

5. 식물관계 유물

신안해저에서 출토된 식물류는 약 21종이다. 이중 종류를 규명할 수 있는 것은 19종이고 2종은 자료가 불충분하여 규명하지 못하였다. 식물류로는 선체를 구성하는 목재중에서 마미송·넓은잎삼나무·녹나무속 등 3종이 밝혀지고, 배에 실려 있던 목제품과 목재 중에서 넓은잎삼나무·잣나무속과 자단속에 딸린 수종이 각각 1종씩 밝혀져, 5종 5속이 선체와 목제품 기타에서 밝혀졌다. 이를 전체적으로 살펴보면 나자식물(裸子植物) 3과 3속 3종이고 쌍자엽식물(雙子葉植物) 12과 14속 17종이며, 단자엽식물(單子葉植物) 2과 4속 4종, 그리고 동정하지 못한 2종 등, 모두 17과 21속 26종의 식물이 들어 있었다.[55] 이들 식물류는 약재와 기타 선상에서 필요한 용도로 다양하게 이용되었을 것으로 보인다. 중국의 천주만 송대해선에서도 신안선과 비슷한 종류의 식물류가 다량 인양되어, 당시 식물류가 중요한 무역품 혹은 선상필수품으로 이용되었음을 알 수 있다. 이러한 식물류를 품종별로 분류 정리하면 아래와 같다.

1) 나자식물[겉씨식물]

은행(은행나무과) 1개가 인양되었는데, 은행은 주로 한약재로 사용된 것으로, 세계적으로 은행나무과에는 오직 은행나무 1속 1종 만이 있다.<그림 58> 은행나무는 낙엽성 교목으로, 중국에서는 오리발을 닮아 압각수(鴨樹), 열매는 손자 대에 가서야 얻는다고 하여 공손수(公孫樹)라 하였으며, 이외에 백과목·행자목 등으로 불렸다.[56] 은행나무의 자생지는 중국 절강성 양자강 하류 천목산(天目山)이라고 알려지고 있다. 은행나무 잎은 한방에서

---

55) 식물류에 대한 고찰은 신안해저유물의 보고서를 참고하는 것을 원칙으로 삼고 내용을 많은 부분 인용하였다. 여기에 첨가되는 자료와 목패 등의 묵서내용과 연결하여 고찰하였다. 식물류에 대한 정확한 의미 및 용도에 대한 지식이 짧아 이러한 형식을 취하게 된 점을 아쉽게 생각한다. 하지만 식물류에 대한 고찰을 간과하게 되면, 당시의 무역품의 종류에 대한 고찰에 어려움이 있을 것으로 생각되어 이를 간략하게나마 고찰하였다.
  이창복, 1988, 「식물류(자단목 포함)」, 『신안해저유물』 종합편, 문화재관리국, pp. 261~268.
56) 이유미, 1995, 『우리나무 백 가지』, 현암사, p. 177.

고혈압·파킨슨병·당뇨병·수렴 약(收斂藥) 등으로 쓰고, 민간에서는 위경련과 진해제로 쓴다. 은행나무 열매는 배유라고도 하는데 용도가 다양하다. 술안주나 신선로 정과를 비롯한 여러 전통 음식에 들어가며 한방에서는 백과라 하여 기침·천식·비뇨·임질 등의 비뇨기 질환, 강장·폐결핵·종기 등에 처방하여 민간에서는 두부나 젖을 먹고 체했을 때, 백일해,

<그림 58> 은행

어린아이 야뇨증 등에 처방한다.[57] 이처럼 은행은 나무를 비롯하여 잎·열매 등이 다양한 용도로 쓰이고 있다. 중국의 천목산을 자생지로 하여 우리나라를 비롯한 여러 곳에서 자라고 있었던 은행나무의 열매는 14세기 초 무역선에 적재되어 있었다는 것은 중요한 약재로서 뿐만 아니라 식용으로도 생각된다. 하지만 신안해저에서 인양된 은행은 수량이 미비하여 정확한 용도에 대한 고찰은 힘든 형편이다.

넓은잎삼나무[杉木, 杉 ; 落羽松科]로 보이는 종류가 인양되었는데, 삼나무는 중신세의 따뜻하고 습한 기후가 계속되는 동안 낙우송(落羽松)과 식물은 전세계 특히 북반구에서 밀림을 형성하였다.[58] 신안해저에서 인양된 삼나무는 중국 서남부에서 자라는 상록교목으로 높이가 25m에 달하는 것으로 선체와 목제품을 만드는데 주로 사용하였다. 나무껍질은 약재로 사용하기도하였으며, 배에 박을 쳐서 물새는 것을 방지하는 수밀용(水密用)으

---

57) 이유미, 1995, 앞의 글, pp. 183~184.
58) 이창복, 1978, 『수목학』, 향문사, pp. 90~91.

로 쓰인다. 삼나무는 목선을 제작하는 대표적인 재료로 가장 많이 이용되었다. 인양유물 중에 목패의 제작에도 삼나무가 많이 이용되었다.

마미송(馬尾松)·청송(靑松)·산송(山松, 松科)이 인양되었는데, 소나무는 신생대부터 지구상에 출현하기 시작하였고 종류도 전 세계에 100여종이 넘으며, 한반도에 자라기 시작한 것도 약 6000년 전으로 거슬러 올라가고, 3000년 전부터는 많이 자라기 시작하였다고 추정된다.[59] 소나무는 신안선의 선체 건조에 가장 많이 사용된 재료이며, 중국 남쪽에서 자라는 나무이다. 이 목재는 소나무와 비슷하지만 잎이 약간 긴 것이 다르다.

2) 피자식물[속씨식물]

호초과(胡椒科) 후추가 상당량 인양되었다. 후추는 상당히 많은 양이 무역품으로 운반되었던 것으로 생각되는데, 완전하게 인양된 목상자 중에 1개의 내부에는 후추로 가득 채워져 있었다. 이는 음식의 맛을 내는 재료가 특별하게 없었던 당시에 음식에 맛을 내는데 주요한 재료로 사용되었던 후추가 향신료로 널리 사용되고 있었다는 것을 보여 준다 하겠다.

후추는 중국 남쪽에서 흔히 재배되는 덩굴식물로 조미료와 약용으로 사용되었다. 성숙하지 않은 것을 말린 것은 껍질에 주름이 지고 검으며 흑호초(黑胡椒)라고도 한다. 대부분 검은 후추이며 내용물이 없어진 것이 많았다. 후추의 열매는 껍질을 벗겨서 말리기 때문에 색깔이 희다. 이것은 백호초(白胡椒)라고도 한다. 후추은 당시에는 최고의 향신료로 중요한 무역에는 항상 동반되는 품목이다. 일반서민은 맛을 보기 힘든 귀한 조미료였다.

신안해저에서 인양된 목패 중에 '복사두(福 四斗)'라는 글씨가 묵서된

---

59) 이유미, 1995, 앞의 글, p. 375.

것이 인양되었다. 다른 목패에도 수량의 단위를 표현하는 묵서 내용이 많이 있다. 하지만 후추에 적합한 수량의 단위는 '두(斗)'로 생각된다. 즉 '두'는 말의 단위를 표시하는 것으로 다량의 후추를 말로 표시한다면 목패에 표시된 점으로 보아 무역품으로서 성격이 강하다고 하겠다. 또한 신안선에서는 약 2두 정도의 후추가 인양되었는데,[60] 개흙 속에 묻혀 있으면서 일정한 조건이 충족되어 부식이 중단되어 후추 형태가 남아 있었지만 본래의 향과 맛은 사라졌다.

이와 같이 후추는 동서양에서 아주 귀한 향신료로 주로 왕족과 귀족층에서도 구하기 힘든 향신료로 이용되었다. 따라서 신안선에서 인양된 후추는 선상에서의 조미료로 이용되었든지 혹은 무역품으로 거래되었을 것인지에 대한 의문이 남는다. 하지만 당시에 후추의 용도로 보아, 무역선단의 식용으로 보다는 무역품으로 적재하였다고 보는 것이 타당하겠다.

이에 대한 근거는 앞에서 제시한 '두'라는 용적단위와 약간 이치에 어긋날지 모르지만 '지치삼년' 목패의 후면에 묵서된 '진피오십오근(陣皮伍拾伍斤)'의 내용을 보면 '근(斤)'이라는 무게의 단위가 보이는데, 이를 후추나 기타 씨앗류나 약초류에 대비하면 무역품으로 볼 수 있는 근거가 확실하다고 하겠다. 근은 두 보다는 작은 의미로 볼 수도 있고, 다른 약재류의 무게를 다는 계량단위로 이용되었을 것으로 보이기 때문에, 적재 식물류의 일정부분은 무역품으로서 거래되었으리라는 추정은 명확해 진다고 하겠다.

자작나무과 난티잎개암나무[榛, 榛子]의 열매가 인양되었는데, 난티잎개암나무는 중국의 동북·화북 및 만주에서 자라고 소련에 분포한다. 우리나라에서는 전국 각처의 산록에서 자라는 낙엽관목이며, 견과(堅果)를 진인

---

60) 국립해양유물전시관, 1998, 『물·바다·사람·배·꿈·삶·그 자국』, p. 59.

(榛仁)이라 한다. 키는 3m정도이며, 잎은 난상 원형 또는 넓은 도란형이다. 열매는 굳기름과 흰자질 및 자당(蔗糖)이 들어 있으며, 한방에서 강장제로 사용한다. 목재는 신탄재로 사용하기도 한다. 식용으로도 하며, 이에 딸린 변종과 유연종(類緣種)도 같은 목적으로 사용하고 있다. 견과는 둥글고 지름 15~20mm이지만 중국산은 지름이 7~15mm라고 한다.61) 62)

신안해저에서는 종자 2개가 나왔다. 개암나무 속에 딸린 종의 열매는 거의 비슷하기 때문에 종을 단정하기는 어려우나, 본초강목에 들어 있는 진은 난티개암이라고 보고 본종으로 단정하였다고 한다. 난티개암나무는 중국 진나라에서 많이 자라고 있으므로, 진나라에서 자라는 나무라는 뜻에서 진이라고 불렀다고 한다. 따라서 난티잎개암나무는 식용으로 선상에서 식용이나 약재로 사용되었을 것으로 생각된다. 물론 목패에 새겨진 '두 · 근'이라는 용적단위에 적용하면 용도를 달리 생각할 수 있지만, 수량이 적어서 이를 설명하기가 쉽지 않다.

자작나무과 가래나무(胡桃楸)는 중국의 동북부 · 화북 북부 · 만주 및 우리나라의 중부 이북에서 자라는 낙엽교목이다. 용재로써 중요하게 여겼으며, 추자목(楸子木)으로 널리 통한다. 열매는 핵과(核果)이며 과육(果肉)에는 70%의 굳기름이 들어 있고 식용하였으며, 씨는 약용으로 사용한다.

신안해저에서는 쪼개진 가래나무 열매 2조각이 나왔는데, 육안으로 관찰되는 크기가 약간 다르다. 용도는 선상에서 강장영양제나 약용으로 쓰였을 것으로 생각된다.

참나무과 떡갈나무[柞櫟, 槲樹] · 가시나무[青棡]는 숯이 2개의 덩어리 형태로 인양되었는데 그 중 하나는 떡갈나무 숯으로 보이며, 하나는 가시나

61) 이창복, 1984, 「식물재료」, 『신안해저유물』 자료편Ⅱ, 문화재관리국, p. 114.
62) 이영노, 1996, 『한국식물도감』, 교학사, p. 58.

무이다. 취사용 또는 약용으로 생각된
다. 목탄을 약용으로 사용하면 지혈이
나 이질에 사용하면 효과가 있다. 떡갈
나무는 중국의 중부 이북에서부터 만주
를 거쳐 우리나라까지 분포하였으나,
가시나무는 중국남부에 분포한다.

참나무과 약밤[藥栗, 板栗]이 한 톨
출토되었는데 중국 원산이며, 우리나라
에서는 평양근방에서 많이 재배하였다.

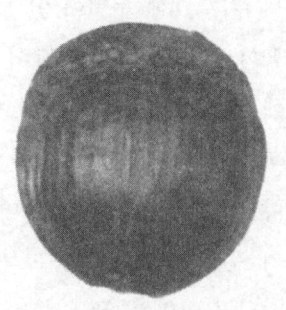

<그림 59> 약밤[藥栗, 板栗]

열매가 작고 달며 내육피(內肉皮)가잘 벗겨지는 것이 밤과 다르다. 가지
에 털이 있고 잎의 뒷면에 선점(腺點)이 없다. 중국에서는 화북과 황하유역
이남에서 자란다. 식용과 건위제로 사용되었다.

이 약밤나무는 우리나라에서도 중부 이북의 산기슭에서 자라는데, 키
15~20m 지름 70cm정도이다.[63] 식용과 함께 건위제로 사용하였다. 따라서
주용도는 선상에서의 식용을 위한 열매로 보인다.<그림 59>

참나무과 잣밤나무류[栲類]는 배 안에 들어 있는 나무 중에 한 종 인양
되었다. 나무는 건축재·신탄재·정원수·조림수로 쓰인다. 열매는 식용
으로 이용하고 나무껍질은 염료용으로 사용된다. 우리나라에는 메밀잣밤
나무와 구실잣밤나무의 2종류 뿐이지만, 중국 남쪽에서 여러 종류가 자라
고 있다.

녹나무과 계피[肉桂]는 상록활엽수이며 높이 13m 내외로 자라고 나무껍
질이 평평하고 매끄럽다. 꽃은 담황색이며 열매는 핵과 비슷하게 생겼고,

---

63) 이영노, 1996, 앞의 글, p. 71.

화서(花序)[64]에 눈털이 있으며 잎의 끝이 뾰쪽한 것을 계피나무라 하는데, 중국이 원산지로 제주도에서 볼 수 있다. 중국 남부에서는 산지의 계단식사면에 재배하며 6~10년 생 때에 벌채하여 나무껍질을 벗겨 말려서 판다. 계피는 향기가 강하고 타닌·당분·전분 염료 및 정유를 포함하고 있다. 방향성·방향성건위제·향미료 및 계피유 원료로 사용된다. 계피나무는 중국의 운남·광서·광동·복건성에서 자라며, 아시아 열대지방에서 많이 재배되고 있다. 중국에서는 기원전 2500년 전부터 알려지고, 이집트에서는 기원전 17세기에 알려졌기 때문에, 지중해지역에서도 일찍부터 계피나무에 대하여 알고 있었다.

신안해저에서는 4개의 조각이 나왔다. 바다 속에 오래 있어서 향기는 없다. 선상에서 식용 향미료나 방향약 및 방향성건위제로 사용되었을 것으로 생각된다.<그림 60>

<그림 60> 계피[肉桂]

---

64) 꽃차례라고 하는데, 꽃이 줄기나 가지에 붙어 있는 상태를 말하는 것으로 수상·총상·두상·꽃차례 따위의 무한 꽃차례와 취사·단정·꽃차례 따위의 유한꽃차례로 가른다.

녹나무류는 선체를 만드는데 일부 사용했던 나무로서, 종은 알 수 없었으나 속의 특색만 규명되었다. 녹나무류는 상록활엽수로 우리나라에서는 제주도에서 자란다. 녹나무는 20~40m까지 크게 자라는데 큰 나무 줄기는 몇 아름이나 된다고 하며, 아름다운 생김새와 독특한 향기가 있다. 녹나무의 쓰임새는 약용·관상수·가구재·조각재·선박재로 많이 이용된다. 특히 조선시대에는 소나무와 녹나무를 선박을 제작하기 위해 보호하는 규정이 있었다고 한다.[65]

이러한 녹나무를 이용한 만든 선박은 신안선 외에 진도 벽파리에서 발견된 통나무배의 주재료로 사용되었다. 이 통나무배는 동아시아 각 국을 연결하는 무역선으로서 역할하기에는 다소 미흡한 것으로 여겨진다. 하지만 선체 주변에서 수습된 고려자기편 등을 살펴볼 때, 이 배가 유입되어 우리나라 연해에서 상당기간 사용되었을 것으로 생각된다.[66] 신안선의 선체에도 녹나무가 이용되어, 당시의 선박제조에 있어 길이가 길고 굵으며, 나무의 강도가 대단히 뛰어난 녹나무가 널리 사용되었음을 알 수 있다.

장미과 매실[梅實, 烏梅]이 인양되었는데, 매화나무는 중국의 사천성이 원산지로 우리나라와 일본에서는 관상용으로 많이 심고 있다. 매실은 매화의 열매이며 약용으로 쓸 것은 성숙하기 이전에 따서 불에 말린다. 말릴

---

65) 이유미, 1995, 앞의 글, pp. 623~624.
66) 진도 벽파리 통나무배는 진도에서 발견되어 발굴되었지만 조사결과 우리 나라 통나무배가 아닌 것이 확실하였다. 선체와 함께 인양된 동전 8점 중에 가장 늦은 「정화통보(政和通寶)」(송 휘종, 1111~1117)와 주변에서 수습된 도자기 편들이 11~14세기의 연대를 보이고 있다. 선재 및 동유회의 석회를 시료로 분석한 방사선탄소연대측정결과 보정연대가 1260~1380년으로 나왔다. 이를 근거로 하면 신안선과 동시대일 가능성도 있다. 선체에 주로 사용된 나무가 녹나무로 이 통나무배 또한, 중국 남부에서 제작하여 우리나라에 들어 왔다고 하는데, 정확한 항로와 용도에 대한 연구가 이루어지지는 않았다.
목포해양유물보존처리소, 1993, 앞의 글, pp. 37~38.

때 연기를 쐬어서 검게 되므로 오매라고 한다. 소금물에 담가서 말린 것을 염매(鹽梅) 또는 겉에 소금이 서리 같이 돋으므로 상매(霜梅)·백매(白梅)라고 한다. 매실의 용도는 식용과 약용으로 쓰이는데 회충구제·지사 및 진구제(鎭嘔劑)로 사용되며, 중국에서는 해열진해와 활혈해독제로 사용된다. 출토된 매실은 씨만 남아 있었다. 핵의 표면에 산재한 요점(凹點)이 다른 종류보다 깊고 작은 것으로 식별된다. 따라서 매실의 용도는 약용으로 보여진다.

장미과 복사[桃, 桃仁]씨가 인양되었는데, 복사나무는 중국이 원산지이며, 장미과에 속하는 낙엽성 소교목으로 예부터 과수로 널리 재배되었다. 이 복사나무는 실크로드를 통해 페르시아로, 1세기경 다시 유럽으로 전파되어 많은 품종이 생기고 세계적인 과실수가 되었다. 열매는 식용으로 하고, 종인(種仁)에는 배당체(配糖體)가 들어 있다. 도인(桃仁)은 한 쪽 끝이 뾰족한 달걀 모양이고 갈색의 내종피로 쌓여있으며, 내부는 흰색으로 특이한 냄새가 난다. 탈핵인이라고 하며 피가 몰리는 어혈·진통·진핵·해소·변비·각기·감기·발모 등의 치료제로 다양하게 쓰인다. 신안해저에서는 복숭아씨 2개가 인양되었는데 종인을 도인이라고 하며 행인(杏仁)의 대용으로 좋은 약재로 쓰인다. 본래 복숭아씨는 산복숭아씨를 이용하는데 인양된 복숭아씨는 재배종으로 보인다.[67] 배에서의 용도는 식용이나 약용으로 보여진다.

콩과 자단류(紫檀流)인 자단목은 콩과에 속하는 늘푸른 큰키나무이다. 나무 껍질이 자줏빛이고 재목으로 귀하게 쓰인다. 신안선에서는 1,017본의 자단목 인양되었는데 자세한 종은 가려내지 못하였다. 자단목에 대한 종합

---

67) 이창복, 1988, 앞의 글, p. 264.

<그림 61> 파두(巴豆)

적인 검토는 목제유물에서 다루었다.

대극과(大戟科) 파두(巴豆)는 버들옷과에 딸린 늘푸른 좀나무이다. 꽃은 홑성꽃으로 암수 한그루인데, 수꽃은 위쪽으로, 암꽃은 아래쪽으로 붙어 핀다. 열매는 무딘 세모꼴이며 안에는 무딘 둥근 갈둥근 씨가 있다. 열대지방에서 자라는 식물이다.

파두는 비교적 많은 분량이 나왔다. 독성이 강하기 때문에 많이 사용하지는 않지만, 건재약방에서는 현재도 사용하고 있다. 중국의 남쪽과 열대아시아에서 자라는 작은 나무로서 높이 2~7m 정도이다. 약용으로 재배하기도 하며 종자는 장도란형(長倒卵形)이며 길이 10~12mm, 너비 6.7~7.9mm, 두께 5.3~6.2mm로서 회흑색이지만, 바닷물에 잠겨있어서 암흑색으로 변하였다. 종자는 50%이상의 함유량이 있어서 기름을 짜서 공업용·약용으로 사용한다.[68] 따라서 파두의 용도는 선체에서 약용이나 기름을 짜서 사용한 것으로 보인다. 또한 열대지방에서 자라는 파두가 신안선에 적재되어 있었다는 사실은 중국남부는 물론 동남아시아 등지에서 식물류를 구입하여 선박에 싣고 약용이나 식용으로 사용하였음을 알 수 있고, 무역에 의한 거래의 단면을 유추할 수 있다.<그림 61>

---

68) 이창복, 1988, 앞의 글, pp. 264~265.

<그림 62> 여지핵(荔枝核)

무환자과(無患子科) 여지핵(荔枝核)은 3개의 종자가 출토되었다. 현재는 열대지방에서 흔히 재배하는 중요한 과일의 하나이며, 2000년 이상의 재배역사를 갖는다. 1952년도에 중국 광동성에서 말린 여지 13,500톤을 수출한 실적으로 미루어 이 지역에서 많이 재배되었음을 알 수 있다. 여지핵은 뿌리와 종자가 자양강장제·위통 등에 사용하고 있다.<그림 62>

사군자과(使君子科) 사군자(使君子)는 중국 남부와 대만·미얀마·필리핀 등지에서 자라는 덩굴성 낙엽관목이다. 종핵이 3개 나왔는데, 생김새가 올리브의 씨같이 생기고 길이 2.5~4cm로 5개의 능선이 있다. 종인은 회충구제에 이용된다.

이나무과 산유자나무[柞木]는 배 안에서 나온 숯의 원식물에 대한 추정종의 하나이다. 숯이 매우 단단하기 때문에 참나무류의 숯으로 추정하였으나, 숯의 용도가 약용인 경우에는 산유자나무일 가능성이 높다.

층층(層層)나무과 산수유(山茱萸)는 층층나무과에 딸린 갈잎큰키나무로, 우리나라 중부 이남의 산기슭이나 집 주변에서 자란다. 높이는 3m정도이고 나무껍질은 불규칙하게 벗겨지며 연한 갈색이다. 잎은 마주나고 긴 달걀모양이며 톱니가 없다. 꽃은 3~4월에 잎보다 먼저 노란색으로 핀다. 열매는 타원형으로 8~10월에 붉게 익는다. 열매 씨를 말린 것을 산수유라 하며 강장제로 쓰인다.

산수유는 상당량이 출토되어 식별하는데 많은 이점이 있었다. 한 때는 우리나라의 특산물이라 생각한 때가 있었고, 일본에서 자라는 것은 우리나라에서 가져간 것이며 중국에는 자생종이 있다. 과육은 강장제·건위제·보신제 및 요통약으로 사용한다. 신안해저에서는 바닷물에 부식되어 과육은 없어지고 종핵 뿐이며 색깔이 검게 변하였다. 종자는 장타원형이며 길이 9.9~14.8mm, 너비 4.5~6mm로서 옆으로 자르면 지구(脂溝)가 있다.

3) 단자엽식물(單子葉植物, 외떡잎식물)

종려(棕櫚)나무과 빈낭(檳榔, 檳榔子)은 말레이 반도가 원산이며, 열대에서 흔히 재배된다. 빈낭이 자라고 있는 지방의 주민들은 식사 후 소화제로 빈낭을 씹는 습관이 있다. 씹는 방법에는 여러 가지가 있지만, 하나를 예로 들면 약간 성숙하거나 완전히 성숙한 빈낭 조각을 입에 넣은 다음 조개껍질을 태워서 만든 잿물을 칠한 베틀후추의(Piper Betel)[69] 잎을 갈아 씹는다. 이것은 주민들이 식후에 조용히 앉아서 쉬면서 즐기는 것으로 신체에 해가 없고 소화를 돕기 때문에 좋아하고 있으며, 정향(丁香)·계피분(桂皮粉)·카르

<그림 63> 빈낭(檳榔)

---

69) 베틀후추는 나도후추를 말하는데 한자로 표기하면 구장(蒟醬)이라 한다. 나도후추는 열매로 장을 만드는데 매운 맛이 있으며 향신료로 주로 사용된다.

타몬 · 낱몍 기타 향신료나 담배 등을 넣기도 하는데 담배보다는 해롭지 않다. 빈낭 속에 들어 있는 성분은 눈약, 구충제 및 대소변을 잘 통하도록 하는데 사용하였다. 신안해저에서는 종자 3개가 출토되었다. 이는 선상에서 주로 소화재나 기타 약료의 용도로 선적하였다고 하겠다.<그림 63>

생강과(生薑科) 양강(良薑, 高良薑)은 중국 동남부에서 서남부에 걸쳐서 자라는 다년초이며 약용으로 재배하기도 한다. 양강은 고량강을 생략한 것이며 영명(英名)도 고량강에서 온 것으로 보인다. 고량은 중국 광동성의 지명이다. 방향성 건위제로 사용하는데 정유(精油)가 들어 있다. 신안해저에서는 3조각 근경(根莖)이 나왔다.

생강과 초과(草果)는 중국 남쪽의 숲 속에서 자라는 다년초로서 높이 2.5m 정도 자란다. 열매는 삭과(蒴果)로서 난원형이며 길이 2.4~4.5cm, 너비는 2cm 정도이고 겉에 능선이 있다. 신안해저에서는 2개가 나왔다. 주로 중국의 운남 · 광서 · 귀주 등지에서 재배하지만 이 지역의 밀림에서 야생하는 것도 있다고 한다. 주성분은 Bornel, Linalol 등의 정유가 1.5~3%로 들어 있어 방향성 건위제로 사용하며 거한 · 제담 · 소식 및 절학(截瘧) 등에 효력이 있고, 조미료로도 한다.[70]

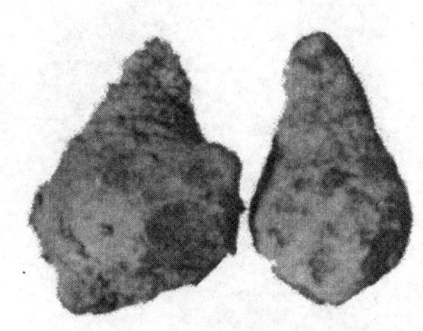

<그림 64> 아출(莪朮)

생강과 아출(莪朮)은 중국 남쪽에서 인도와 말레이시아까지 분포하지만 수요가 많기 때문에 열대지방에서 재배하고 있다. 열

---

70) 이창복, 1983, 「식물재료」, 『신안해저유물』 자료편 I, 문화재관리국, p. 269.

대 아시아에서 호주의 북쪽까지 60종 내외가 자라고 있으므로, 뿌리만으로
식별하기가 어렵다. 근황(根黃)을 방향성 건위제·구풍·지통 및 통경 등
약용과 카레의 원료로 쓴다. 신안해저에서는 뿌리 네 조각이 나왔다. 주로
음식을 조리하는데 이용되었을 것으로 생각된다.<그림 64>

이외에 동정[71]할 수 없는 2종은 모두 열매로 2종인데, 하나는 사인(砂
仁)[72] 비슷하게 생겼으며 3개가 나왔다. 구형에서 난형이며 과피(果皮)는
딱딱한 목질이고 길이 1~1.4cm, 지름 1cm로서 겉이 오돌토돌하며 5심피
5실자방이고, 각 실에 1개의 종자가 들어 있다.

다른 하나는 난원형 비슷한 열매가 1개 나왔다. 겉에 6개의 능선이 있고,
배유(胚乳)는 분질이며 희다. 길이 33mm, 너비27mm, 두께 22mm정도이다.

이상에서 살펴본 바와 같이, 신안해저에서 인양된 식물류는 한약재와 식
용으로 쓰이는 것이 주종를 이루었다. 하지만 다양한 종류에 비하여 출토량
이 절대적으로 부족하여 이를 어떻게 해석하느냐가 당시의 용도를 밝히는
중요한 변수가 될 것으로 생각된다. 이를 몇 가지의 특성으로 분석하면 다음
과 같다.

첫째, 무역품으로 약재와 향료 등으로 거래되었을 개연성이다. 당시 중국
은 이미 한약을 이용한 의약 수준이 상당한 경지에 올라 있었으므로, 다른
무역품과 함께 한약재를 중요한 무역품으로 취급하였을 가능성은 충분하다.
이는 앞장에서 살펴 본 천주만 송대해선에서 인양된 식물류가 이를 보여주
는 결정적인 자료이며, 문헌의 기록도 이를 증명한다. 또한 2말 정도 인양된
후추는 당시에 최고의 향료로서 상품 가치가 높았기 때문에, 선상에서 음식
을 만들어 먹을 때 필요한 조미료로서 식용재료 이외에도 무역품으로 거래

---

71) 생물의 '속', '종' 따위 분류학에서의 소속을 정하는 일.
72) 사인은 소화제·이뇨제 등으로 쓰이는데, 축사밀(縮砂密)의 씨를 말한다.

되었다고 보는 것이 타당하다. 그리고 일부 식물류는 중국남부 혹은 열대지방에서 재배되는 것으로, 무역에 의한 거래에 의하지 않고는 구하기 힘든 종류로 미루어 보아, 무역품으로 거래된 것이 확실하다고 하겠다.

둘째, 당시 선원들의 구급약으로 사용되었을 가능성이 있다. 이는 출토양이 적고, 항해 시 피로·배 멀미·병 등에 필수적으로 구급약이 필요하였을 것이다. 즉 적게는 일주일 길게는 2~3개월 간의 항해기간 중에 구급약으로서의 성격이 훨씬 강하다. 그리고 씨만 남은 과일은 선상에서 식용 가능성이 있고, 씨앗은 약품으로 사용되었다고 생각된다.

마지막으로 목재는 성격에 따라서 선체에서 약재와 기타 용도로 사용되었고, 자단목은 배의 항해할 때 균형을 잡는 역할과 가구 등의 공예품을 만드는 고급원료로 사용되었을 것이다. 숯으로 되어 인양된 일부 목재는 선상에서 불을 지펴서 음식을 조리하는데 사용되었을 개연성도 있다. 숯은 일단 불이 붙으면 화력이 좋고 연기도 많이 나지 않아 배 안의 좁은 공간에서 음식을 조리할 때 가장 좋은 땔감 역할을 하였을 것이다. 또한 숯은 약제로도 사용되었을 가능성도 배제할 수 없다.

6. 도자기

신안선에는 청자를 비롯하여 20,661점이나 되는 막대한 양의 도자기가 실려 있었다. 연구 결과 약 700년간 해저에 묻혀 있던 이 도자기는 대부분 중국 송원대의 것으로 밝혀졌다. 고려·일본 도자기가 소량 실려 있었지만, 중국도자기와는 비교가 되지 않을 정도였다.

신안해저의 도자기는 14세기 전반 중국 절강성과 강서성을 중심으로 생산된 것으로, 대부분 용천요(龍泉窯)와 경덕진요(景德鎭窯)에서 제작된 다양한 기형과 문양의 도자기이다. 이 외에도 정요(定窯) · 균요(鈞窯) · 건요(建窯) · 길주요(吉州窯) 계통이 있다. 청자 · 청백자 · 백자류가 주를 이루며, 흑유 · 균유류와 소량의 토기류 등이 있다. 도자기에 대한 종합적인 검토는 『신안해저유물 Ⅰ · Ⅱ · Ⅲ · 종합』편 보고서에서 다양하게 이루어져 본고에서는 간략하게 살펴보겠다.[73]

중국 도자기는 9~10세기경부터 19세기경까지 약 천년에 걸쳐 중국 특산품으로서 아시아 · 유럽 · 아프리카 · 지중해 지역 등 전 세계에 수출되었으며, 양질의 중국 도자기는 세계적으로 가치 있는 귀중품으로 다루어졌다. 특히 신안해저 도자기가 인양되었던 시기의 원대에는 적극적인 교역 정책으로 14세기 전후의 해상교역시대를 열었는데, 그 결과 용천요 청자를 비롯한 도자기의 유통도 활기를 띠게 되었다.

현재 중국 도자기는 우리나라 · 일본 · 동남아시아 · 중근동 · 페르시안만 연안 · 아프리카 인도양 연안 · 홍해 유역 등 세계 각지의 해안가 또는 해저에서 발견되고 있다. 이 도자기들은 동아시아 도자사 연구뿐 만 아니라, 바다의 길을 통한 교역사 해명에 매우 중요한 자료이다.

신안해저에서 인양 도자기 중에 소량의 청자가 남송시기의 양식을 나타내는데, 청자어이병 · 장경병 · 다구병 · 관이병 · 격형향로 · 완 등이다. 이외는 거의 원대에 만들어진 도자기로 종류는 다양하다.[74]

---

73) 중국의 대외무역에 있어서 13~14세기 경의 무역품의 주종은 도자기가 가장 대표적인 것이었다. 이외에 동전 · 한약재가 뒤를 있지만, 본고에서는 도자기에 대한 자세한 고찰은 이후의 과제로 삼고자 하며, 본 고에서는 개략적인 소개에 그치고 선체와 다른 유물을 중심으로 다루었다.
74) 葉文程 · 丁炯淳, 1985, 「從新安海底沈船打撈文物看元代我國陶磁器發展與外銷」, 『海交史硏究』 第 2期, p. 39.

<그림 65> 청자첩화노태철반문접시   <그림 66> 청백자음각모란당초문병

인양된 도자기의 산지별 특징을 살펴보면 아래와 같다.

용천요는 중국 절강성 용천현 산간 지방에 밀집되어 분포하는 20여 개소의 가마를 말한다. 오대(五代, 907-960)부터 청자를 굽기 시작한 용천요는 남송대에 절정기였으며, 명말에 명맥이 끊겼다. 신안해저유물 중 남송대의 용천청자로는 청자어룡식병, 청자향로 등이 있다. 원대의 용천청자는 신안유물의 대다수에 달하는 약 1만여 점이며, 청자철반문동자상·청자첩화노태철반문접시·청자인물형촛대 등이 대표적이다.<그림 65>

경덕진요는 강서성 요주 부량현에 위치하고 송대 이후 독자적 풍격의 자기를 생산하여 비약적으로 발전하였으며, 명대에 이르러서는 황실과 관청용 도자기를 굽기도 하였다. 신안해저 출토 경덕진 도자기로는 청백자음각모란당초문병·청백자화형접시·청백자잔 등이 있다.<그림 66>

<그림 67> 백자향로   <그림 68> 유두문호

정요는 주로 백자를 구운 요지로서 하북성 곡양현에 위치한다. 신안유물 중 정요 계통으로 보이는 접시와 향로·매병 등이 몇 점 발견되었다.<그림 67>

균요는 하남성 우현 지역에 분포하여 화북, 화남 지역에 방대한 균요계를 형성하였다. 북송대에 시작되어 금·원대에 번성하였으며, 청색 바탕에 백탁유를 두텁게 입힌 독특한 도자기를 소성하였다. 신안 출토 균요 자기는 절강성 금화 지역의 균요계 제품으로 추정된다.<그림 68>

건요는 복건성에 위치한 요지로서 오대에 발생하여 송대에 명성을 떨쳤던 흑유의 명산지이다. 자기의 색깔이 다양하며 찻잔을 주로 만들었기 때문에 건잔이란 약칭으로 불리기도 한다. 신안 해저에서 하남 천목과 함께 건요산 천목이 출토되었다.<그림 69>

길주요는 강서성에 위치한 요지로서 당말에 발생하여 송대에 절정을 이루고 14세기경 명맥이 끊어졌다. 신안 출토 길주요 도자기로는 갈유의 작은 항아리들과 백유흑화당초문소병이 있다.[75]<그림 70>

---

75) 국립해양유물전시관, 1998, 앞의 글, pp. 60~71.

<그림 69> 천목다완   <그림 70> 백유흑화문호

이와 같이 신안해저에서 인양된 도자기는 송원시기의 청자·백자·청백자·흑유자기 등에 대한 국제교역과 상품가치 및 종류를 고찰하는데 대단히 중요한 실질적인 자료이다.

7. 소결

지금까지 살펴본 바와 같이, 신안해저에서 인양된 유물은 종류 뿐 만 아니라 수량에서도 대단히 많다. 이러한 유물들은 중세 동아시아의 무역관계와 무역품에 대한 실증적인 자료로서, 문헌에서 다룰 수 없는 아쉬움을 채워주기에 충분하다.

고려유물과 일본유물은 수량은 많지 않지만, 당시 승선인원 중에 고려·일본인이 승선하였다는 사실을 보여주는 중요한 자료가 된다고 할 수 있다. 특히 고려유물 중에서 독특한 고려양식을 보여주는 도자기와 숟가락이 이를 증명한다고 하겠다. 일본인들이 신었던 나막신과 도자기·칼 등은 선상에서 주로 사용하였을 것으로 보인다. 특히 당시 관선은 선박에 군인들이 승선하여 배를 보호하였지만, 사선인 신안선에서는 무기류가 칼을 제외하고는 거의 인양되지 않은 점으로 보아, 일부만 무기를 소지하였던 것으로 보여진다.

금속유물의 수량은 많지 않다. 하지만 동전을 포함할 경우 가장 많은 양으로 동전이 800만개 정도이며, 기타 금속유물이 720여 점이나 된다. 그리고 동전은 중국 신대(新代)에서 원대까지 1300여 년에 이르는 다양한 종류가 인양되어 동전의 유통 상황을 잘 보여주고 있다. 동전의 분석결과 구리(Cu)·납(鉛;Pb)·주석(Sn)의 함량이 시대에 따라 변화되는 양상을 보인다는 특성을 밝혔다. 그리고 발굴당시 제기되었던 신안 동전이 원광으로서 사용되었을 가능성은 물론 일본 경제생활에 실제 화폐로 통용되었다는 사실을 확인하였다. 이러한 사항은 당시 동아시아의 고려·일본에서 중국 동전을 수입하여 경제생활에 많은 영향을 미쳤다는 것이 확인되었다.

기타 금속유물 중 '경원로'명추는 신안선의 출항지를 알려주는 결정적인 증거자료가 되었다는 사실을 확인하였다.

석제·유리·옥제품·골제유물은 무역품으로서의 성격은 갖지 않고 선원생활에 필요한 주방용기, 여가용 놀이기구, 기록을 하는데 필요한 문방구 등으로 역할을 하였다고 보여진다.

목제유물은 목상자·목기발·목제반·칠기완·자단목 등이 완형으로 발견되었으며, 화물표에 해당하는 목패가 있다. 목제유물 중에서 목패는 신안선의 침몰연대·하주·적재품의 단위 등을 밝히는데 결정적인 자료를 제공하였다.

식물관계 유물은 한약재로 쓰이는 것이 주종을 이루었다. 무역품으로 한약재와 향료 등이 거래되었을 가능성이다. 그리고 당시 선원들의 구급약으로 사용되었을 가능성도 있다. 이는 출토 양이 적고, 항해시 피로·배 멀미·병 등에 필수적으로 구급약이 필요하였을 것이다. 또한 씨만 남은 과일들은 식용 가능성이 있고, 씨앗은 약품으로 사용된 것으로 짐작된다. 숯으로 인양된 일부 목재는 선상에서 불을 지펴 음식을 조리하는데 사용되었다고 여겨지고, 숯은 약제로 사용되었을 가능성도 배제할 수 없다.

도자기는 대부분 중국 송원대의 도자기이다. 중국 도자기는 9~10세기경부터 19세기경까지 약 천년에 걸쳐 중국 특산품으로 아시아·유럽·아프리카·지중해 지역 등 전 세계에 수출되었으며, 양질의 중국 도자기는 세계적으로 가치 있는 귀중품으로 다뤄졌다. 특히 신안 해저 도자기에 해당하는 원대에는 적극적인 교역 정책을 펼쳐 14세기 전후 해상교역이 활발하였음을 알려준다.

VII. 신안선과 동아시아 13~14세기 국제무역

중국 송원(宋元)시기는 동아시아는 물론 세계적으로 바다를 통해 무역이 활발하게 이루어진 시기이다. 본 장에서는 중국의 해외무역 정책을 살펴보고, 고려의 무역관계와 당시 일본의 해외무역의 중심 지역이었던 하카다항을 무대로 이루어졌던 무역에 대해 고찰하고자 한다.

이를 근거로 신안해저유물을 통한 무역관계의 실증적인 검토를 통하여 당시 사회상을 살펴보고, 신안선의 예성강을 통한 고려 기항 가능성에 대하여 살펴보고자 한다.

1. 고려의 13~14세기 해외무역

우리나라 역사상 고려시대는 해로를 통한 대외무역이 가장 활발하게 이루어진 시기이다. 태조가 해상세력과 호족세력을 배경으로 고려를 건국한 것은 주지의 사실이다. 이후 거란과 금의 세력이 쇠퇴하고 송의 세력이 확고하게 자리를 잡게 되자, 송과 무역이 본격적으로 이루어지면서, 해상을 통한 해외무역을 활발하게 전개하였다.

고려의 무역은 고려전기(10~12세기)와 후기(13세기~고려 말)로 양분하여 살펴볼 수 있다. 고려 전기는 공무역이 주를 이루었다면, 후기는 사무역이 주를 이루고 공무역이 뒷받침하는 양상으로 전개된다.

13~14세기 고려의 대외무역에 대한 고찰을 통하여, 송원과 고려·일본의 무역 상황을 파악하여, 신안선 관련 시기의 동아시아 무역관계를 살피고자 한다.

1) 송원과의 무역

송원과 고려와 무역관계는 정치적인 상황과 경제적인 측면에서 변화 발전하여 왔다. 송원시기의 중국 무역은 대외접촉 방식인 조공무역의 형태를 갖는 폐쇄적인 제도 아래에서 이루어진다. 송나라는 거란·금 등 북방민족의 진출로 폐쇄적 성격이 더욱 심화되었다. 따라서 고려와의 관계도 지속적이지 못하였다. 원나라는 송과의 성격은 약간 다르지만, 정복국가로서 대외관계가 일반적이고 강압적인 방식이었다.[1] 송대에는 많은 선박이 고려에 들어와 민간무역이 성하였으며, 고려정부에서도 공인된 민간무역으로 인정하였다. 특히 원풍년간(元豊年間, 1078~1085)에 이르면 고려의 무역을 허용하였다. 기록에 의하면, 송선(宋船)이 고려에 들어온 횟수가 북송과 남송 시기를 합하여 130회에 가깝고,[2] 고려의 사신이나 상인도 이에 미치지 못하

---

1) 전해종, 1977, 「고려의 송·원과의 무역」, 『신안해저문물 국제학술대회 주제발표』, 국립중앙박물관, p. 29.
2) 전해종, 1977, 앞의 글, p. 31.

지만, 양국의 무역이 가장 활발하였다. 예를 들면 『고려사(高麗史)』에 최승로는 "몇 해에 한 번씩 사신을 보내 예방할 뿐이었는데, 지금은 비단 예방하는 사신 뿐 만 아니라 또한 무역으로 인하여 보내는 사신들도 매우 많으니, 중국에서 천하게 여기는 조건이 될까 염려됩니다. 또한 왕래하다가 파선되어 죽는 자도 많으니 청컨대 지금부터는 예방하는 사신으로 하여 무역을 겸행하게 하고 기타의 때 아닌 매매는 일체 금단 하십시다"[3]라고 하여, 반대의견을 개진하였다. 활발한 대외무역에 대한 반대 의견이 있었다는 사실은 역설적으로 당시 무역상황이 광범위하였음을 뒷받침하고 있다. 그리고 왕래도중에 파선으로 사망자가 많았다는 사실은 선박을 이용한 해로 교류가 활발하였음을 알 수 있게 한다.

신안선의 침몰연대인 원시기의 교역을 보면 세조(世祖) 초에 겨우 수개월간 고려와의 교역을 허용하였을 뿐으로, 공인 민간무역이 있었다는 명백한 자료는 없다. 하지만 송 이래 무역 방식은 별다른 차이 없이 이어져 내려왔을 것으로 보아, 원과 무역은 지속적으로 진행되었을 것이다.

고려와 송은 육상과 해상을 통해 무역을 하였는데, 해상무역은 두 개의 항로를 이용하여 이루어졌다. 하나는 송나라 사신들과 상인들이 산동반도의 등주(登州)를 출발하여 서해를 건너 풍부(豊府)에 기항한 후, 옹진반도(甕津半島)를 거쳐 남진하여 예성강 입구의 벽란도나 정주를 거쳐 개경에 이르는 항로였다. 이 항로는 신라후기 신라상인들이 신라방이라는 상업거류지를 형성하면서 개척한 항로이다. 장보고도 이 항로를 비롯한 여타 해로를 이용하여 해상세력을 집결시킨 후, 동아시아의 제해권을 장악하였다고 할 수 있다. 이는 북로에 해당하는 항로이다.

---

3) 『고려사』, 권93, 열전6.

두 번째는 12세기 초 남송이 수도를 남경으로 옮긴 후, 송나라 사신들과 상인들이 명주·소주(蘇州) 등에서 출발하여 바다를 건너 흑산도·군산도의 해안을 따라 올라와, 홍주를 거쳐 예성강에 이르는 남로를 이용하였다. 남쪽항로는 순풍을 이용하면 15일 정도 걸려 예성강 입구인 벽란도에 도착할 수 있었다.

이 당시 무역의 중심은 사신들의 왕래를 통해 이루어지는 공무역으로, 수출품은 금띠·금합·금꽃무늬로 장식한 여러 가지 은그릇·금은세공품·각종 비단과 채색비단·모시·베·천·나직비단 등의 각종 직물류와 인삼·자기·책 등이었다. 송나라에서 들어오는 수입품은 금은세공품·비단천·서적·약재 등이었다.[4]

송이 망하고 원이 중국대륙을 지배하게 되는 13세기 중반부터 고려는 원의 속국이 되어 해상교역보다는 육로를 통한 교역이 이루어지게 된다. 원의 침략에 끈질기게 저항하던 고려는 13세기 중기 강화가 성립된 후 혼인 관계에 의한 정치적 결탁을 이룬다. 그리고 정부의 가혹한 수탈로 많은 주민이 압록강을 건너 심양·요양·연경 등으로 이주해 갔다. 이주민이 많았다는 사실은, 1284년 쌍성지역으로 유랑하여 간 고려인들을 송환하고,[5] 1292년 고려정부가 원나라 요양 등지에 사신을 파견하여 고려인을 소환한 사실로도 뒷받침된다.[6] 이후에도 이주민에 대한 쇄환정책을 시도하지만 이주는 계속해서 이어졌다. 무역에 있어서도 심양·요양·연경으로 가는 육로를 이용한 무역이 활발하게 진행되었다. 하지만 원에서는 일부 품목의 무역을 금지하기도 하였다. 원종 신미(辛未) 12년(1271)에 몽고 중서성에서 "고려

---

4) 홍희유, 1989, 『조선상업사』, 과학백과사전종합출판사, pp. 109~110.
5) 『고려사』, 권29, 충렬왕 10년 정월 계축조.
6) 『고려사』, 권30, 충렬왕 18년 정월 정유조.

사람들이 몽고에서 병기와 말을 무역하는 것을 금지한다"[7]고 하였다. 이는 육로를 통한 무역에서도 많은 제약이 있었음을 보여준다.

신안선이 침몰한 해인 1323년의 원과 관련된 기록을 보면, "10월 경묘일에 전정윤·채하중이 무늬 놓은 모시를 가지고 원나라에 갔다. 12월 갑자일에 만호 조유를 원나라에 보내 토산물을 바쳤다"[8]고 하였다. 이들이 이용한 길은 육로로 파악하는 것이 타당하겠다. 해로를 이용하려면 선단의 구성이 필요한데, 이에 대한 언급이 없고, 인원도 1·2명으로 한정되어, 그들을 따르는 무리가 있다고 하여도 소수에 불과하였을 것이다. 또한 무역의 성격이라고 보기 힘든 모시나 토산물을 바치는 조공의 성격이 강하였다. 신안선과 비슷한 시기의 무역은 충혜왕 임오(壬午) 후 3년(1342) 3월 "남궁신을 시켜 포목 2만 필과 금은 초화를 가지고 유(幽)·연(燕) 지방에 가서 무역하게 하였다"[9]라고 하였다. 이는 반관의 성격을 띤 무역의 형태로 민간 수준의 무역은 간헐적으로 이루진 것으로 보인다.

문헌에 의한 기록이 보이지 않듯이, 해상을 통한 무역은 활발하게 진행되지는 못하였지만, 강소·절강 등에서 해로를 통한 무역이 행하여졌음을 신안선의 선적유물들이 잘 보여 준다고 하겠다.

2) 일본과 무역

우리나라와 일본과 교역에 대한 종래의 해석은 중국과 일본을 연결하는 중계무역을 담당하였다는 것이다. 하지만 이러한 획일적인 상황과 대비되는 새로운 해석이 시도되었다. 일본 나라에 있는 정창원 보물『전첩포기(氈貼

---

7)『고려사』, 권27, 원종 신미 12년.
8)『고려사』, 권35, 충숙왕 10년 10~12월조.
9)『고려사』, 권36, 충혜왕 후 3년 3월조.

布記)』를 해독 분석하고, 신라에서 이뤄진 모전(毛氈) 생산의 사회적 배경을 살펴, 이를 단서로 752년 6월 평성경(平城京)을 무대로 한 신라와 일본의 직접교역에 대한 근거를 밝혔다. 그리고 727년부터 2세기 동안 전개된 발해와의 교류를 고찰하여, 견사(遣使) 편중사관에 사로잡힌 동아시아의 교역을 여러 왕권이 독자적으로 추진하였다는 주장이 제기되었다.[10] 물론 이는 정치적인 이해관계에 의한 국제정세도 일정 부분 영향을 미쳤다.

이와 같이 중계무역의 성격과 독자적인 교류와 상관없이 선사시대 이래 일본과는 끊임없이 조공과 교린 혹은 공무역·사무역·민간무역 등 제반 요소가 혼재하면서 단절되지 않고 이루어져 왔다.

고려시대가 되면 해외무역은 국가정책으로 활성화된다. 고려전기의 해외무역은 송에 국한되지 않고, 11~12세기에는 일본 및 아라비아 상인들과도 교역이 이루어졌다. 일본이 고려사에 등장하는 것은 목종 2년(999)에 일본인 도요미도(道要彌刀) 등 20호가 고려에 귀화를 요청하는 것이 최초의 기록으로,[11] "일본국 사람 도요미도 등 20호가 귀화하였으므로, 그들을 이천군(李川郡)에 거주시켜 편호(일반 민호)로 하였다."[12] 또 현종 10년(1019) "진명(鎭溟, 덕원 지방)의 병선도부서(船兵都部署) 장위남 등이 해적선 8척을 노획하고 그들이 납치하였던 일본인 남녀 2백 59명을 빼앗아 공역령(供驛令) 정자량으로 하여금 자기 본국으로 호송하게 하였다"[13]는 것 등이다. 이후에 귀화에 대한 기록은 보이지 않지만 분명한 사실은 일본상선이 고려에 왔다는 사실인데, 문종 27년(1073) 7월에 동남해도부서에서 "일본국 사람들

---

10) 이성시 저, 김창석 역, 2001,『동아시아의 왕권과 교역』, 청년사, pp. 199~202.
11) 森克己, 1975,『續日宋貿易の研究』, 國書刊行會, pp. 401.
12)『고려사』, 권3, 목종 2년.
13)『고려사』, 권4, 현종 기미 10년 4월조.

인 왕측(王則)·정송(貞松)·영년(永年) 등 42명이 와서 나전·안교·도경(刀鏡)·갑연(匣硯, 벼루 갑)·상즐(箱櫛)·서안·화병·향로·궁시·수은·나갑(螺甲) 등 물품을 바치려 하고, 이키섬[壹岐島] 구당관(勾當官) 등정안국(藤井安國) 등 33명을 파견하여 역시 동궁(東宮)과 여러 대신들에게 토산물을 바치려고 청합니다"라고 하니, 왕이 그들에게 해로를 통하여 서울로 오게 하라고 명령하였다.[14]

이외에 일본과의 무역관계가 활발하지 않았다는 기록으로 고려 원종 정묘 8년(1267)에 "송군비·김찬이 몽고 사신과 더불어 거제도 송변포(松邊浦)에 이르러 풍파가 험한 것을 보고 두려워서 드디어 도로 돌아왔다. 왕이 다시 송군비에게 명령하여 흑적을 따라 몽고에 가서 보고하기를 조서로 지시한 바, 사신이 가는 길을 안내하여 일본과 우호 관계를 맺고 내왕하는 일에 관해서 말한다면, 나의 신하 송군비 등으로 하여금 사신과 함께 가게 하였는데, 거제현에 이르러 멀리 대마도를 바라보니 큰 바다가 만리나 되고 파도는 거세어 하늘을 찌르는 형세였다. 그들은 위험하다고 생각하여 이렇게 위험한 길에 어찌 귀국의 사신을 모험적으로 경솔하게 안내하겠느냐. 비록 대마도에 도착한다 하여도 그 지방의 풍속이 사납고 완미하여 예절을 모르므로 만일 불의의 변고가 일어나면 어떻게 하겠느냐? 라고 하였기 때문에, 함께 돌아온 것이다. 또 일본은 본래 우리나라와 통호(通好)하지 않았으며 다만 대마도 사람들이 때때로 무역하러 금주(金州, 金海) 땅에 왔다 갔다 할 따름이다"[15]라는 내용도 있다.

그리고 충렬왕 18년(1292)에 일본에 보낸 국서에 "우리나라가 귀국과 바다를 사이에 두고 서로 이웃하고 있는바 옛날에는 귀국의 상인들이 때때

14) 『고려사』, 권9, 문종 27년 7월조.
15) 『고려사』, 권26, 원종 정묘 8년 정월조.

로 김해국(金海國)에 내왕하였다. 그로 인하여 서로 사이좋게 지냈으며 일찍이 혐의가 없었다. 금년 5월에 귀국의 상선이 탐라도 해안에 와서 정박하였는데, 탐라 사람들의 성질이 완미한 까닭에 그 배를 사격하여 쫓았으며 선원 2명을 붙잡아서 보냈다"[16]는 기록도 있다.

이러한 정황을 통해 보면, 일본과의 무역은 활발하게 이루어지지는 않았는데, 이는 당시의 정치·경제 상황과 밀접한 관련이 있다. 12세기말 가마쿠라막부가 시작되기 전 일본은 장원경제를 토대로 지방봉건세력들이 무사단을 통솔하여 정권쟁탈과 토지쟁탈이 치열한 시기였다. 따라서 대마도(對馬島)나 규슈지방을 중심으로 한 봉건세력과 상인들이 고려와의 무역을 위해 찾아오는 실정이었다. 또한 경제·문화 수준에서도 고려보다는 뒤쳐져 있었다. 따라서 봉건세력이나 상인들의 필요에 의하여 간헐적인 교류가 이루어졌다.

또한 13~14세기가 되면 왜구들이 해안지방에 빈번하게 출몰하여 일본과의 교류는 거의 정지상태에 빠지게 된다.[17] 신안선이 침몰한 해인 지치삼년(1323)의 일본과 관련된 기록을 보면, "정해일에 왜구가 회원(會原)의 운수선을 군산도에서 노략하였으며, 무자일에 추자도 등지에서 노략하여 노약남녀들을 사로잡아 갔다. 가을 7월 경자일에 내부부령(內府副令) 송기를 전라도에 파견하여 왜구와 싸워 1백여 명의 적을 죽였다"[18]는 기록이 있다. 이는 일본과 정식적인 교류는 거의 단절된 상태였음을 의미하고, 이후 왜구의 출몰이 빈번하여 고려정부는 많은 어려움을 겪는다.

이러한 상황을 종합하면, 신안선 침몰시기인 14세기 초기에는 일본과

---

16) 『고려사』, 권30, 충렬왕 임진 18년 10월조.
17) 홍희유, 1989, 앞의 글, pp. 111~112.
18) 『고려사』, 권35, 충숙왕 10년 6~7월조.

교역관계가 활발하게 진행되지 못하였음을 알 수 있다. 원과 관계에 있어서도 두 차례에 걸친 일본원정이 실패하고 국교도 단절된 상태였기 때문에, 활발한 교역이 이루어지지 않았다.

하지만 당시의 민간무역에 대한 정황을 기록한 자료가 미흡하기 때문에, 민간무역의 활발한 진행여부를 논하기는 힘들다. 신안선이 이를 반증하는데, 당시의 일본은 사사를 조영하기 위한 선단의 파견이 활발하였다 그들이 이용한 항로도 남로로서, 고려와의 무역도 진행되었을 개연성은 충분하다.

2. 송원시기 해외무역 정책

송원시기 조선과 항해술의 발전은 해외무역의 번영을 위한 물질적인 면과 기술적 기초를 닦아 놓았으며, 이후 해외무역 활성화에 기여하게 된다.

당대에는 광주에만 시박사기구를 설립하였다. 송원시기에는 중국 연안을 따라 발달한 해상로를 편리하게 이용하고, 대외무역이 보편적으로 발전하는 상황에 적응하기 위하여, 북송시기에 광주·항주·명주(영파)·밀주판교진 등에 시박사를 설립하였다. 남송시기에는 광주·천주·항주·명주·온주·수주·화정·강음군·감포 등지에, 원대에는 천주·광주·온주·항주·경원 등지에 시박사가 설치되었다. 시박사를 담임한 주관은 지방관이 겸임하다가 점차 전직관원이 담당하는 것으로 변화하였는데, 이는 해외무역에 대한 중요성을 말해준다. 시박사의 기능을 보면, 번화(蕃貨)를 파악하고 해박(海舶)에 대하여 세금을 정확히 징수하고, 무역 전반을 다루었다.[19] 즉 상세를 징수하고 수입품의 일부분 경영을 담당하였다. 통치자들은 상인들이

---

19) 『宋史』, 卷167, 職官誌7.

다른 지역을 다니면서 물품을 사고 파는 것이 국가에 도움이 되고, 동남지역으로부터 국가에 많은 이익을 가져다주는 데 상선의 역할이 크다는 것을 인식하였다. 무역이 국가발전에 중요한 역할을 한다는 사실을 통치자들이 인식하는 것은 중요한 의미가 있었다. 남송의 고종은 "시박(市舶)의 이익이 제일 많다. 만약 조치가 잘 진행되어 시행된다면 소득이 쉽게 백만을 헤아릴 수 있을 것이다"라고 하였다.[20] 그러나 모든 왕조의 통치자들이 그와 같은 인식을 한 것은 아니다. 당대 이전과 명대에는 이러한 인식이 없었다. 청대의 강희제도 해외무역은 평민 백성들이 생계를 도모하는데 유리하다고 표명하였지만, 국가 재산을 증대시키는 작용에 대하여서는 강조하지 않았다. 송대에는 무역을 중요시하여 정부는 무역수입으로 많은 액수의 세금을 징수할 수 있었다.[21] 시박수입은 지방에 대해서도 도움이 되었는데, 천주를 예로 들면, 공사의 비용을 충족시키는 믿을 만한 수입원은 번박(蕃舶, 외국에 다니는 배)이었다.[22] 이는 선박에서 충당되는 세금의 지방재정에 대한 기여도를 잘 표현하고 있다.

송원시기는 당대와 마찬가지로 관방의 무역을 장려하였지만, 관방무역은 이미 시박무역에 자리를 내주었다. 시박무역은 중외상인 두 부분으로 나뉜다. 외상무역은 당대 이전에 충분한 발전을 이루었고 송·원시기 통치자들은 여전히 외상무역에 치중하였다. 옹희 4년(987) 송태조는 내시 여덟 명을 파견하여 칙서 금백(金帛)을 주어 4방으로 나누어 각기 해남의 여러 번국(蕃國)으로 갔다. 이들은, 향약·서(犀, 무소뿔)·아(牙)·진주·용뇌(龍腦) 등을 널리 사들였다.[23] 원세조도 일찍이 귀순시킨 남송 천주 시박사 포수경

---

20) 『續自治通鑑長編拾補』, 卷5.
21) 郭正忠, 1982, 「南宋海外貿易收入及其在財政歲賦中的比率」, 『中華文史論叢』 1輯.
22) 『西山先生眞文忠公文集』, 卷50.

(蒲壽庚)을 통하여, 그의 국내외에 대한 영향을 통하여 원조의 정책을 표명하였다. 그들이 왕래하며 통상하는 것은 각자의 바라는 바였다는 것이다.[24] 사도(唆都)는 일찍이 명을 받들어 남이(南夷)의 여러 나라를 초유(招諭)하였다.[25] 해외에서 상인을 부르는 외에, 통치자들은 중국 국내에서도 적절한 조치를 취하였다. 송나라는 외박을 불러들여 일정한 수량의 세금을 납부할 수 있는 사람에 대하여 관직을 주고 장려하는 조치를 취하였다. 시박인 강수(綱首) 채경방(蔡景芳)이 박화(舶貨)를 끊어 들여 식전(息錢) 98만민(萬緡)을 받았고, 각기 승신랑(承信郎)을 내려주었다. 민(閩)・광박무감관(廣舶務監官)이 두향(乳香)을 골라 사들이는 데, 매 백만 양에 달하면 관을 일급 올려주었다.[26]

외상이 중국에서 받는 대우도 좋았다. 아랍상인 포아리(蒲亞里)가 광주에 와서 무역을 하자, 지방관인 우무대부(右武大夫) 승납(曾納)이 그의 재산을 탐내어 자신의 여동생을 그에게 시집보냈다. 이 상인이 바다로 나가기를 꺼리자, 송 황제는 유령(諭令)을 내려 포아리가 귀국하도록 권하고, 그가 내왕하면서 번화를 운반토록 권고하였다.[27] 이러한 정황을 살펴 볼 때, 송조에서 많은 노력을 기울여 외상을 끌어들였음을 알 수 있다.

송대 천주의 시박사 관원은 매년 두 차례씩 기풍제(祈風禮)를 진행하였다. 첫 번째는 4월에 남풍이 불기 시작하여 선박이 길을 떠나 중국으로 올 때이고, 다른 한번은 10월 혹은 11월 북풍이 불기 시작하여 상선이 바다로 떠나려고 준비할 때이다. 해신에게 제사지내는 것을 통하여 번박이 해로

23) 『宋會要輯稿』, 職官44.
24) 『元史』, 卷4, 世祖紀.
25) 『元史』, 卷129, 唆都傳.
26) 『宋史』, 卷185, 食貨誌.
27) 『宋會要輯稿』, 職官44.

에 무사하기를 기원하는 것이다. 더욱 중요한 것은 이러한 기풍례 등이 송에서 외상무역을 중요하게 여긴다는 인식을 심어준 것이다. 이런 일련의 정책과 조치는 많은 효과를 거두었다. 진덕수(眞德秀)가 천주를 다스리는 기간중에 외상에 대한 관리를 개선하였기에, 일년에 오는 번박의 수량이 36척에 달하였다.[28] 이러한 기풍제의 관습은 중국관원인 시박사의 그것과 이슬람교도·민간상선·전쟁기풍이 각기 달랐다고 한다.

중국 시박사의 기풍에 관하여 살펴보면, 송대의 광주와 천주는 외국무역을 관할하는 대표적인 항구였는데, 기풍에 대해 기록하였다. 광주에 대한 기록은 남아있지 않고, 천주시박사가 있었던 남안 구월산의 돌에 기풍이 새겨져 있었다고 한다. 주요 내용은 선박이 11~12월의 북풍에 출항하여, 다음해 5~6월에 남풍에 돌아오는데, 바다에서 아무런 사고가 없도록 안녕을 기원하는 내용이다.[29]

만약 송원 왕조와 당조 이전의 외상에 대한 정책에 공통성이 있었다고 한다면, 본국 상인들에 대한 태도와 정책은 확연하게 달랐다. 당대 이전에는 압제·금지 정책을 취하였지만, 송원시기에는 개방된 태도를 취하고 일정한 범위에서 지원을 하였다. 송대에는 상인이 외국에 가서 상업을 하게 하였으며, 배는 임무가 끝난 후에도 여전히 여기에 의거하여 추상(推賞)한다.[30] 설사 퇴임하였다하더라도 만약 공로가 있다면 여전히 장려를 받았다.

원조 지원(至元) 14년(1277) 천주시박사는 매년 박상(舶商)을 불러모아

---

28) 『宋史』, 卷437, 眞德秀傳.
29) 李玉昆, 1983, 「試論宋元時期的祈風與祭海」, 『海交史硏究』 5期, 中國海交史硏究會, pp. 65~67.
   福建省海外交通史博物館資料組, 1978, 「宋代中外人民友好往來的重要歷史資料-南安九月山司馬伋祈風石刻淺注-」, 『海交史硏究』 創刊號, 福建省海外交通史博物館, pp. 67~68.
30) 『宋史』, 卷186, 食貨誌.

번방에서 진주·비취·수화(秀貨) 등의 무역을 행하였다. 다음 해에 되돌아오는데, 이에 따라 세금을 납부 한 후 화물을 판매하였다. 이는 본국의 상인들에 대해 고무 격려를 위주로 하였음을 알 수 있다. 송원의 통치자들이 이런 조치를 취한 것은 사회경제 발전의 수요에 따른 것이었다. 상품경제의 발달과 동남지역 인구의 급격한 증가와 해외로 발전할 요구가 발생함에 따라, 동남연해 주민들이 산이 많고 밭이 적은 복건을 중심으로 바다를 생업으로 다른 지역에 다니며 상업을 하였다. 따라서 이러한 사정에 따라 이익을 얻을 수 있는 정책을 실시하는 것이 적당하였다.

그리고 송대 통치자들은 북방의 요·금 등 소수민족들이 끊임없이 남쪽으로 밀고 내려옴에 따라, 만약 해상의 선대가 있으면 경제상의 수입뿐 만아니라 선체자체도 통치자들에 의해 사용할 수 있었다. 남송시기에 해외무역을 활발하게 시행한 정책이 이를 설명하여 준다. 그리고 몽고족인 원나라가 중국을 정복한 후 해외무역에 대하여 기본적으로 같은 입장을 취한 것은 선진적인 송대의 정책을 계속 이은 것이며, 다른 한편으로는 원의 통치자들은 정통적인 중국통치자들의 중농억상의 사상을 갖고 있지 않고, 유목민족 특유의 창조적이고 진취적인 정신을 갖고 있었기 때문이었다. 이 밖에 송원 통치자들이 외상을 크게 고무 격려함에 따라 활성화되었고, 또 조선과 항해 사업의 진보에 따라 바다로 나가는 무역이 이전보다 더욱 쉽고 안전해졌다. 이러한 상황으로 인하여 민간 무역의 금지조치가 효과를 거두기 어려웠을 것이다.

원대에 네 차례의 짧은 해금이 있었으며, 매번 기간은 3~5년이었다. 처음 해금이 실시된 것은 지원(至元) 30년(1293)이었으며, 이 보다 10년 전인 지원 21년(1284)에 이미 관본선 정책을 실시하였다. 구체적인 방법은 시박도운사를 항주·천주 두 주에 설치하고, 관이 스스로 선박을 구비하고 본전을 마련하여 사람을 선발하여 번(蕃)에 들어가 여러 물건을 거래하는 무역이었다. 그들이 얻은 이익은 10분율로 하여 관이 7을 가지고 무역을 한 사람이 3을 가졌다.[31] 관본선에 의한 무역을 실시하고 징수한 세금은 정부를 만족시키지 못하였다. 때로는 흥하고 때로는 줄어들고 하여, 본국상인들의 해외무역을 시기에 따라 허용하거나 금지하는 것과 같았는데, 이러한 정책은 중앙 집권층의 민간무역에 대한 불신을 반영하고 있다.

송원시대는 일부 민간무역의 발달을 제한하는 소극적인 조치를 취함으로써, 발전을 가로막는 상황을 만들기도 하였지만, 본국상인이 해외무역에 종사하는 것에 대한 정책이 당대 이전이나 명·청 보다 모두 개방적이고 적극적이었음은 사실이다.

위에서 서술한 바와 같이, 송원시대에 중국의 해외무역이 활성화되고, 무역의 범위도 전 세계적으로 확대되어, 해상실크로드가 성립되었다고 할 수 있다.

3. 송원시기 해상세력과 상선의 활동범위

1) 해상세력

송원시기에는 새로운 해상 세력이 등장하여 해외무역이 활발하게 진행되었다. 민간의 해상은 강회민절(江淮閩浙) 여러 곳에 있었다.[32] 해외 여러 나라로 다니며 상업을 통해, 모두 많은 이윤을 얻은 부유한 백성들이 많아졌

---

31) 『元史』, 卷94, 食貨誌.
32) 包恢, 『敝帚稿略』, 卷1.

다.33) 특히 복건성의 상인들이 가장 활발하였다. 고려에 출입한 상인들 중에서도 복건성 출신의 상인이 가장 많았다는 기록이 있다. 항주(杭州)에 민상과 해상들이 구름처럼 몰려들었다.34) 원대 천주상인 손천부(孫天富)·진보생(陳寶生)은 강소(江蘇) 태창(太倉)으로부터 해외 여러 나라를 상대로 무역을 하여 '천주 양의사(泉州 兩義士)'로 불렸고, 그들 사이에는 일단의 사람을 움직이는 해외무역에 관한 이야기가 있었다.35)

많은 해외무역상 가운데에서 부가대성(富家大姓)들이 해외무역을 조종하였다. 바다에서 무역을 하는 사람으로 부호가 아닌 사람이 없었다.36) 그들은 재력이 막강하고 대형 상선을 가지고 있었다. 어떤 사람이 일찍이 상인의 선박을 보니, 10장(33m)이나 되는 장대[竿]을 걸었고, 8개의 날개가 되는 노를 세웠으며, 일 년 내내 나침반을 가지런히 놓고 깊은 시렁에 앉아서 백부(百夫)가 번갈아 휴식하는데 일치하기를 마치 관가의 명을 받은 것 같았다. 닻을 끌어 당길 때에는 잘하여야 하고 닻줄은 좋은 것이야 하였으며, 적재한 화물은 이국에서 살 수 없는 보물들이었다. 상인[大賈]은 거허(巨舸)를 타고 교룡창명(蛟龍滄溟) 속을 내왕하였는데, 한순간에 천 여리 씩 다녔다.37) 부호대성들의 선박은 높고 크고 단단하고 좋았을 뿐만 아니라 해외무역의 이윤도 쉬지 않고 흘러들어 왔다. 해박의 이윤은 오로지 부상대성의 소유였다.38) 원대 천남의 거가(巨賈) 회회불련(回回佛蓮)은 그 가문이 아주 부유하였는데 해외로 보낸 해박만 80척이나 되었다.39)

---

33) 『元史』, 卷205.
34) 祝穆, 『方輿勝覽』, 卷1.
35) 桑悅 纂, 宏治 著, 『太倉册志』, 卷7, 義行.
36) 包恢, 『敝帚稿略』, 卷1.
37) 洪適, 「謝舶船風便文」, 『盤洲文集』, 卷71.
38) 『宋史』, 卷186.
39) 周密, 『癸辛雜識』, 續集下.

권세가문에서도 막대한 이윤의 유혹을 뿌리치지 못하여 부단히 해외무역에 참여하였다. 그들은 일반적으로 관료나 관가의 배경이 있는 사람들로서 권세를 손에 쥐고 있으면서 정책에 위반되는 일을 하였지만, 다른 사람들이 이들을 저지할 수는 없었다. 송대에 동전이 대량 해외로 유출되어 중국 내에서 동의 기근현상이 일어났다. 조정에서 여러 차례에 걸쳐 동전의 유출을 금지하였지만 효과를 거두지 못하였는데, 일정 부분은 권세 있는 상인들이 법을 무시하고 금지령을 위반하였기 때문이었다. 중국 동전은 동남아시아 각국에서 유통화폐로 사용되었으므로, 동전을 수출하면 폭리를 취할 수 있었다. 그러므로 세력이 있는 자들에게는 관가가 허락하지 않을 수 없었을 뿐 만 아니라며 나아가 이들을 비호하여 세관을 통과토록 하였다.[40]

관상이 해외무역을 경영하면 폐단이 더 많았기 때문에, 조정에서도 이를 금지시키려 하였다. 그러나 정책에 일관성이 없었다. 송태종 지도원년(至道元年, 995)에는 "관가의 녹을 받은 집은 백성과 이익을 다투어서는 아니 된다"는 조서를 내렸고, 내외 문무관료로서 주변사람을 해외에 파견하여 무역을 하는 자의 성명을 보고하라는 지시를 하달하였다.[41] 하지만 관료들이 서로 비호하였기 때문에 이런 조치들이 효과를 거두기는 힘들었다. 남송 시기에는 이윤이 더욱 증대하여 권력자로서 해외무역에 참여하는 자가 날로 늘어났다.[42] 남송의 장령(將領) 장준(張俊)은 부하를 파견하여 선박을 제조하여, 외번에서 무역을 통해 많은 이윤을 얻었다. 원대에는, 권세 있는 가문이라도 자신의 돈으로 외번에 가서 상업할 수 없도록 조서를 내렸다. 법을 어기는 자는 죄를 다스리며 가산의 절반을 몰수한다[43]고 하였다. 당시 북양

---

40)『宋會要輯稿』, 刑法2.
41)『宋會要輯稿』, 職官44.
42)『宋會要輯稿』, 刑法2.

조운(北洋漕運)을 맡고 있던 주청(朱淸)·장선(張瑄)은 거대한 선박으로 돛을 달고 번이와 무역을 하였다.44) 이로 인하여 탄핵을 받고 관직을 삭탈당하여, 원나라 정책의 희생자가 되었다. 그러나 지원 30년(1293)에 이르러서는 제왕·부마·권호·세요·승도·기독교도·회교도·제색인 등이 모두 외번에 가서 널리 무역하도록 하였으며, 이들에게 세금을 부과하였다.45) 이는 권세가들의 상업행위를 막지 못함에 따라, 그들이 밀수를 통해 탈세·누세하는 것보다는, 무역을 허가하여 세금을 받는 것이 현실적인 조치였음을 설명한다.

중소상인들의 수는 많았으며, 대선 한 척에 수백 명이 탑승하였는데, 상인들이 자리를 나누어 점하고 화물을 적재하였으며, 개인마다 수척씩 허가하였다. 아래에 화물을 저장하고 밤이면 그 위에서 잠을 잤는데, 중소상인들은 재력이 적고 약하기 때문에, 모험적인 상업과정에서도 대상인 혹은 고리대금업자들의 착취를 받아야 하였다. 광주에서 부유한 사람들이 선박에 오를 때면 견직물·비단·도자기 등 화물을 쌓아 놓았는데, 빚을 얻으려는 사람들로부터 이자를 계산하여 많은 이득을 취하였다.46) 때문에 중소상인들은 무역을 해도 많은 이익을 얻기 힘든 상황이었다.

송원시기의 해외무역 발전은 새로 해운과 무역에 종사하는 선원들을 배출하였다. 그들이 배를 갖추는 것은 재산을 구비하는 것과 같았으므로, 손님과 화물을 끌어들였으며, 선박비도 받았다. 동시에 무역활동을 통해 고액의 이윤을 추구하였다. 송대에는 선원들을 적책(籍冊)에 편입시키고 전문적으

---

43) 『元史』, 卷94.
44) 『元史紀事本末』, 卷12.
45) 『元史』, 卷19, 成宗 2.
46) 朱彧, 『平州河談』, 卷2.

로 관리하였다. 원대는 선원들이 거주한 주현에서 그들의 잡역을 면제하여
줄 것을 요구하였다.[47] 선원의 출현은 해외무역에 분업화를 가져와, 해운과
무역이 분업화하는데 커다란 영향을 미쳤다. 정부는 선원의 잡역을 면제하
여 주는 대신, 다른 한편으로는 이들을 착취 대상으로 삼았다. 첫 번째 방법
이 화고(和雇)[48]이다. 관부에서 선원를 고용하는데 고용 비용의 일부를 지
불하는 외에, 선원의 개인화물을 싣는 것도 허용하였다. 일반적으로 화물은
전체 적재량의 20%를 차지한다. 그러나 운반 도중에 사고가 발생하면 선원
이 손실을 배상하여야 한다. 두 번째 방법으로는 당번을 서는 것이다. 금나
라의 침입에 대항하기 위하여 남송정부는 상선을 징발하여 순방임무를 수행
토록 하였다. 소흥(紹興) 2년(1032) 선폭 너비가 1.2장(3.96m) 이상의 선박
은 2년은 해운에 종사하고, 1년은 당번을 서야 하였다. 당번 해에는 다른
업무를 보거나 해외로 나가 돌아오지 않으면 죄를 엄하게 다스렸고, 선박은
몰수하여 관가에서 관할하였다. 관가의 여러 가지 징발과 착취로 인하여,
민간에서는 낮은 가격에 선박을 관호(官戶)에 팔아버리거나, 해외로 나가
돌아오지 않았으며, 심지어 배를 침몰시키기도 하였다. 민가에서는 함부로
선박을 제조하지 못하였고, 고장난 선박은 보수하려 하지 않아 선박의 수가
날로 줄어드는 폐단이 날로 심해졌다.[49] 이는 궁극적으로 해운무역의 건전
한 발전을 가로막는 원인이 되었다.

2) 상선의 활동범위

송원시기 중국 상선의 활동범위는 북으로 고려·일본, 남으로 자바·수

---

47) 『元典章』, 卷22.
48) 고용하는 사람과 고용되는 사람이 합의하여 삯을 정하고 고용하는 것을 의미함.
49) 『宋會要輯稿』, 食貨50.

마트라에 이르렀으며, 동으로 몰루카즈군도에서 시작하여 서쪽으로 아랍과 동아프리카에 이르렀다. 이는 근대 이전 중국 민간상선의 교역범위로는 전무후무한 것이었다. 명 초기 관가에서 조직한 정화의 서양행도(西洋行道) 활동 범위도 송원시기에 민간상선이 개척해 놓은 해로를 벗어나지 못하였다. 중국 상인은 해외에서 상업활동을 전개하여, 현지인들의 환영을 받았다. 고려의 개성에는 중국인이 수백 명에 이르렀는데, 거의 선박을 타고 도착한 복건지역 사람들이었다. 고려에서는 그들의 능력을 활용하기 위해 녹(祿)과 벼슬로 그들을 유혹하였다.[50]

몰루카즈군도[文老古國, 현재 인도네시아]에서는 매년 당선(唐船)이 무역하러 오는 것을 희망하였다.[51] 아랍상인의 1154년 기록을 보면, 반란자들의 소란과 약탈을 받아 중국 경제가 위험에 처하면, 중국인들은 무역행선지를 자바 및 부속 도서로 돌려 그들과 빈번한 접촉을 하였다. 그 결과 중국인과 도민들은 친숙해졌다. 때문에 자바[闍婆格]의 여러 섬에는 인구가 많아졌으며 외국인의 내왕도 빈번하였다. 중국상선이 보르네오[渤泥國]에 도착하자, 국왕 및 그 가족들은 관원들을 거느리고 와서 환영하였다. 상인들은 그들을 융숭하게 환영하였을 뿐 만 아니라 후하게 대우하였으며, 많은 금은·기명(器皿)·석자(席子, 자리)·양산 등의 예물을 주었다. 돌아갈 때는 국왕이 연회를 베풀어 배웅하였으며, 또 현지의 물산을 예물로 주어 관계를 돈독히 하였다.[52]

해로의 주요 항로에서 상선은 주도적인 역할을 하였다. 중국과 루손[呂宋]섬 사이에서 중국 상선은 동전·청백화도자기 등의 화물을 싣고 갔으며,

---

50) 『宋史』, 卷486.
51) 汪大淵 著, 蘇繼廎 校譯, 「文老古」條, 『島夷志略校譯』, p. 205.
52) 趙汝适, 『諸蕃誌』, 卷上 『渤泥國』 條.

현지 남자들은 중국 상선을 타고 천주에 와서 무역활동을 하였다. 루손상인들은 귀국한 후 몸값이 백 배로 올라 존장으로서 예우 받았다.[53] 14세기 초 이븐바투타는 인도의 카리카알항구에서 13척의 중국 상선을 보았다. 그는 인도와 중국의 교통무역이 모두 중국 사람들의 손에 좌우지된다고 여겼다. 중국 상인이 아랍[大食]으로 가려면 반드시 인도 퀠른[故臨]에서 작은 배를 갈아타야 하였다.[54] 일반적으로 중국 상인들이 인도에서 아랍으로 갈 때 바꾸어 탔던 소형상선이 바로 소형의 아랍선박으로 여겨진다. 그렇지만 이는 일종의 개연성에 지나지 않을 듯하다.

첫째, 아랍선박이 현지 해역에서 항해하는데 더욱 적합하였을 것이고, 둘째, 중국 상선이 멀리 항해하려고 하지는 않았을 것이다. 송대에는 항해무역에 대하여 불합리하게 기한을 정하였기 때문이다. 융흥(隆興) 2년 (1164)에 규정하기를, 만약 5개월 내에 배가 돌아오면 우대를 하여 세금을 징수하며, 만약 1년이 되어 돌아오면 세금을 우대하지 않는다. 1년 이상이 지나 돌아오면 시박사의 추궁을 받아야 한다고 하였다.[55] 송에서 상선이 3년에 1년씩 당번을 서야하였던 것을 감안하면 상선이 너무 멀리 항해하여 당번임무에 영향을 끼치는 것을 방지하려는 의도였음을 알 수 있다. 셋째, 이븐바투타가 말한 것처럼, 중국에서 인도로 가는 상선은 대선·조(艚)[56]·각강(脚舡)의 3등급이 있었다. 그러므로 중국 상인도 자신의 중소형 선박을 타고 아랍으로 갈 수 있었다. 상술한 두 가지 개연성은 동시에 존재할 수 있었다고 사료된다.

---

53) 汪大淵 著, 蘇繼頎 譯, 앞의 글, p. 23.
54) 周去非, 『嶺外代答』, 卷6.
55) 『宋會要輯稿』, 職官44.
56) 화물을 싣는 목선으로 선창이 있고, 선미에 주거용 시설이 있다.

중국과 해외의 항로에는 아랍선박과 동남아시아의 선박도 있었다. 보르네오에서는 선박을 제조하여, 중국에 입공하였다. 점파(占婆, 현재 월남점파도)는 본국에서 선박을 제조하여, 중국에 올 수 있었다.[57] 고려·일본의 선박도 와서 무역하였는데, 외국상선은 부차적인 역할밖에 하지 못하였다고 추측된다. 적지 않은 외국공사와 사신들은 모두 중국선박에 탑승하는 것을 좋아했다. 14세기 초기 아랍여행가 이븐바투타도 인도에서 중국으로 올 때 중국 상선을 타고 왔다. 이탈리아 여행가 마르코폴로는 1292년 귀국할 때 역시 중국선대에 탑승하여 천주로부터 페르시아만에 이르렀다. 송의 통치자들은 원풍(元豊) 8년(1085) 해선이 외이(外夷)들을 데리고 와서 입공하거나 상업하는 것을 허락하였다. 그러나 얼마 지나지 않아 "본국의 상선은 마음대로 외국인을 태우지 못한다. 만약 위반하는 자가 있으면 2년 유배를 보내고, 재물은 몰수하여 관가의 것으로 하여 그 죄를 다스린다"[58]고 정책을 바꾸었다. 원대에 이르러서는 민간의 상선과 관본선이 외국상인을 탑승시킬 수 있으며, 법에 따라 납세하면 일체 무사하다고 다시 허락하였다.[59] 이와 같이 송원은 중국 상선이 외국상인들을 탑승시킬 수 있다는 규정을 여러 번 개정하였는데, 이는 정치와 사회의 변화에 따라 정책 또한 변화될 수밖에 없었던 시대상황을 반영한다.

4. 일본 중세 무역의 중심 하카다[博多]항

일본의 중세 해외무역을 보면, 11세기 중기 이후 송상들이 일본에 진출하

---

57) 『宋史』, 卷491, 渤泥國傳.
58) 『宋會要輯稿』, 職官44.
59) 『元史』, 食貨誌.

여 무역을 하였고, 관무역이 금지된 관계로 민간 자유무역의 형태로 유지되었다. 당시의 주요 무역항로로 하카다항[博多港]이 각광을 받게 되어 개인 무역상사 형태가 설립되어 장기간 주재하며 무역을 하였다. 따라서 하카다항을 중심으로 이루어진 자유무역을 '하카다무역'이라는 개념을 설정코자 한다. 이 시기의 무역상품은 다양하고 풍부하였으며, 무역의 주체는 송에서 일본으로 건너 온 송원경상(宋元經商)들이 담당하였다. 하카다항의 무역도시로서 위상은 15세기까지 지속되며, 견명선(遣明船)의 출발점이 되고 활발한 무역이 이루어지는 중심적인 역할을 하였다.

또한 하카다항은 신안선이 정박하여 일정량의 무역품을 하역시킨 후, 일본의 본토인 교오토(京都)를 향해 갔을 것으로 추정되는 중요한 항구이다. 그 근거는 목패에 새겨진 '조적암(釣寂庵)'이 규슈지역에 소재하는 암자임이 밝혀졌기 때문이다.

1) 하카다항의 역사적 배경과 무역

동아시아 역사에 있어서 12~13세기는 한·중·일 삼국의 무역관계가 활발하게 이루어진 시기이다. 송원·고려·평안[가마쿠라]으로 대표되는 각국은 중국의 해변연안과 고려의 예성항, 일본의 하카다항를 중심으로 활발한 무역을 펼쳤다.

신안선과 관련하여 하카다항에 대한 고찰은 중요한 의미를 갖고 있다. 하카다항은 신안선의 최종목적지인 교오토를 가는 길목으로, 무역의 중심을 이루었다. 송상과 고려 상인들이 활발하게 드나들면서 무역을 하였던 전초기지 성격을 지닌 항구였다.

당시의 일본은 홍호관무역(鴻臚館貿易)[60]후기에 해당하는데, 일본정치에 있어서 섭정정치가 이루어진 시기로, 대외정책은 폐쇄적이었고 내치에 주력하는 국풍문화 발전에 중점을 두었다. 매우 토착화된 당문화의 기초 위에 국풍문화가 합해져서, 인정과 기호가 고도로 발달된 귀족문화였다. 절대적인 세력을 갖고 있던 천태(天台)·진언종(眞言宗)을 통한 기도의식과 귀족문화가 긴밀한 관계를 유지하면서, 일본 본래의 제신(諸神)과 불교의 불상이 교감을 이루면서 '본지수적설(本地垂迹說)'[61]이 발생하였다. 또한 11세기 초에 미륵사상과 경총매납(經冢埋納)[62]의 풍조가 출현하여 전국에 유행하였다.

지방경제 또한 생산에 많은 변화가 일어나 반전제(班田制)가 집행되지 못하였다. 소수의 관부와 결탁한 유력 토지소유자들이 자기세력을 확고히 하고, 개발한 토지에 대해 개발영주를 이루고, 개발 토지는 중앙귀족의 이름으로 등재하는 일이 공공연하게 일어났다. 황실과 귀족령 아래 있는 장원이 많아지고, 개발영주는 장관(庄官)이 되어 토지사유화가 진일보되는 현상이 일어났다. 이후 장원을 소유한 귀족들은 불수불입권(不輸不入權)을 획득하였다. 11세기 후기 삼조천황(三條天皇, 1068~1072) 즉위 후 섭정시기가 시작되며, 섭정시기는 태상황이 실권을 장악하고 태상왕이 거주하는 곳에 원(院)이라는 어소(御所)를 두었다. 3명의 태상왕인 백하(白河)·조우(鳥羽)·후백하(后白河)는 불교신앙을 믿었다. 출가하여 법황(法皇)이 되고, 사원에 불상을 조성하고 법회를 성대하게 거행하고 참배를 하였다. 이러한 섭정시기의 사회적 기초는 장원이 뒷받침하였다.

12세기 중엽 평청성대(平淸盛代)에는 무가세력이 득세하여 송·일간의

60) 나라~평안시대에 쿄오토[京都]·나니와[難波]·다쟈이부[大宰府]·하카다[博多]에 설치하였던 외국사신의 숙소.
61) 불교에서 중생의 제도를 위해 임시로 수적의 몸에 상대하여 여러 가지로 화신하여, 그 본디의 몸인 부처나 보살로 나타난다는 사상.
62) 불교를 길이 전하기 위하여 경통(經筒)이나 경와(經瓦) 따위를 묻는 무덤.

무역을 중시하고, 백하법황이 있는 복원산장(福原山庄)에서 송상의 접견을 청하였다. 중국과 국교에 대하여 새로운 통로를 접촉하고, 일상의 출국금지령을 해제하였다. 원뢰조(源賴朝) 1192년에 무가정권의 막부인 가마쿠라시대가 정식 건립되었고, 송원과의 무역은 지속적으로 발전하였고, 선종사상을 받아들여 가마쿠라·교오토 등지에는 커다란 선종사원이 건립되고, 중국의 선사(禪師)들이 들어왔다. 가마쿠라막부는 1339년까지 존속하였는데, 가마쿠라막부시기에는 무가세력과 귀족문화가 병행 발전하였고, 이어서 무로마찌막부가 교오토에 설립되었는데, 이 시기에 교오토 귀족은 철저하게 타도되었다.

헤이안시대 말기에 각지의 장원경제가 발달하고 일본국내의 경제도 발전국면에 들어가기 시작하여, 각지의 특색 있는 물품이 발달하게 된다. 더불어 각 지역의 특산품이 전국 각 지역으로 판매되기 시작하며, 수륙교통이 발달하게 된다. 장원의 위치는 공령(公領)의 중심지역인 교통의 요지에 자리 잡고, 사사의 문 앞 등에는 상품을 매매하는 정기시장이 열렸다. 교오토·나라·가마쿠라 등지에는 고급상품생산 수공업자와 상인들이 집중하였고, 거리에는 소점포가 개설되었다.

상공업자들은 헤이안시대 후기에 이미 천황·귀족 및 고급사원 세력 아래서 동행업자 상호간의 연합결성단체인 '좌(座)'를 조직하여, 보호자적인 특권을 누렸다. 그들은 판매 및 제작상품에 대한 특권도 갖고 있었다. 먼 곳에 팔기 위해서는 각지의 항구나 연안하천의 교통로가 필요하였는데, 이로 인해 전문 상품운반과 위탁판매와 운송의 발화기를 맞이하였다. 무역의 수단도 쌀 등의 실물에서 화폐로 대체되기 시작하였다. '황조십이전(皇朝十二錢)'이 주조되어 일본경제의 일대변화를 가져왔고, 화폐경제로의 발전을 지향하였다. 하지만 일본 동전제조 기술이 저급하여, 사용의 편리함에도 불구하고, 일반인들은 동전의 사용을 기피하였다. 이렇게 되자 일본 동전의 주조는 정지되고 정부에서 또한 동전금지령을 내렸다. 하지만 이미 일어난 화폐경제를 뒤집지는 못하였고, 12세기 중엽이 되면 동전의 교역에 의한 토지의 매매정황이 계속해서 출현하게 되었다. 구안(久安) 6년(1150) 8월 25일에 대화국 첨상군(大和國添上郡, 奈良縣) 동대사 향금 소로 남안(東大寺鄕今小路南顔)의 토지에서 27관이 출토되었고, 응보(應保) 2년(1162) 11월 전(傳) 교오토 부근에서 7관이 출토되었다. 또한 안원(安元) 2년(1176) 7월 7일 경도서경좌례문정(京都西京左禮門町) 토지에서 50관이 출토되었다. 현재까지 출토된 가마쿠라시기의 것 가운데에서 가장 오래된 것으로는 문치(文治) 3년(1187) 고각장(沽却狀)의 원문격식(原文格式)[63]에 동전을 이용한 매매사실이 확인된다. 이상의 4가지 예에서 보듯이, 12세기 중후기에 교오토 부근에서 토지매매에 동전을 사용하였다는 기록이 보인다. 여기에 사용한 동전은 중국에서 수입한 것이었다. 13세기 초에 이르면 정부에서는 세금을 동전으로 납부 할 것을 명문으로 규정하고, 가록(嘉祿) 3년(1227)·관희(寬喜) 2년(1230) 쌀 등 일정량의 기준을 정하여 동전과의 가치를 정한다. 13세기말에 이르면 중국 원시기로 동전에 의한 세금납부가 거의 전국적으로 행하여졌다. 따라서 동전은 일본 사회에서 최고의 중국 상품이었다. 송원시기에 중국동전에 대한 수입이 최우선이었고, 일본 정부는 활발하게 대중국무역을 전개하였다.

하지만 원시기에는 2차례에 걸친 침략전쟁으로 인하여 중·일 양국 간의 국교가 중단되었지만, 무역관계는 중단되지 않았다. 일본에서 중국 동전에

---

63) '直錢三十貫情取了(印西花押)' 以下略.

대한 수요가 급증하고, 일본선박이 빈번하게 원에 파견되었다. 다른 한편으로 원 세조는 일본상인들의 원과 무역을 허락하였는데, 이는 정치와 군사수단이 배합된 주요한 정책으로, 일본과 상호통호가 목적이었다.[64]

이와 같이 11세기 중엽 이후 양국의 정치·경제 발전상황은 무역을 위한 자유화 발전이었다. 중국과 일본간의 국교가 단절되었다고 하더라도, 민간무역은 이어져 왔다. 특히 일본이 무역에 있어서 중요하게 취급한 것은 중국 동전이었다. 중국 동전이 화폐로서 확고한 위치를 차지하게 됨에 따라, 현물 대신 화폐를 이용한 매매 및 거래가 사회적으로 용인되기 시작한 것이었다. 한편으로는 사사의 건립자금으로 많은 양의 동전이 필요함에 따라, 사찰이나 기타 유력기관이 중심이 된 무역선단의 활동이 두드러진 시기이기도 하였다. 중국화폐의 유출을 우려한 송나라의 화폐유출 금지가 발령되기도 하였지만, 화폐에 대한 끊임없는 요구는 이를 막지 못하였다. 신안선에 적재되었던 동전의 숫자가 약 800만개에 이른다는 사실과, 각 국의 무덤이나 해변에서 출토된 고고유물이 이를 확인해 준다.

2) 하카다항의 해외무역

일본의 하카다항은 현재 규슈에 있는 항구로, 11세기 중기 이후의 무역항으로 이용되다가 점차 무역도시로 발전하였다. 고고학적인 출토유물을 보면, 11세기 중기 이후 중국의 백자가 대량으로 일본으로 들어오는 시기이다. 이 백자의 출토유적지로 하카다항이 가장 눈에 뜨이고, 홍호관에서는 보이지 않았다. 가장 이른 시기 송상에 의한 사무역은 홍호관무역인데 수익이 적지 않았으며, 하카다·상기(箱崎) 등지에는 이미 상인화한 호족집단이

---

64) 葛嵐, 2001, 『7-14世紀 中日文化交流的考古學研究』, 中國社會科學出版社, pp. 231~235.

있었다.

하지만 하카다 무역방식에 관한 문헌 기록이 보이지 않아 구체적인 상황은 명확하지 않다. 구정명덕승명(龜井明德曾名)에 등장하는 '주번무역(住蕃貿易)'이 송원상인들이 하카다에 거주하였음을 의미하고, 당인가(唐人街)를 형성하여 상사를 건립하여 장기무역을 한 것으로 여겨진다. 가마쿠라막부 성립 이전에 명목상으로 전대의 제도를 답습하였는데 다쟈이부[大宰府]가 관리를 하였고, 실제상으로는 무역장소가 변경되고 장원의 밀무역이 전개되었다. 송원 상선들이 깊이 들어간 후쿠이현[福井縣]의 에치젠[越前]·쓰루가[敦賀]·와카사[若狹]와 효오고현[兵庫縣] 다지마[但馬]등지의 내지무역은 관에서 통제하기 힘들었다. 가마쿠라막부 성립 후에 해외무역관리는 다쟈이부에서 진서수호소이씨(鎭西守護少貳氏)와 진서본행대우씨(鎭西奉行大友氏)의 손으로 넘어 갔다.

중국에서는 시박사가 해외무역에 대한 관리를 주도하였고, 상인이 바다로 출항 할 때는 '공빙(公憑)'이 필수적이었다. 최근에 발견된 한 건의 '양절로 시박사 공빙(兩浙路 市舶司 公憑)'은 숭녕(崇寧) 4년(1105) 6월 상인 이충에게 발급된 것으로, 대략적인 내용은 천주인 이충 등이 일본 무역에서 남아 있는 상품대금을 받고자 명주 시박업무 담당자로부터 받은 출항 공빙 증명이다.

일본상선이 중국에 도착하면, 시박사에서 상품의 귀중 정도를 분리하여 박매하였다. 가마쿠라시기의 무역관계에 대한 2건의 사료가 중요한데, 건장(建長) 6년(1254) 4월 29일 막부의 명령을 받은 다쟈이부장이 '당선(唐船)'[65]을 5척으로 제한하고 나머지는 파손시켰다. 이를 일반적으로 이해하면

---

65) 당선은 일본에서 중국에 들어간 배를 말한다.

민간무역과 송상인들의 활동을 제한하였다는 사실을 보여준다. 더불어 가마쿠라막부의 직접무역과 관련된 것으로 가마쿠라막부의 수령은 지침을 내려 동국무역 제한령을 발포하였다. 영원(永元) 2년(1264) 4월 막부의 명령으로 다쟈이부에서는 '어분당선(御分唐船)'의 파견을 금지하였다. 이는 가마쿠라막부의 영을 일원화하여 막부 혹은 장군(將軍)이 자기의 선박을 이용하려는 관방무역의 성질을 갖게 되었다고 할 수 있다.

최초로 파견된 것은 서원사(西圓寺)에서 조영한 선박으로 민부경광교경광(民部卿廣橋經光)의 일기 『민경기(民經記)』에 인치(仁治) 3년(1242) 7월 4일 조의 기록에 의하면, 일조상국입도(一條相國入道, 西圓寺公經)로 파견한 도당선(度唐船)이 돌아와 조정에 20만관[66]의 동전과 갖가지 진귀한 보물을 갖고 돌아왔다. 14세기가 되면 원과 일본의 무역 형식의 주요한 목적은 사사 조영료을 위한 '당선'의 파견이었다. 북조씨(北條氏)와 금택씨(金澤氏) 등 귀족세력은 가마쿠라 등지의 사원공사의 건립자금을 위해 원나라에 무역상선을 파견하였는데, 가마쿠라막부의 보호를 받은 '어분당선'은 반관방 성격을 지닌 무역선이었다.

당시에 파견된 선박을 보면, 칭명사(稱名寺, 덕치원년, 1306 귀국)·극락사(極樂寺, 정화 5년, 1316 출발)·건장사(建長寺, 정중 2년, 1325 출발, 가력원년, 1326 귀국)·동대불관련(東大佛關聯, 원덕 2년, 1330 출발)·주길신사(住吉神社, 원홍 3년, 1333 출발)·천룡사(天龍寺, 강영원년, 1342

---

66) 20만관이라면 당시의 화폐단위에서도 대단히 많은 양이다. 중국에서는 엽전1,000개를 꿴 꾸러미를 1관이라고 하였다. 그렇다면 동전의 낱개로 계산하면 2억개나 된다. 이를 현재 사용하는 단위인 2관의 중량 3.75kg으로 표시하면 750,000kg이 되는 막대한 양이다. 이를 톤수로 계산하면 750톤이나 된다. 그렇다면 당시의 선단이 과연 몇척이 함께 구성되었는지에 대한 규명이 필요하다. 신안선의 적재량이 200톤이라면 최소한 신안선 크기의 선박이 7~8척은 함께 구성되어야 이런 규모의 동전과 기타 무역품을 적재하여 운반할 수 있었을 것으로 보인다.

출발)의 당선이 건립자금을 위해서 출항하였다. 남아 있는 일본 자료들은 당시 원과의 무역 목적을 잘 보여주고 있다.

하지만 신안 앞 바다에 침몰한 신안선에 대한 기록은 한·중·일의 자료에서 전혀 찾아볼 수가 없다. 다행히 신안선에서는 '지치참년'이 새겨진 목패에 동복사가 묵서된 명칭이 있어 동복사의 사원공사를 위한 선박으로 추측하고 있다. 그리고 목패에 새겨진 묵서 내용에서 반관방의 성격도 파악할 수 있다. 즉 '사(私)'가 표기된 목패와 개인의 이름은 사적인 성격이 강하고, 나머지 것은 공적인 성격으로 볼 수 있다.

겸창조영당료선(鎌倉造營唐料船)과 '어분당선'의 파견은 사원·무사·귀족에게 정교한 고급 중국 상품을 가져다주어 가마쿠라를 더욱 번영하게 하였다. 가마쿠라사원에 현존하는 '당물(唐物)'의 종류와 수량이 이를 뒷받침한다.

일본에서 중국으로 가는 항로의 목적지는 주로 명주였다. 남송 고종 (1127~1161)때에 수주 화정현에 시박사를 증설하고, 항주·명주·수주·강음군 등 5군데의 시박업무를 통괄하였고, 영종(1195~1224)때에는 명주만 남기고 나머지는 폐쇄시켰다. 원대에 해외무역 항구로는 경원(현재 명주)·천주·광주 3개 항이 발달하였다.

위에서 서술한 양절로 시박사 공빙은 숭녕 4년(1105) 6월 상인 이충 선박의 화물을 보면, 하카다에서 무역상품은 '상안사십필(象眼肆拾匹)·생견십필(生絹拾匹)·백능이십필(白綾貳拾匹)·자완이백상(瓷碗貳佰床)·자첩일백상(瓷牒壹佰床)'등 시작품(絲織品) 및 자기가 주종을 이루었다. 기타 물품으로는 향료·약물·공예품 등이었다.[67] 12세기 중기 이후에는

---

67) 葛嵐, 2001, 앞의 글, pp. 235~239.

동전이 주요 수출상품이 되었다.

중·일 문화교류를 보여주는 실증적인 증거는 고고출토 혹은 전해 내려 오는 도자기·동경·칠기·동전으로, 모두 오랫동안 내려왔던 물건들이다. 그러나 다량의 향약류·사직품류 등은 이미 소실되어 재현하기는 어려운 실정이다.[68] 이러한 향약류나 사직품에 대한 자료가 거의 없었지만, 신안선 과 천주만 송대해선의 인양으로 당시의 교역품에 대한 전반적인 규모가 수중고고학을 통해 밝혀질 수 있게 되었다. 본고에서는 각기 장을 달리하여 출토유물을 분석 정리하였다.[69]

이외 승려들이 휴대한 서적경전, 차를 마시는 풍조의 성행, 선원(禪院)의 건축 등 광범위한 문화교류 내용이 표출되었다.

지금까지 언급한 바와 같이, 하카다항에서 이루어진 무역은 자유롭고 활 발한 쌍방이 주도하는 무역으로, 국교재개에 의하여 무역규모가 계속 증가 하였다. 도자기 무역은 북해도를 제외한 전국적으로 분포되어 이전보다 훨 씬 다채롭고 풍부하였으며, 수량은 셀 수 없을 정도였다.[70]

5. 소결

송원시기 항해와 해외무역은 중국 무역사는 물론 동아시아의 무역에도 커다란 획을 이루었다. 당조 때에는 광주에만 시박사를 설치하였으나, 송원 시기에는 민(閩)·월(越)·강(江)·절(浙) 심지어 산동(山東)에도 외국무역 을 관리하는 시박사기구가 설립되었다. 이는 연해지역의 해운무역이 보편적

---

68) 葛嵐, 2001, 앞의 글, p. 252.
69) 신안선과 천주만 송대해선에서 인양된 수중고고유물에 대한 고찰은 본고 IV, VI장 천주만 송대해선의 구조와 인양유물 비교, 신안선 적재유물의 내용과 특성 참고.
70) 葛嵐, 2001, 앞의 글, p. 252.

으로 발전을 가져왔음을 설명한다. 이런 좋은 조건 아래 많은 부상·중소상인 및 해운과 무역을 겸하는 선원들이 나타났다. 이들은 당시 세계 최대형과 최선진의 범선을 조종하고 나침반을 이용하면서, 이미 일찍 세계에 널리 알려진 중국의 자기와 비단을 싣고 해외 각국을 왕래하면서 상호무역을 실시하였다. 상선은 서태평양과 동인도양의 넓은 해역에서 주도적인 위치를 점하였다.

송원시기 조선·항해업에서 많은 발전과 성과를 이룩할 수 있었던 원인은 경제발전의 필연적인 추세 외에도, 더욱 중요한 것은 송원정부가 형편에 따라 다양한 정책을 실시하였기 때문이었다. 비록 원시기에 일찍 4차의 짧은 해금을 실시하고 아울러 관가에서 무역을 공제하고 독점하려 하기는 하였지만, 송원시기 통치자들이 제정하고 실행하였던 정책은 당대 이전과 이후 명청시기와 비교하여 발전적이고 진보적이었다.

그리고 고려와 일본은 예성항과 하카다항을 중심으로 중국과 교류하였다. 외교관계가 단절된 시기에도 민간무역이 이를 대신함으로써, 교류는 끊임없이 진행되었다. 당시 중요하게 취급한 무역품은 동전으로 사회 및 경제에 커다란 영향을 미치고 있었음을 알 수 있다.

VIII. 결론

본고는 수중고고학과 해양유물 보존처리를 간략하게 소개하고, 신안선과 천주만 송대해선의 선체구조와 적재유물에 대한 종합적인 고찰을 통하여 당시의 무역관계를 살펴보았다. 그리하여 동아시아와 신안선의 항로, 신안선의 해양환경·국적·연대, 신안선과 중국 천주만 송대해선의 선체 구조 및 인양 유물의 비교, 중국 범선의 발달, 신안선 적재유물의 내용과 특성, 중국 연안해역 및 고려 예성항과 일본의 하카다항을 중심으로 전개된 당시의 국제무역 관계를 살펴보았다.

첫째, 고대 동아시아와 신안선 항로를 살펴보면, 선사시대에서 역사시대에 걸쳐 이미 해로를 이용한 교류가 이루어져 왔다. 고대 동아시아의 항로는 북로에서 출발하여, 중세까지 주로 남로를 이용하였다. 이후 상황 변화에 따라 남도로를 이용하였지만, 위험요소가 많아 활성화되지 못하였다. 이러한 항로를 이용한 부단한 교류 가운데에서 신안 앞 바다에 침몰된 선박에 관한 수중고고학 발굴성과는 당시 역사를 복원하는데, 중요한 단서를 제공하였다.

먼저 신안선은 중국에서 일본으로 향하던 무역선으로 추정된다. 그러나 이 선박이 고려를 경유하여 일본으로 항해를 하였는지에 대한 정확한 증거는 나타나지 않고 있으며, 고려자기와 중세의 항로로 이를 추론할 뿐이다. 그러나 신안선의 최종목적지는 일본이라는 것은 학계의 정설로 받아들여지고 있다. 인양 유물 중 청동추에 주자된 '경원로'(현재의 절강성 영파항)는 당시의 출항지를 밝히는 근거가 된다. 침몰 연대는 도자기의 양식·동전·목패 등을 바탕으로 추정이 가능하다. 구체적인 예를들면, 원의 지대년간(至大年間, 1308~1312)의 동전인 지대통보(至大通寶), 8차 발굴 당시 인양된 목패 중에 새겨진 '지치삼년육월이일'의 명문(지치삼년, 1323) 등은 침몰시기를 추정할 수 있는 유물로 평가된다. 또한 목패의 새겨진 명문은 일본과 관련이 있다.

이와 같은 상황을 종합하면, 신안선은 중국의 영파를 출발하여 일본으로 항해하다가 중간기착지로 보여지는 고려를 경유하다가 심한 풍랑이나 다른 원인에 의하여 우리나라 서남해안 신안 앞 바다에 침몰한 것으로 해석할 수 있다. 이는 배의 침몰 상태가 우현으로 약 15°정도 기울어졌고, 우현의 선수부분이 어떤 충격을 받은 흔적으로 보아 확실하다고 하겠다. 그리고 신안선의 항로는 송나라 서긍이 고려를 왕래하면서 기록한 『선화봉사고려도경』에 기록하였던 남로와 상당부분 일치할 가능성이 있다.

둘째, 신안선 인양 해양환경과 연대·국적에 대하여 살펴보면, 신안선이 침몰한 해역은 우리나라 서해안 다도해의 섬과 섬 사이의 물길이 험한 지역이다. 또한 인양 환경이 매우 열악하여 시계가 거의 제로 상태에서 감각에 의존하여 발굴이 이루어졌다.

신안선의 연대는 지치삼년(1323)인 원나라 영종 4년에 해당된다. 고려 충숙왕 10년으로, 원의 지배를 받던 시기이다. 당시 일본은 가마쿠라막부가 통치하던 시대였다. 신안선의 국적은 선박의 건조기법과 구조로 보아 중국이 확실하지만, 승선 선단의 구성은 주로 일본인으로 이루어졌다고 보여진다. 이에 대한 근거로는 목패에 새겨진 묵서내용의 대부분이 일본과 관계되는 것임을 지적할 수 있다. 그러나 배를 움직이는 선장·선원 등은 중국인과 고려·일본인이 혼재되었을 개연성이 있다. 목패에 새겨진 지치연호가 중국연호로, 당시 일본은 '원향(元亨)'이라는 연호를 사용하였는데, '원향'이 묵서된 목패는 발견되지 않았다.

셋째, 신안선과 천주만 송대해선의 선체구조와 인양유물을 비교하였는데, 발굴 초기 신안선의 국적에 대해 논란이 있었다. 고려선박일 가능성에서부터 중국선박 혹은 일본선박이라는 다양한 설이 제시되었다. 연구결과, 선체는 중국에서 제조된 것으로 판명되었다. 이는 당시 중국에서 많이 제작되었던 용골을 갖춘 첨저형이라는 특징과 용골 중간에 북두칠성 모양으로 배치한 동전과 동경이 전통적으로 중국에서 선박에 무사와 안녕을 기원하기 위해 제작하던 방법이었다. 천주만 송대해선도 신안선과 동일한 형태의 구조를 갖추고 있어, 중국선박이라는 확실한 비교자료가 되었다.

중국 송대의 천주만 송대해선을 고찰한 결과, 신안선 보다 앞선 시기의 선박이지만 선체의 구조와 적제유물의 종류가 많은 부분 일치하고, 복건에서 제작된 선박으로 신안선과 동일한 계통임이 확인되었다. 특이한 것은 천주만 송대해선은 주요 적재물이 한약재로 보이는데, 이는 주로 동남아시아를 대상으로 한 무역의 성격이 짙다. 당시에 무역품 중에서 가장 많은 수량은 도자기였다.

선단의 주구성원이 일본인이라는 사실도 판명되었다. 목패에 묵서되어 있는 지명과 인명이 이를 뒷받침한다고 하겠다. 또한 몇몇 유물에서 고려유물로 보이는 것들이 함께 인양되었는데, 이로 미루어 보면 어떤 경로든지 고려인이 승선하였거나 중개무역에 종사하였던 것으로 유추된다.

넷째, 송원대의 중국 범선과 해외무역이 어떻게 이루어졌는지를 간략하게 살펴보았다. 먼저, 송원대에는 조선업에 많은 발전을 가져왔다. 이 시기에 주요 선박제조지역이 많았고 수량이 방대하였으며, 제작기술이 복잡하고 보다 선진적인 방법이 여러 방면에서 나타났다. '요(料)'는 송원에서 명초까지 널리 사용되었던 조선용어로, 일종의 용적단위를 의미하는데, 선박의 주요 부분인 용골의 길이·선면의 너비·선창의 깊이를 곱한 용적을 표시한다. 요는 치수·적재량과 모두 긴밀한 관계를 가지고 있다. 송대의 대형 상선은 5,000료였는데, 원대에는 송대의 대형 상선 보다 좀 더 규모가 확대되었을 것이다. 선박의 대형화는 역시 송원시기 조선업이 번성하였음을 보여주는 주요 특징의 하나로써, 원양항해 무역의 비약적인 발전에 커다란 영향을 미쳤다. 다음으로, 항해업이 비약적으로 발전하여 중국 상선의 무역범위가 확대되었다. 중국의 범선은 이전시기 해외무역의 중심무대였던 고려·일본과 동남아시아 반도지역만을 항해대상으로 하지 않고, 필리핀군도·보르네오섬·몰루카즈군도 및 인도양으로 항해활동을 확대하였다. 범지역을 중국 범선이 순조롭게 항해하였으며, 이전 보다 시간도 많이 단축하였다. 나침반과 지도가 원양항해에 광범위하게 사용되었다.

원양항해 및 항해기술의 발달로 배를 이용한 무역로가 동·서양의 모든 지역을 대상으로 하는 세계적인 무역로로 발달하였다. 물론 항해기술의 발달로 지역의 특색에 맞는 항해가 이루어졌을 것이다. 해류와 조류에 따른 계절적인 환경변화 등에 능숙하게 적응하면서 무역의 발전을 증대시켰다.

그리고 선박 건조기술과 선박의 발전이 이루어졌으며, 원양상선의 대형화로 무역규모 면에 있어 커다란 발전을 가져 왔다. 물론 선박의 제조기술과 항해기법의 발달에 기인한 것이지만, 선박의 대형화는 안전한 수송과 선원들로 하여금 항해에 대한 안정감을 주었다.

다섯째, 신안선 적재유물을 분류하여 내용과 특성을 살펴보면, 고려유물과 일본유물은 수량은 많지 않지만, 당시 승선인원 중 고려·일본인이 승선하였다는 사실을 뒷받침하는 중요한 자료가 된다. 특히 고려유물 중에서 도자기와 숟가락은 독특한 고려양식을 보여준다. 일본인들이 신었던 나막신과 도자기·칼 등은 선상에서 주로 사용하였을 것으로 보인다. 특히 당시 관선은 군인들이 승선하여 배를 보호하였지만, 사선인 신안선에서는 무기류가 칼을 제외하고는 거의 인양되지 않은 점으로 보아, 일부선원만 무기를 소지하고 있었던 것으로 보여진다.

금속유물의 수량은 많지 않다. 하지만 동전을 포함할 경우, 800만개 정도이고, 기타 금속유물이 720여 점이다. 그리고 동전은 중국 신에서 원에 이르는 1300여 년에 걸친 다양한 종류가 인양되어, 동전의 유통 상황을 잘 보여주고 있다. 동전의 분석결과 구리(Cu)·납(Pb)·주석(Sn)의 함량이 시대에 따라 변화되는 양상을 보여, 시대에 따른 특성을 고찰할 수 있었다. 또한 당시 고려·일본에서 중국 동전을 수입하여 경제생활에 이용되었음이 확인되었다. 그리고 발굴당시 제기되었던 신안 동전이 원광으로써 사용되었을 개연성은 가마쿠라시대의 불상의 분석결과와 동전을 녹여서 불상을 제조하였다는 기록이 이를 뒷받침한다.

기타 금속유물 중 '경원로'명 추는 신안선의 출항지를 알려주는 결정적인 증거자료가 되었음을 확인하였다.

석제·유리옥제품·골제유물은 무역품으로서의 성격보다는 선상생활에 필요한 주방용기·여가용 놀이기구·기록용 문방구 등으로 쓰였을 것으로 보여진다. 목제유물은 목상자·목기발·목제반·칠기완·자단목 등이 완형으로 발견되었으며, 화물표에 해당하는 목패가 있다. 목제유물 중에서 '목패'는 신안선의 침몰연대·하주·적재품의 단위 등을 밝히는데 결정적인 단서를 제공하였다.

식물관계 유물은 한약재로 쓰이는 것이 주를 이룬다. 무역품으로서의 한약재와 향료 등으로 거래되었을 가능성이 크다. 선원들의 구급약으로 사용되었을 가능성도 있다. 이는 출토량이 적고, 항해 시 피로·배 멀미·병 등에 필수적으로 구급약이 필요하였을 것이라는 유추로 뒷받침될 수 있다. 또 씨만 남은 과일들은 식용 가능성이 있고, 씨앗은 약품으로도 사용되었던 것으로 짐작된다. 숯으로 인양된 일부 목재는 선상에서 불을 지펴 음식을 조리하는데 사용된 것으로 여겨지고, 숯은 약제로도 사용되었을 개연성도 배제할 수 없다.

도자기는 중국 송원대의 것이 주류를 이룬다. 중국 특산품으로서 도자기는 9~10세기경부터 19세기경까지 약 천년에 걸쳐 아시아·유럽·아프리카·지중해 지역 등 전 세계에 수출되었다. 양질의 중국 도자기는 세계적으로 가치 있는 귀중품으로 다뤄졌다. 특히 신안 해저 도자기에 해당하는 원대에는 적극적인 교역정책을 펼쳐 해상교역이 활발하였음을 알려준다.

신안선의 유물 성격은 무역품으로 추정되고, 도자기·동전·금속유물 일부·자단목·후추 등 향료 일부가 무역용으로 이용된 것으로 여겨진다.

나머지 유물들은 선상생활에 필요한 도구나 주방용기의 성격이 강하다.

여섯째, 중국 송원시기를 중심으로 동아시아 해외무역의 발달과 의미를 고찰하였다. 송원시기 항해와 해외무역은 중국 무역사는 물론 동아시아의 무역에도 커다란 획을 그을 만큼 활성화되었다. 당시대에는 광주에만 시박사를 설치하였다. 그러나 송원시기에는 민·월·강·절 심지어 산동에도 외국무역을 관리하는 시박사기구를 설치하였다. 이는 연해지역의 해운무역이 보편적으로 발전하였다는 사실을 설명한다. 이런 좋은 조건하에 많은 부상·중소상인 및 항운과 무역을 겸하는 선호들이 등장하였다. 이들은 당시 세계 최대형·최선진의 범선을 조종하고 나침반을 이용하면서, 세계에 널리 알려진 중국 자기와 비단을 가득 싣고 해외 각국을 왕래하였다. 서태평양과 동인도양의 넓은 해역에서 중국 상선은 주도적인 위치를 점하였다. 송·원시기 조선·항해업에서 많은 발전과 성과를 이룩할 수 있었던 원인은 경제발전의 필연적인 추세와 더불어 더욱 중요한 것은 송원왕조가 다양한 정책을 실시하여 역사발전의 조류에 순응하였기 때문이었다. 비록 원시대에 일찍 네 차례의 짧은 해금을 실시하고 아울러 관가에서 일부러 무역을 공제하고 독점하려 하기는 하였지만, 전체적으로 볼 때 송·원시기 의 정책은 당대 이전이나 명청시기에 비해 발전적·진보적이었다.

일곱째, 일본 중세무역의 중심을 이루는 하카다항 고찰을 통하여, 12세기 중기 이후 일본 해외무역에 있어서 동전은 주요 수입상품이 된다. 11세기 중기 이후 송상들이 일본에 진출하였고, 관무역이 금지되고 민간 자유무역의 형태로 유지되었다. 당시의 주요 무역항로로 하카다항이 각광을 받게 되어, 개인무역상사가 설립되어 장기간 주재하면서 무역을 하였다. 이시기의 무역상품은 다양하고 풍부하였으며, 무역의 주체도 송에서 일본으로 이전하여 온 송원경상들이 담당하였다. 하카다항의 무역도시로서의 중요한 위치는 15세기까지 계속되어, 명나라로 파견하는 배의 출발점이 된다.

중일문화 교류의 실증적인 증거자료는 고고학 자료, 특히 도자기·동경·칠기·중국동전으로 알 수 있다. 그러나 다량의 향약류·사직품류 등은 이미 소실되어 재현하기는 어려운 실정이다. 이러한 향약류나 사직품에 대한 자료는 거의 없었지만, 신안선과 천주만 송대해선의 인양으로 당시 교역품에 대한 전반적인 규모가 수중고고학을 통해서 밝혀질 수 있게 되었다. 기타 유물을 통해 승려들이 휴대한 서적과 경전·차를 마시는 풍조의 성행·선원(禪院)의 건축 등 광범위한 문화교류 내용이 드러났다. 하카다항을 무대로 이루어진 무역은 자유롭고 활발한 쌍방이 주도하는 무역이다. 도자기무역은 북해도를 제외한 전국적인 분포로 이전시대에 비해 훨씬 다채롭고 풍부하였다.

지금까지 신안선과 천주만 송대해선의 출토유물을 중심으로 13~14세기의 무역관계에 관한 것을 분석하였다. 그러나 문헌자료와 비교분석이 미흡하였고, 선체와 유물에 대한 개별적인 고찰이 이루어지지 못한 제약을 고백하지 않을 수 없다. 이는 엄청난 수량과 복잡 다양한 종류 탓도 있지만, 절대적인 역량의 부족을 절감한다. 또한 신안선의 항로에서 고려 기항설을 제기하였는데, 유물 중 도자기·동경·숟가락·젓가락 등 극히 제한된 수량과 침몰지역을 한정하여 근거를 제시하여 확실한 근거가 미약하였다. 따라서 본고는 수중고고학과 신안선의 인양유물에 대한 연구의 출발점으로 생각하고 앞으로 13~14세기 한·중·일 자료를 찾아서 보완하고 수중고고학을 통한 무역관계의 심도 있는 연구를 이후 과제로 삼고자 한다. 이러한 부족한 점에 대해서, 여러분들의 지도편달을 바랍니다.

부   록 : 선박용어 해설

- **갑판(甲板)** 큰배 위에 나무나 철판으로 깐 마루로 뱃마루라고 하는데, 여러 개로 나누어 만들어진다. 상갑판·제일갑판·상층건축갑판·유보갑판(游步甲板) 등으로 구분 됨.
- **갑판연측구조(甲板緣側構造)** 현측외판(舷側外板), 현장(舷檣), 갑판재 등 선체의 현측 모서리에 해당하는 부분의 구조.
- **건현(乾舷)** 물건을 실은 배에서, 물위로 들어나는 뱃전 부분.
- **격벽(隔壁)** 격도(隔堵)라고도 하는데, 창과 창을 구분하는 벽.
- **노(櫓)** 배의 노로 사람의 힘으로 물을 밀어내어 그 반작용으로 배를 앞으로 나가게 하는 도구.
- **늑골판(肋骨板)** 주로 나무로 만든 배에서 배의 용골 좌우로 바깥쪽을 갈비뼈 처럼 둘러싼 뼈대로 선체의 형상과 횡강력을 유지.
- **동유회(桐油灰)** 석회와 동유를 혼합하거나 마 또는 죽섬유를 섞어

서 만들었다. 수밀과 철정을 타입한 못자리에도 충입(充入)하여 해수의 직접적인 접촉을 막아줌.

- **박(舶)** 원래는 해양을 항해하는 큰배로 현재는 일반 선박을 통칭하여 선박이라 함.

- **방현재(防舷材)** 뱃전을 보호하는 판재로 포판재(包板材)라고도 한다.

- **배수량(排水量)** 배가 물에 떠서 갈 적에 그 무게로 말미암아 밀려나가는 물의 분량, 곧 밀어내는 물의 분량.

- **범(帆)** 배의 돛으로 바람의 힘을 받아 배가 밀려가게 하는 역할을 하는데, 돛대에 달아서 펴 올렸다 접어 내렸다 함. 넓은 천·대나무·거적 등으로 만들고 봉(蓬, 風蓬)으로도 부름.

- **범선(帆船)** 돛단배로 돛에 닿는 바람의 힘으로 배가 움직임.

- **삼(杉)** 배의 좌우 가장 자리에서 삼판을 연결하여가는 목재로 외판.

- **선(船)** 배의 일반적인 명칭으로 현재는 선박으로 통칭.

- **선가(船架)** 배를 수선하기 위하여 궤도 위에 올려서 땅위로 끌어올리는 설비.

- **선누(船樓)** 배의 브리지를 말하는데, 일반적으로 널판대기로 상장을 꾸밈.

- **선미(船尾)** 선초(船梢·船艄)라고도 하는데, 배의 뒷 부분을 말하는 것으로 한선(韓船)의 용어는 고물.

- **선박(船舶)** 일반적이 배[船)]와 큰 배를 지칭하는 배[舶]가 합하여진 것으로, 현재는 배를 총칭함.

- **선수(船首)** 선두(船頭)·선수(船艏)로도 부르며, 뱃머리를 말하고

한선의 용어는 이물.

- **선신(船身)** 선체의 다른 표현.
- **선용량(船用量)** 배의 적재량.
- **선외(船桅)** 외간(桅杆)이로 부르기도 하는 배의 돛대총칭.
- **선장(船匠)** 배를 만드는 목수.
- **선재(船材)** 배를 만드는데 필요한 재료를 통칭.
- **선저(船底)** 배의 밑바닥.
- **선창(船艙)** 사람이나 짐을 싣는 선실과 기타 배 관련 장치 선실로 구분.
- **선판(船板)** 갑판을 말하고, 배 밑바닥의 널판을 표기할 때도 사용.
- **선호(船戶)** 뱃사공을 말하는데, 선가(船家)라고도 함.
- **선현(船舷)** 선연(船緣)·선방(船幇)으로 표기하기도 하는데, 한선 에서는 뱃전으로 배밑 가장 자리 위에 턱을 따내고 삼판을 한장 한장 연결하여 이어서 쌓아 올린 것.
- **수밀법(水密法)** 배에 물이 새지 않도록 박이나 동유회 등으로 선체 의 판재 사이를 막아주는 방수법.
- **수주(首柱)** 선수주(船首柱, 全龍骨)라고도 하는데, 선체의 맨 앞 부분에서 용골과 선수재를 연결하는 부분.
- **순접(榫接)** 장부맞춤으로 배를 결구하는 방식.
- **양상측판(梁上側板)** 외판과 현장사이를 연결하는 측판.
- **외판(外板)** 배의 좌우 가장 자리에서 삼판을 연결하여가는 목재.
- **용골(龍骨)** 배나 비행선에서 앞뒤로 통하는 중심선으로 뱀의 등뼈 같은 밑바닥 뼈대. 용근(龍筋)이라고도 하는데 목선의 용골은 방형으

로 다듬어 쓰거나 몇 개의 목재를 결구하여 만듦.

- **익판(翼板)** 용골의 좌우 상연부에 L자형의 홈으로 파진 부분에 결구하는 선저 부분.

- **우현(右舷)** 배의 진행 방향에서 오른쪽 뱃전으로, 한선에서는 미뒤로 표현.

- **원저선(圓底船)** 배밑의 모양이 U자형으로 된 배.

- **장각(檣脚)** 돛대을 좌우에서 지지함.

- **장좌(檣座)** 돛대 받침.

- **좌현(左舷)** 배의 진행방향에서 왼쪽 뱃전으로, 한선에서는 미앞으로 표현.

- **주(舟)** 배를 나타내는 명칭이지만, 주로 작은배를 통칭.

- **창(艙)** 배 혹은 비행기 내부에 승선·화물·기구 등을 사용하기 위한 용도로 벽으로 구분하여 만든 공간.

- **첨저선(尖底船)** 배밑 모양이 V자형으로 뾰쪽한 배.

- **충합재(衝合材)** 횡연의 연결 보강.

- **타(舵, 鵰, 柁)** 돛을 단 배의 키로서 방향을 조정.

- **평저선(平底船)** 배밑이 평평한 배.

- **포판재(包板材)** 해충침해를 방지하기 위해 1.5cm 내외의 삼판을 용골과 외판에 부착.

- **한선(韓船)** 우리나라의 전통적인 배의 구조를 가리키는 용어로, 중국식과 일본식아 아닌 독특한 우리나라 배의 특징적인 구조를 말한다.

- **현(舷)** 뱃전[舷側]으로 선면의 가장자리.

- **현장(舷檣)** 파도로부터 사람과 짐을 보호하려고 갑판 가에 마련한

장벽.

- **현장지주(舷墙支柱)** 현장을 지지하는 받침대.
- **형심(型深)** 배의 갑판에서 배밑 까지의 깊이.
- **흘수선(吃水線)** 배가 물에 잠기는 부분과 잠기지 않은 부분을 구분하는 선.

ABSTRACT

A Study on the Trade Relations of East Asia Viewed From
Marine Archaeology. -With Shinan Sea-bottom Relics-

This study compares the ship structure and salvaged relics of the
Shinan-Ship(新安船) and the Cheonjuman Songdae Hae-Ship(泉州灣宋代海
船) of China and examines the characteristics of the relics and the trade
relations of East Asia in the 13th~14th century.

To approach these themes, this study compares the routes of East Asia
and the Shinan-Ship, ship structure and relics of the Shinan-Ship and
Cheonjuman Songdae Hae-Ship, classifies the loaded relics, relationship be-
tween the development of Chinese ships and trade and the aspects of trades
developed centering around Ning-bo(寧波) of China, Yeseong port(禮成港)

of Goryeo and Hakada port(博多港) of Japan in those days.

The route of ancient East Asia was mainly departed from North Sea Route and used the South Sea Route till the medieval period. Since then, South Island Route was mainly used according to the changes of political situation, but it was not activated due to a lot of dangerous factors. The ships sunken into Shinan Sea along the West Coast in frequent exchanges using these routes give the important materials to restore the history of those days. The route of the Shinan-Ship has a possibility that it has a considerable consistency with South Sea Route recorded at 『Sun-Hwa-Bong-Sa-Goryeo-Do-Gyeong(善和奉使高麗圖經)』 by Seo Gyeong of Song who visited Goryeo frequently.

The year of sinking of the Shinan-Ship was assumed on the basis of styles of potteries, coin and wooden tags. For instance, the coin of Won manufactured between 1308 and 1312, 'Jidaetongbo(至大通寶' and the epigraph on wooden tags on Jun. 2, 'Chi-Chia 3th year(至治參年:1323)' were the bases of assuming the period of sinking. The nationality of the Shinan-ship was obviously Chinese from its manufacturing technique and structure, but the crews on board were mostly Japanese. However, the captain and the crew driving the ship might be mixed with Chinese, Goryeo people and Japanese. Considering that wooden tags of the title 'Gangsa(綱司)' were found in the two ships, the subject of operating the ship was Chinese and 'Chi-Chai (至治)' was Chinese chronological era and Japan used the chronological era named 'Wonhyang(元享)' at that time and it means that the subject of operating the ship was Chinese because the wooden tags of the Shinan-Ship showed no the chronological era Wonhyang.

As a result of examining the ship structures of the two ships, it was revealed that the Shinan-ship was obviously manufactured in China. It is featured by Cheomjeo(尖底) type of Yonggol(龍骨) which was manufactured frequently in China at that time, coin and copper mirror placed with the Great Bear in the middle of Yonggol which was to pray for the well-being and safety traditionally in China. Cheonjuman Songdae Hae-Ship also had the same structure with the Shinan-Ship and it became the comparative material that it belonged to Chinese ship. It was confirmed through the comparison of relics that two ships were marine trade ships running Southeast Asia, Northeast Asia and the whole world and their major items included potteries, medicines, coins, etc.

Loaded relics on the Shinan-Ship are examined by classification and it is found that there were few relics from Goryoe and Japan, but it became important materials to confirm that there were Goryeo people and Japanese among the passengers. In particular, potteries and spoons of Goryeo relics show the unique Goryeo style to verify it. Wooden shoes with clogs, potteries and knife used by Japanese were mainly used in the ship.

The coins of 28 tons (about 8 million coins) were salvaged and as a result of analyzing them, contents of Cu, Pb and Sn were varied according to the times and the characteristics by the times can be examined. It was also confirmed that Chinese coins were imported from Goryeo and Japan and used for their economic life. 'Qing-yuan-lu(慶元路)' of metal relics was a decisive evidence to know the departure port of the Shinan-Ship. Wooden tags of wooden relics became the decisive materials to reveal the sinking year, lading and loaded articles of the Shinan-Ship. Jadan wood(紫檀木) was zelkova wood to make crafts and letter and pattern engraved on its surface were important materials to know their possessors. Relics related to plants were mainly medicines or edible plants. There was a possibility that medicine and aroma were transacted as trade items, but it might be used for emergency medicine or edible plants. Potteries were mostly made in the age of Song and Won in China. Chinese potteries were exported to Asia, Europe, Africa and Mediterranean regions as the special products of China from the 9th~10th century to the 19th century and Chinese potteries of good quality was treated as the precious items in the world. In particular, the potteries from the era of Won found in the sea of Shinan informed that the marine trade was vigorous before and after the 14th century owing to the active trade policies.

The era of Song and Won achieved more developments in shipbuilding industry and resulted in the extension of trade by Chinese commercial ship. And the development of making ship and its technique was achieved and large-scaled deep-sea ships brought about a great development in the scale of trade. And in East Asia, the sailing in the period of Song and Won and marine trade activated the marine trade in East Asia as well as the Chinese trade.

Goryeo developed the trade with Song Won and Japan centering around yeseong port and major export item of Japan was coin since the mid-12th century through the examination of Hakada port, the center of the medieval trade in Japan. Major trade sea route in those days was Hakada port and private trade companies were established. Trade products were various and rich and the subject of trade was Song and Won's merchants to Japan from Song. It suggests that the operation of the Shinan-ship was used for the purpose of this trade.

As described above, the ship structure and salvaged relics from the Shinan-Ship and Cheonjuman Songdae Hae-Ship are very important materials to examine the scale of trade in those days as well as verifying the trade relations of East Asia positively.

참 고 문 헌

Ⅰ. 사 료

1. 한 국

『고려사』.

『삼국사기』.

『삼국유사』.

2. 중 국

江大鯤『福建運史志』, 杜琳 等修・元成 等續纂『淮關通誌』卷7, 房玄齡『晉書』, 沙克什『河防通義』, 司馬遷『史記』, 『三山志』, 桑悅纂・宏治『太倉册志』, 徐兢『宣和奉使高麗圖經』, 徐夢莘『三朝北盟會編』, 徐溥等『明會典』, 徐松『宋會要輯稿』, 宋祁・歐陽修『新唐書』, 宋濂『元史』, 『西山先生眞文忠公文集』, 『水運技術辭典』, 崇貞『南海縣誌』, 吳自牧『夢梁錄』, 王大淵『島夷誌略』, 王欽若『册府元龜』, 『元典章』,

俞大猷『洗海近事』, 魏收『魏書』, 李綱『梁溪集』, 李燾『續自治通鑑長編』, 李昉等『太平御覽』, 李昭祥『龍江船廠誌』, 任士林『松向先生文集』, 趙汝适『諸蕃誌』, 張燮『東西洋考』, 周去非『嶺外代答』, 周密『癸辛雜識』, 朱彧『平州河談』, 陳壽『三國志』, 祝穆『方輿勝覽』, 脫脫『宋史』, 『通制條格』, 包恢『敝帚稿略』, 『海圖經』, 洪適『盤洲文集』, 『欽定福建省外海戰船則例』.

3. 일 본

圓仁『入唐求法巡禮行記』.

II. 연구서

1. 한 국

고려대학교 민족문화연구소, 1989, 『중한사전』.

국립문화재연구소, 2002, 『한국고고학사전』 상 · 하.

국립중앙박물관, 1977, 『신안해저문화재국제학술대회발표집』.

김상겸 · 이병두, 2002, 『스포츠 스쿠버 다이빙』 I (초급편), 도서출판 씨코

김재근, 1980, 『배의 역사』, 정우사.

민두기 편저, 1983, 『일본의 역사』, 지식산업사.

손태현, 1982, 『한국해운사』, 아성출판사.

윤명철, 2000, 『바닷길은 문화의 고속도로였다』, 사계절.

이성시 저, 김창석 역, 2001, 『동아시아의 왕권과 교역』, 청년사.

이영노, 1996, 『한국식물도감』, (주)교학사.

이유미, 1995, 『우리나무 백 가지』, 현암사.

이창복, 1978, 『수목학』, 향문사.

이현종 편저, 1995, 『동양연표』, 탐구당.

홍희유, 1989, 『조선상업사』, 과학백과사전종합출판사.

황동환·김성필 편저, 1994, 『수중 유물 발굴의 기초』, 해군사관학교.

2. 중국

郭沫若主編, 1990, 『中國史稿地圖集』 上·下, 中國地圖出版社.

上海辭書出版社, 1978, 「工程技術分冊(上)」, 『辭海』.

孫光圻, 1989, 『中國古代航海史』, 海洋出版社.

孫光圻, 1991, 『中國航海史綱』, 大連海運學院出版社.

葛嵐, 2001, 『7-14世紀 中日文化交流的考古學研究』, 中國社會科學出
    版社.

張威 主編, 2001, 『綏中三道崗元代沈船』, 科學出版社.

陳希育, 1991, 『中國帆船與海外貿易』, 廈門大學出版社.

3. 일본

國立歷史民俗博物館, 2002, 『アジアの海-沈沒船が語る中世交流史-』.

木宮泰彦, 1928, 『日支交通史』 下卷, 金刺芳流堂.

福岡市博物館, 2002, 『蒙古襲來と博多』, 北條時宗とその時代展 特册
    圖錄.

森克己, 1975, 『續日本貿易の硏究』, 國書刊行會.

北海道江差高等學校, 1980, 『海底考古學と開陽丸-海底文化財保存に
    とりくむ高校生の記錄』.

小江慶雄, 1983,『水中考古學入門』, 日本放送出版協會.

三杉隆敏, 1978,『新安沖海底の秘寶』, (株式會社)六興出版.

石野亨, 1977,『鑄造技術の源流と歷史』, (株式會社)產業技術センタ-.

石井謙治, 1983,『圖說和船史話』, 至誠堂.

Ⅲ. 보고서·연구논문

1. 한 국

「보고서·도록」

국립중앙박물관, 2002,『고려·조선의 대외교류』.

국립해양유물전시관, 1995,『무안 도리포 해저유물』.

국립해양유물전시관, 1997,「가거도 배」,『전통한선과 어로민속』, 금성출판
　사.

국립해양유물전시관, 1998,『물·바다·사람·배·꿈·삶·그 자국』.

국립해양유물전시관, 1999,『목포 달리도배』.

국립해양유물전시관, 2000,『고흥 시산도 긴급탐사 보고서』.

국립해양유물전시관, 2003,『무안 도리포 해저유적』.

국립해양유물전시관, 2004,『군산 비안도 해저유적』.

김병근·김익주·양순석, 2001,『바다에 빠진 배·유물처리 -침몰 배와 유
　물 보존처리 성과전-』, 국립해양유물전시관.

김재근·황종흘, 1980,『신안해저문화재발굴조사연구-침몰선에 대한 학술
　조사연구』, 문화재관리국.

목포해양유물보존처리소, 1993,『진도 벽파리 통나무배 발굴조사보고서』.

문화재관리국, 1983,『신안해저유물』, 자료편 Ⅰ.

문화재관리국, 1984,『신안해저유물』, 자료편 Ⅱ.

문화재관리국, 1985,『신안해저유물』, 자료편 Ⅲ.

문화재관리국, 1988,『신안해저유물』, 종합편.

문화재관리국, 1984,『완도해저유물』.

한상복, 1980,『신안해저문화재발굴조사연구-해양환경조사 연구-』, 문화재
    관리국.

호남문화재연구원, 2000,『영광 원전 해안 탐사보고서』.

황수영·문명대, 1984,『반구대』, 동국대출판부.

「연구논문」

강대일 외, 1989,「신안침몰선 인양 중국 동전의 화학조성」,『보존과학연구
    』제 10집, 문화재연구소.

강대일 외, 1991,「고대 중국 동전의 금속 조직 연구-신안 해저 동전을 중심
    으로-」,『보존과학연구』제 12집, 문화재연구소.

권삼윤, 2000.6.22,「현실로 나타난 전설 바다 속 고대도시」,『주간조선』
    1608호, 조선일보사.

권오영, 1988,「고고자료를 중심으로 본 백제와 중국의 문물교류」,『진단학
    보』66집, 진단학회.

김용한 외, 1986,「신안해저인양 고대목선의 모형복원」,『보존과학연구』
    제 7집, 문화재연구소.

김용한, 1987,「고선박의 보존과 복원」,『보존과학연구』제 8집, 국립문화
    재연구소.

김용한, 1993, 「신안해저 인양 침몰선의 구조연구」, 영남대학교 석사학위논문.

김용한, 2001, 「우리나라 수중고고학과 고선박 보존」, 『바다에 빠진 배・유물처리』, 국립해양유물전시관.

김재근, 1981, 「신안침몰선의 선체구조에 대하여」, 『학술원논문집』 제 20집, 인문사회과학편.

김재근, 2000, 「장보고시대의 무역선과 그 항로」, 『장보고 신연구』, 완도문화원.

김정호, 1999, 「장보고 선단의 무역항로와 교역」, 『장보고와 21세기』, 혜안.

신채식, 1996, 「10~13세기 동아시아 해상교역-특히 여・송의 해상교류를 중심으로-」, 마한역사문화연구회.

심봉근, 1995, 「한국수중고고학의 현황과 전망」, 『1995 수중고고학 국제심포지엄』, 해군사관학교.

양필승・강병훈, 1998, 「도자기의 보존과 복원-청화백자철화삼산문이부호의 보존처리-」, 『호암미술관 연구논문집』 3호, 삼성문화재단.

윤무병, 1977, 「신안침몰선의 항로와 제문제」, 『신안해저유물 국제학술대회 주제발표』, 국립중앙박물관.

이창근 외, 1985, 「신안동전성분분석에 관한 연구(Ⅰ)」, 『보존과학연구』 제 6집, 문화재연구소.

이창근 외, 1986, 「신안동전성분분석에 관한 연구(Ⅱ)」, 『보존과학연구』 제 7집, 문화재연구소.

이창근 외, 1987, 「신안 동전성분분석에 관한 연구」, 『보존과학연구』 제 8집, 문화재연구.

이창억, 1996, 「신안 고대선의 선형 특성 및 돛에 관한연구」, 부산대학교
　　박사학위 논문.

전해종, 1977, 「고려의 송・원과의 무역」, 『신안해저문물 국제학술대회 주
　　제발표』, 국립중앙박물관.

조성도, 1980, 「해외수중탐사에 관한 조사연구」, 『신안해저문화재발굴조사
　　보고서』, 문화재관리국.

최근식, 2002, 「장보고 무역선과 항해기술 연구-'신라선'운항을 중심으로-」,
　　고려대학교대학원 박사학위논문.

최몽룡, 1995, 「세계 수중고고학의 현황과 고고학적 측면」, 『1995 수중고고
　　학 국제 심포지엄』, 해군사관학교.

2. 중 문

杰勒米・格林著, 張瑞璧譯, 1989, 「泉州宋代古船」, 『海交史硏究』第
　　2期.

杰勒米・格林著, 張瑞璧譯, 1986, 「五年來印度洋沈船的海洋考古」, 『
　　海交史硏究』副刊 第 2期.

郭正忠, 1982, 「南宋海外貿易收入及其在財政歲賦中的比率」, 『中華文
　　史論叢』第 1輯.

福建省泉州海外交通史博物館 編, 1987, 『泉州灣宋代海船發掘與硏究
　　』, 海洋出版社.

福建省海外交通史博物館資料組, 1978, 「宋代中外人民友好往來的重
　　要歷史資料-南安九月山司馬伋祈風石刻淺注-」, 『海交史硏究』創刊
　　號, 福建省海外交通史博物館.

蓬萊古船與登州古港編審委員會, 1989, 『蓬萊古船與登州古港』, 大連

海運學院出版社.

呂作昕, 1989, 「我國指南針問世在唐朝」, 『文匯報』, 上海.

葉文程·丁炯淳, 1985, 「從新安海底沈船打撈文物看元代我國陶磁器發展與外銷」, 『海交史研究』 第 2期.

袁元龍·洪可堯, 1981, 「寧波港考略」, 『海交史研究』 第 3期, 福建省海外交通史博物館.

李玉昆, 1983, 「試論宋元時期的祈風與祭海」, 『海交史研究』 5期, 中國海交史研究會.

林士民, 1981, 「古代的港口城市-寧波-」, 『海交史研究』 第 3期, 福建省泉州海外交通史博物館.

莊爲璣, 1981, 「泉州三大外銷商品-絲·瓷·茶-」, 『海交史研究』 第 3期, 福建省海外交通史博物館

莊爲璣·莊景輝, 1983, 「鄭和寶船尺度的探索」, 『海交史研究』 第 5期, 福建省海外交通史博物館.

鄭學聲, 鄭一均, 1985, 「略論鄭和下西洋的船」, 『鄭和下西洋論文集』 第 1集, 人民交通出版社.

趙正山, 1978, 「參加泉州古船出土香藥鑒別記」, 『海交史研究』 創刊號, 福建省泉州海外交通史博物館.

周錨新, 1984, 「船舶吨位的來歷」, 『航海』 第 4期.

陳高華·吳泰, 1978, 「關於泉州灣出土海船的幾個問題」, 『文物』 第 4期. 泉州灣宋代海船發掘簡報編寫組, 1975, 「泉州灣宋代海船發掘簡報」, 『文物』 第 10期, 文物出版社.

馮先銘, 1981, 「元以前我國陶瓷鎖行亞洲德考察」, 『文物』 第 6期, 文物

出版社.

厦門大學歷史系, 1985,「泉州港的地理變遷與宋元時期的海外交通」,『文物』第 10期, 文物出版社.

韓振華, 1988,「論中國船的船料及其計算法則」,『海交史研究』第 1期, 福建省海外交通史博物館.

許泉, 1978,「泉州海外交通史概說」,『海交史研究』創刊號, 福建省泉州海外交通史博物館.

3. 일 문

姜大一, 1992,「韓半島出土金屬資料の分析研究」, 東京藝術大學大學院美術研究科.

金澤 陽, 2002,「前近代東シナ民間貿易航路」,『アジアの海-沈沒船が語る中世交流史-』, 國立歷史民俗博物館.

藤田豊三, 1943,「南洋に關する支那史料につきて」, 劍峰遺草.

石原 涉, 1995,「Underwater Archaeology in Japan」,『1995 수중고고학 국제 심포지엄』, 海軍士官學校.

小野正敏, 2002,「日元貿易のタイムカプセル韓國・新安沈沒船」,『アジアの海-沈沒船が語る中世交流史-』, 國立歷史民俗博物館.

4. 영 문

C. E. Lee, 1991,「A study on the struct and fluid characterestics of a rabbeted chlinker type(the sunken salvaged off Shinan」,『Proceedings of International Sailing Ship History Conference』, Marine History Reserarchers' Association of CSNAME.

수중고고학에 의한
동아시아 무역관계 연구

인쇄일 초판 1쇄 2004년 08월 20일
        2쇄 2015년 06월 11일
발행일 초판 1쇄 2004년 08월 30일
        2쇄 2015년 06월 22일

지은이 김 병 근
발행인 정 찬 용
발행처 **국학자료원**
등록일 1987.12.21, 제17-270호

서울시 강동구 성내동 447-11 현영빌딩 2층
Tel : 442-4623~4 Fax : 442-4625
www.kookhak.co.kr
E-mail : kookhak2001@hanmail.net
ISBN 978-89-541-0231-5(93300)
가 격 17,000원